本书获外交学院中央高校基本科研业务费
专项资金资助

国家豁免案例研究

王　佳◎主　编
李冰清◎副主编

世界知识出版社

图书在版编目（CIP）数据

国家豁免案例研究 / 王佳主编；李冰清副主编 . ——
北京：世界知识出版社，2022.5
ISBN 978-7-5012-6540-4

Ⅰ.①国… Ⅱ.①王… ②李… Ⅲ.①豁免权—案例
Ⅳ.①D993.7

中国国家版本馆 CIP 数据核字（2022）第 080050 号

书　　名	**国家豁免案例研究** Guojia Huomian Anli Yanjiu
主　　编	王　佳
副 主 编	李冰清
责任编辑	王晓娟
责任出版	赵　玥
责任校对	陈可望
出版发行	世界知识出版社
地址邮编	北京市东城区干面胡同51号（100010）
网　　址	www.ishizhi.cn
电　　话	010-65233645（市场部）
经　　销	新华书店
印　　刷	北京虎彩文化传播有限公司
开本印张	710毫米×1000毫米　1/16　20¼印张
字　　数	250千字
版次印次	2023年10月第一版　2023年10月第一次印刷
标准书号	ISBN 978-7-5012-6540-4
定　　价	76.00元

前　言

　　2023年9月1日，第十四届全国人民代表大会常务委员会第五次会议通过了《中华人民共和国外国国家豁免法》（简称《国家豁免法》）。《国家豁免法》是我国加强涉外领域立法的一个重要成果，适应了我国对外交往不断扩大的新形势新变化，对于统筹推进国内法治和涉外法治、促进对外开放、依法维护权益、稳定行为预期等具有重要意义。[①]《国家豁免法》是我国从绝对豁免政策转向限制豁免制度的标志性立法。此前，我国在实践中曾长期坚持绝对豁免论，我国法院极少受理以外国国家为被告的案件。随着《国家豁免法》的通过，我国的国家豁免立场发生明确转变，我国法院依法可以在一定条件下受理以外国国家为被告或者涉及外国国家及其财产的民事案件，因而对国家豁免的重要案例进行研究在理论和实践上具有重要价值。

　　国家豁免是国际法的一项重要原则，指一国及其财产免受他国法院的司法管辖。然而，目前的主流趋势是，许多国家在特定情况下对外国国家享有的豁免加以限制。国家豁免问题的突出特征是，国际法和国内法在国家豁免领域紧密交织。国家豁免是国际法上的重要原则，却又是由国内法院根据国内法加

[①]　参见《全国人大常委会法工委负责人就外国国家豁免法答记者问》，人民网，http://politics.people.com.cn/BIG5/n1/2023/0902/c1001-40069071.html，访问日期：2023年9月2日。

以适用的。[①] 即，当一国在外国法院成为被告时，能否援引国家豁免而免受管辖是国际法上的问题；而国家豁免原则所适用的范围和程度则是由国内法院依国内法决定的，所以又是国内法上的问题。而由此引发的结果是，国家豁免演变的过程往往是一国或数国的司法实践中开始出现的国家豁免的新的例外，继而由其他国家效仿，最后变为主流。

因此，在很多情况下，国家豁免领域的规则是通过法院的判例来获得规范生命，从而促进法律进步的，所以，这一领域本身带有案例法的性质。而且，在英美法系国家，判决先例本身就是法律渊源，为研究的重点。而在大陆法系国家，判决先例亦备受重视，而为分析评论的对象。国际性司法机构受理的案件，更加具有重要性和影响力，所以，对这些案例作出深入的评释，有助于凸显其中所蕴含的法律原则及对相关领域法律发展的意义。

因而，本书对国家豁免问题的重要案例进行了系统梳理。在选取案例时，既选取历史上重要时期的里程碑式案例，以清晰展示国家豁免的历史发展脉络，同时澄清国家豁免问题研究中长期存在的一些误区；也选取新近案例，以对国家豁免理论的现实状况进行更深刻的挖掘，同时对其发展趋向作更广阔的展望。本书分为四编：

第一编是国内法院与国家豁免，主要评介美国、加拿大、意大利等国国内法院审理的经典或最新案例；

第二编是国际法院与国家豁免，主要分析作为联合国主要司法机关的国际法院在国家豁免方面的实践；

第三编是欧洲人权法院与国家豁免，通过分析欧洲人权法院的案例，探析国家豁免与人权保护之间的关系；

---

① Hazel Fox, *The Law of State Immunity*, Oxford University Press, 2005, p. 1.

　　第四编是与国家豁免相关的其他豁免问题，鉴于国家豁免制度的产生、发展与外交豁免、国际组织豁免等方面有交集，分析其他豁免案件也有益于加深对国家豁免的认识。

　　本书是外交学院国际法系师生的共同作品，作者均为外交学院毕业生或在校生。在国际公法课程中，我们坚持以习近平法治思想为引领，格外重视涉外法治人才培养。涉外法治人才是符合新时代对外开放和涉外法治建设的实际需要，具备涉外法律事务应用能力的人才。因而，我们强化国际法律实务教学，提高人才培养的方向性、针对性和国际竞争力。在教学方法上，我们把案例教学放在十分重要的位置上。本书即为国际公法案例教学的成果之一。

　　参与编写本书的作者名单是：

　　王佳，外交学院国际法系副教授，主编；

　　李冰清，汕头大学法学院讲师，副主编；

　　杨桐宇，外交学院博士研究生；

　　李荣，中海油能源发展股份有限公司职员；

　　王瑞阳，外交学院本科毕业生；

　　夏洁，外交学院硕士研究生；

　　杨睿智，外交学院硕士研究生；

　　张一诺，外交学院硕士研究生；

　　金文轩，伦敦大学国王学院硕士研究生。

王　佳
2023 年 9 月 2 日

目 录

第一编　国内法院与国家豁免

第二编　国际法院与国家豁免

第一编
国内法院与国家豁免

"交易号"案[*]

一、案件背景

"交易号"（The Schooner Exchange）是一艘本由美国公民约翰·麦克法登（John McFaddon）和威廉·格里瑟姆（William Greetham）所有的帆船，于1809年10月27日从巴尔的摩开往西班牙的圣塞巴斯蒂安。1810年12月30日，该船被法国军队在公海上拿捕，后未经审判便被充作法国的国家财产。1811年，该船遇险，被迫进入美国宾夕法尼亚州费城港口。1811年8月24日，原船主向宾夕法尼亚州地区法院提起诉讼，要求归还船只。

法国未派人出庭应诉，但是宾夕法尼亚州检察官代表美国政府到庭陈述，认为该船在被没收时所有权已经转移给法国皇帝，因此请求法院驳回原告起诉并释放该船。

地区法院驳回原告请求，原告于1811年10月28日上诉到联邦巡回法院。巡回法院推翻了地区法院的判决，于是宾夕法尼亚州的检察官上诉至联邦最高法院。联邦最高法院于1812年作出判决，撤销了巡回法院的判决，承认了地区法院的判决，认为不应将船只归还给原船主。

---

* 如无特别注释，本案资料皆来自：The Schooner Exchange v. McFadden, 3 L. Ed. 287 (1812)。

二、宾夕法尼亚州检察官对管辖权的意见

（一）此案不在海事法庭的管辖范围内

在英国法中，海事法庭的管辖权包括三个方面，即刑事管辖权、对战利品的管辖权，以及对海上侵权行为与海事合同的管辖权。美国地区法院的管辖权也同样包含上述三个方面，但是本案明显不属于其中任何一个。本案不涉及海上犯罪行为，也不涉及公海上的侵权或海事合同，"交易号"亦不属于战利品。在本案中，实施侵权的是一个外国国家，而非简单的所有权归属问题，因此美国的法院对此没有管辖权。

（二）"交易号"不适用美国普通司法程序

不管是在海上还是在港口，也不管是出于行政目的还是财政目的，通常情况下，船旗、公共委员会和属于官员的财产都可以作为证明船舶公共属性的充分证据。因此，在司法程序中，也应该通过这些来对船舶的公共属性加以判断。在美国签订的所有条约中，都没有要求公共船舶携带任何证明文件，也没有要求主权国家出具所有权证明。因此，本案中证明所涉船舶是法国的公共财产的证据是充足的。

在本案中，"交易号"是根据法国政府颁布的法令被没收的。当一个主权国家实施一项主权行为，并侵犯到其他国家的利益时，其他国家可以视其严重性作出协商、报复或者战争的决定。但是，当个人利益受到另一个主权国家的损害时，他必须向他的政府提出请求，再由政府作出协商、报复或者战争的决定。因为如果单纯由个人决定是否提起诉讼的话，可能会造成诉讼泛滥，法院的判决也难以得到执行。与此同时，司法正义的实现应该考虑到不同国家之间的法律与它们的国家主权。因此，

基于以上因素，当面对外国主权国家时，私人主体需要向自己的政府提出请求，由自己的政府作出决定进行处理。

在这种情况下，应当从国内法和国际法中寻找管辖权的依据。

1. 美国国内法下不存在管辖权

对于本案而言，美国的宪法和法律对这种管辖权毫无规定，其司法实践中也未提及这种管辖权先例。1794年，公共船只不会被拿捕，只会被命令离开。美国关税法也排除了公共船只的报告进入义务。1805年3月3日颁布的维护港口和平安全的法令也只是给予政府命令禁止入内的外国武装船只离开的权力。如果它们拒绝离开，可以采取禁止与它们进行任何交易的措施，并将它们驱逐出去，但这并不是为了逮捕它们。在1807年和1808年，公共船只被免于征用和扣押。

因此，没有任何国内法或任何行政、立法或者司法部门的法律实践作出过类似管辖权的授权。

2. 国际法下主权国家享有管辖豁免

主权国家受到外国审判的情形有二：一是主权国家成为商主体，如承担合同债务等情形；二是主权国家行使主权，但同意接受外国法院审判，这种情形下的同意包括明示同意和默示同意。默示同意必须通过行为、人员和主体加以推断。

在本案中，外国主权国家并没有明示同意接受外国法院审判，而默示同意的情形包括：贸易、在该国国内取得财产、违反现行法律等。但在涉及大使、一国君主、一国军队过境或者一国海军穿过另一国领水的情形下，排除默示同意的推定。因此，本案也并不符合默示同意的情形。

此外，本案的现行程序属于强迫外国君主出庭，这意味着让一国君主接受另一国审判，这有损该国主权尊严，不符合主权平等原则，等于将他国主权置于美国管辖之下。同时，如果由司法程序对外国君主或者外国公共财产作出判决，相当于司法机关吸收了政府部门的职责，进入了行政机关和立法机关的职责范围。

宾夕法尼亚州检察官一方还指出持相反意见的学者宾刻舒克（Bynkershoek）的观点没有参考价值，因为他的观点没有任何其他学者或者司法判例支持，也与一般司法实践相悖。

因此，宾夕法尼亚州检察官认为，无论是从国内法还是从国际法上，都找不到管辖权依据。

三、对检察官意见的反驳

反对意见认为，反对主权国家在外国遭到起诉是因为这样会使该国主权尊严受损，理论基础是假设代表一国主权尊严的君主永远不会做错，但这种假设实际上只应该在一国国内起作用而不应该约束外国。有时甚至在一国国内这种假设也不会被完全采纳，譬如一些国家的法律规定，在某些情况下国家可以被起诉，如英国。由此可见，一个国家是否能在本国法院被起诉属于一个内部法律规制问题。所以，外国法院不应当给予一国君主比他在本国法院享有的还要大的豁免权。

此外，当本国国民的利益受到损害时，本国法院却对这种损害不闻不问，不予受理，不去纠正造成这种损害的错误，反而作出有利于施害者的判决，这显然是不合理的。这将导致本国国民在自己的领土上受到财产侵害，却找不到救济途径。

此外，根据美国1794年6月5日颁布的法令，如果在美国任何水域中的武装船舶意图为他国服务，为对抗另一个与美国和平相处的国家而进行巡航，则该船舶应被没收。还有先例表明，在侵权案件和合同纠纷案件中，可以针对外国武装公共船舶起诉。这些都表明，即使是外国的公共财产，也可以在美国法院被管辖或者起诉。

《美国宪法》第3条第2款也明确承认，美国法院对于美国国民和外国国家之间的纠纷案件有管辖权。而宾夕法尼亚州检察官一方所援引的案件之所以被判决不具有管辖权，并不是因为它们的对象属于外国公共财产而被豁免，而是因为美国对于这些案件本身不具有属地或者其他任何意义上的管辖权基础。

四、最高法院对管辖权的判决

最高法院法官马歇尔（Marshall）认为，一国在其本国领土内的管辖权是排他的和绝对的，除自我限制外，不受任何其他限制。这种完全和绝对的领土管辖权是每一个主权者都具有的属性。但是，每个主权者之间都是平等的且相互独立的，所以，为了尊重其他主权者的独立性，促进相互交往和良好关系，主权者需要在一些情况下通过明示或者默示同意的方式放弃完全排他的属地管辖权。明示和默示的同意是豁免权的唯一来源。享有豁免权的情况包括：

第一，一国主权者在外国领土范围内免受逮捕或拘禁。这是为世界各国所普遍承认的原则。

第二，一国的外交使臣享有同样的豁免权利，因为如果一国的外交使臣受到他国的管辖，将不利于他行使职责，有损其本国主权的尊严。只有当他放弃了自己代表另一国家行使公共职责的身份时，才有可能在外国被起诉。

第三，一国军队穿越他国领土时享有豁免权。当一国同意另一个国家的军队通过自己的领土时，实际上已经同意了这种豁免，因为如果军队所属国家的主权者不能行使对军队的指挥控制权的话，将无法完成其职责与任务。

然而，值得注意的是，军队所享有的豁免权并不完全等同于战舰享有的豁免权。当一国军队穿越他国领土时，给该国的领土和居民带来的危险是迫近的，此时战与和之间的界限是不清晰的，但战舰进入港口所带来的风险要低于军队入境。因此，对于进入港口的战舰，各国的态度一般为：如果一个港口禁止外国所有战舰或者特定国家的战舰进入，一般会发布相应的禁止法令；如果没有这种法令，那么该港口是对所有与该国有和平友好关系的公共船只开放的，这些船只可以进入港口，并受到当地政府的保护。

因此，鉴于其职责与目的，战船作为一国武装力量的一部分，应该被置于主权者的直接领导之下，并享有豁免权。这种豁免权来源于默示同意，开放且无禁令的港口正是一种默示许可。

将该原则置于本案背景之下，"交易号"是法国公共财产，属于法国武装战舰的一部分，相关证据确凿充分。而它在美国法院的管辖范围之内，因此任何人都有权对它的所有权归属向美国法院提起诉讼，美国法院也有权受理并根据国内法与国际法加以判断。根据上面分析过的豁免规则，法国与美国是具有友好关系的国家，法国的船只进入美国开放的港口，实际上已经取得了美国的默示同意，因此应该享有豁免权。

所以，最高法院最终作出判决，撤销了巡回法院的判决，承认了地区法院的判决，认为不应该将"交易号"归还给原船主。

五、案件评析

美国法院在历史上较早时期开始对国家豁免问题进行论述，马歇尔法官在"交易号"案中所作的判决是有关国家豁免原则的最早的司法判决之一，并且被其他法院频繁援引，常被看作是绝对豁免的经典体现。

在判决的开始部分，马歇尔法官就强调了国家的领土管辖权，指出一国在其领土内的管辖权是排他和绝对的，对于国家在其领土内完全且完整的权力的所有例外都源自国家本身的同意。因而，对马歇尔来说，国家豁免的起点是法院地国绝对的领土管辖权的例外，而且该例外来自于法院地国本身的同意。马歇尔法官还认为，"交易号"所享有的豁免应该与外国使节所享有的豁免类似，当外国君主或使节在步入另一国境内时，应被认为是在另一国明确同意之下，或者通过默示的方式被赋予豁免。

虽然本案的结果是认定法国军舰享有管辖豁免，但是判决将国家豁免当作领土管辖权的例外，而且判决中还对外国财产进行了"公""私"性质的区分，认为私人商船与公有军舰应有区别。所以，有些学者认为"交易号"案非但不是绝对豁免的先驱，反而是限制豁免的出发点。[1]

不过，"交易号"案也不能被彻底视为限制豁免的体现，因为限制豁免是将政府行为区分为统治权行为和管理权行为，但美国法院判决中却未述及这一点。另外，限制豁免论对财产的分类是对政府财产根据用途或性质所作的分类，而本案中对财产的分类是对政府所有的公共财产和私人所有的财产的分类，也就是说，本案只作了基于所有权的分类。所以，"交易号"案中，美国法院并没有表现出对国家豁免原则适用范围的基本倾向，它的意义在于明确阐述了国家豁免的一般原理。

（张一诺）

---

[1] Gamal Moursi Badr, *State Immunity: An Analytical and Prognostic View* (Martinus Nijhoff Publishers, 1984), p.13.

得州贸易公司等诉尼日利亚及其中央银行案*

一、案件背景

由于石油贸易带来了巨大利润，1975年，尼日利亚政府决定购买大量水泥以加强本国的基础设施建设。尼日利亚与68家供应商签订了109份合同，共计购买水泥1600多万吨，其价格接近10亿美元。在这些合同当中，尼日利亚与4家美国公司签订的合同为涉案合同，这4家美国公司分别是：得克萨斯州贸易和铣削公司（Texas Trading & Milling Corp.，简称"得州贸易公司"）、日经国际装饰公司（Decor by Nikkei International，简称"日经公司"）、东欧进出口公司（East Europe Import-Export，简称"东欧公司"），以及切纳斯皇家公司（Chenax Majesty，简称"切纳斯公司"）。

根据合同要求，卖方需向买方尼日利亚提供24万吨水泥，尼日利亚在合同履行后的一段时间内，为卖方提供一份"不可撤销、可转让、可分割的保兑信用证"，金额为合同项下的应付总额。合同还指定了信用证的付款银行：得州贸易公司指定

---

* 如无特别注释，本案资料皆来自：Texas Trading & Milling Corp. v. Federal Republic of Nigeria, 647 F.2d 300 (1981)。

在纽约的富达国际银行（Fidelity International Bank）、日经公司和东欧公司指定在纽约的第一国家城市银行（First National City Bank）、切纳斯公司指定在西德汉堡的施罗德银行（Schroeder Bank）。信用证项下的汇票应"见票即付"。在开立并收到信用证后的一段时间内，每个卖方公司都要开始向尼日利亚运送水泥。水泥应当装袋并符合特定的化学指标。货物将从合同中指定的港口运出，每月运量约为20,000吨。交货地点为尼日利亚的拉各斯港或阿帕帕港。卖方有义务为运往尼日利亚码头的货物投保。每项合同还规定了滞期费，如果一艘船在尼日利亚水域被扣留，供应商会收到特定的证明文件，将单据和相关文件交给银行后就会收到付款。关于法律适用，得州贸易公司在合同中规定适用尼日利亚法律，日经公司和东欧公司在合同中规定适用美国法律，切纳斯公司在合同中规定适用瑞士法律。

然而，这些合同的实际履行却与其规定大相径庭。尼日利亚没有与指定的银行开立"保兑"信用证，而是通过尼日利亚中央银行（Central Bank of Nigeria，简称"中央银行"）开立了所谓的"不可撤销"信用证，并通过在纽约的摩根担保信托公司（Morgan Guaranty Trust Company，简称"摩根银行"）提供付款。也就是说，每个卖方不应向指定的银行，而应向摩根银行提交适当的单据。此外，由于这些信用证没有"保兑"，摩根银行没有义务"见票即付"，它不承担任何独立的责任。

尼日利亚选择摩根银行作为议付行，是基于二者之间的长期密切关系。摩根银行是尼日利亚中央银行在美国的代理银行，曾代表尼日利亚进行了多笔交易。在尼日利亚的要求下，摩根银行曾为在美国的尼日利亚公司和学生支付营业资金和工资，以及为尼日利亚驻美使馆提供支付服务。1974年之前，摩根银行有权每日从尼日利亚在纽约联邦储备银行的账户中提走至多100万美元；1974年，限额提高到300万美元；而到了1975年11

月，摩根银行享有对尼日利亚在美的无限提款权。摩根银行也为尼日利亚开立的高达2亿美元的信用证提供了议付服务。

1975年的夏天，尼日利亚对国内的水泥需求和国际市场的判断产生了重大偏差。依据以往的经验，尼日利亚签订合同时预计只有20%的供应商能够履行。尼日利亚的港口设施每年也只能接纳100万~500万吨水泥。然而，到了1975年7月，在拉各斯港和阿帕帕港口有260艘船只装有水泥，需要卸载的水泥达到了1600多万吨，远远超过了尼日利亚港口的容纳量。

船只在港口滞留意味着高昂的滞留费。1975年8月9日，尼日利亚要求其港务局发布第1434号政府公告，该公告规定，自（1975年）8月18日起，所有开往拉各斯港或阿帕帕港的船舶都必须在开航前两个月向港务局报告其抵达港口的时间。该公告还指出，港务局将"协调所有航行"，并将"拒绝服务于"不符合该条例的船只。8月18日，尼日利亚给供应商发了电报，要求他们停止运送水泥，停止装货乃至租船。9月下旬，中央银行指示摩根银行不得根据信用证付款，除非供应商还提交了中央银行关于应付款的书面声明，于是摩根银行依照指示拒绝按照信用证付款。12月19日，尼日利亚颁布了第40号法令，该法令规定，未经两个月的事先批准，任何船舶禁止进入尼日利亚港口，未经批准进入的将被处以刑事处罚。

尼日利亚努力与其供应商进行协商以解除合同，最终与40多家供应商达成了和解。但与本案的4家公司没有达成和解，它们向纽约南区法院起诉尼日利亚及其中央银行。原告诉称，中央银行对摩根银行的指示导致其拒不支付信用证从而造成预期违约。被告则质疑美国《外国主权豁免法案》（*Foreign Sovereign Immunities Act*, FSIA）下管辖权的正当性。法院审理后认为，法院对得州贸易公司缺乏管辖权；判决被告赔偿日经公司185.7万美元；东欧公司198.6万美元；切纳斯公司没有得到赔偿。随后，

4家公司向美国第二巡回上诉法院上诉。

二、管辖权

（一）管辖权相关的争议焦点

根据《美国法典》第28卷第1330节第1条，地区法院享有如下原始管辖权（original jurisdiction）："为了获得赔偿，根据第1603节第1条针对第1605—1607节或任何国际协定规定下无权享有豁免的外国提起的无陪审团的民事诉讼，不论其金额如何，法院均享有属事管辖权。"

第1603、第1605—1607节涉及《外国主权豁免法案》的规定，该法案旨在回答针对外国诉讼的三个关键问题：被告以主权豁免作为抗辩理由的可能性、法院的属事管辖权[①]，以及针对被告的属人管辖权（personal jurisdiction）[②]的正当性。而根据第1605节第1条的规定，法院在下列情形下享有对外国的属事管辖权："该诉讼是基于该外国在美国进行的商业活动而提出的；或者基于与该外国在别处的商业活动有关而在美国完成的行为提出的；或者基于与该外国在别处的商业活动有关，而且在美国领土以外进行但在美国引起直接影响的行为提出的。"因此，如果活动被认定为"政府管理行为"而非"商业行为"，则外国享有第1605节规定的豁免，第1330节规定的原始管辖权也就不存在。

上述三项规定，都紧紧围绕着"商业活动"一词。因此，如何界定"商业活动"就成为关键。根据第1603节第4条，"商

---

① 属事管辖权（subject matter jurisdiction），指法院审理特定案件的权力。

② 属人管辖权（参见第1330节第2条），是指法院对被告进行管辖的权力。在下列情况下法院将享有属人管辖权，包括出席、住所或营业地在法院管辖境内，被告对管辖权的同意，以及最低限度联系原则。

业活动是指常规的商业行为或特定的商业交易或行动。一项活动的商业性质应参照常规商业行为或特定交易行为的性质（nature）而不是参照其目的（purpose）"。如果存在第1603节第4条规定的商业活动并且符合第1605节第1条第2款的规定与美国产生联系，则该外国不享有豁免权，在符合美国宪法第3条关于司法权范围的规定之后，① 地区法院通过第1330节第1条获得属事管辖权。根据第1330节第2条，"如果地区法院根据第1330节第1条享有对诉讼的属事管辖权，并且根据第1608节的规定进行了送达，那么地区法院就享有对该外国的属人管辖权"。因此，该法案将属人管辖权简化为下面一个简单的公式：属事管辖权加送达等于对外国的属人管辖权。但是，该法案不能在宪法禁止的情况下设立属人管辖权。所以，根据《外国主权豁免法案》对属人管辖权的每一裁决，都需要对法院管辖特定被告的诉讼的权力进行正当程序（due process）检验。

根据上述分析，法院归纳出如下五个争议问题：（1）本案中尼日利亚的行为是否属于"商业活动"的范畴？（2）该商业活动是否满足第1605节第1条第2款的规定，从而使法院获得属事管辖权？（3）是否落入美国宪法第3条规定的司法权范围内？（4）如果法院具有属事管辖权，法院能否行使第1330节第2条的属人管辖权？（5）根据第1330节第2条行使属人管辖权是否符合正当程序条款？

---

① 美国宪法第3条第2款规定的司法权适用的范围如下：一切基于本宪法、合众国法律以及根据合众国权力所缔结的及将缔结的条约而产生的普通法及衡平法的案件；一切涉及大使、其他使节及领事的案件；一切有关海事法和海事管辖权的案件；以合众国为当事人的诉讼；两个州或数个州之间的诉讼；一州与另一州的公民之间的诉讼；一州公民与另一州公民之间的诉讼；同州公民之间对他州让与土地的所有权的诉讼；一州或其公民与外国或外国公民或国民之间的诉讼。显然，法院试图证明本案符合最后一项司法管辖权。

（二）"商业活动"的界定

首先，法院将尼日利亚采购大量水泥认定为本案的相关行为。法院认为尼日利亚的大规模水泥采购计划可以被认为是一种"常规的商业行为"，或者将尼日利亚与涉案的4家公司的每一项合同行为视为"特定的商业交易"。因此，法院说理的核心就是对这些活动的"商业性质"的判断。

事实上，对于商业性质的判断，几乎没有法律对其提供指导，而对于"商业"的定义美国国会也作出了保留。法院将以下三类独立且权威的材料作为该定义的参考。

第一,《外国主权豁免法案》立法史中所载的声明。前司法部民事司外国诉讼科科长布鲁诺·里斯托（Bruno Ristau）曾说："一国政府为了购买商品或服务而签订合同的，可以视为商业行为。政府与另一方当事人讨价、谈判、签订并履行合同，这完全属于普通的合同范畴。"换言之，如果一项行为作为私人主体也可以参与，就应视为商业行为。[①]

第二，1976年《外国主权豁免法案》通过后出现的大量判例法。自1952年5月29日国务院代理法律顾问杰克·泰特（Jack B. Tate）阐明了主权豁免的限制性理论，美国国务院和法院一直遵循这一理论，并将其纳入成文法。这一理论限制了公共行为的豁免权，对于商业性质的行为或交易，无论其根本目的如何，

---

① See Hearings on H.R. 11315 Before the Subcommittee on Administrative Law and Governmental Relations of the House Committee on the Judiciary, 94th Cong., 2d Sess. 28 (1976 Hearings) (testimony of Monroe Leigh), p. 53; Hearings on H.R. 3493 Before Subcommittee on Claims and Governmental Relations of the House Committee on the Judiciary, 93d Cong., 1st Sess. 16 (1973 Hearings) (testimony of Charles N. Brower), p. 15.

都不能要求豁免。[①]

第三，现行的有关主权豁免的国际法标准。第1602节的规定使《外国主权豁免法案》"纳入了国际法承认的标准"[②]，而且起草者似乎"有意将美国的主权豁免实践与其他国家的做法接轨"。[③] 而法院认为限制性豁免理论已经为世界上绝大多数国家所承认。[④]

法院认为，依据上述三类解释，尼日利亚签订水泥合同的行为和签发信用证的行为都属于"商业活动"。法院引用了丹宁（Denning）法官在特伦德特克斯贸易公司诉尼日利亚中央银行案（Trendtex Trading Corp. v. Central Bank of Nigeria）中的判决："如果政府部门进入世界各地的市场，参与商业交易，购买靴子或水泥，政府部门应遵守市场的一切规则。"[⑤] 尼日利亚购买货物的行为本质上属于私人合同性质，毫无疑问可以被认定为商业活动。

（三）属事管辖权的依据

接下来，法院分析了能否依据第1605节第1条第2款获得属事管辖权，法院认为分析重点是该商业行为能否"在美国境内产生直接影响"。美国大量的判例法解释了"在美国境内"和"直接影响"这两个词。

---

① See generally Petrol Shipping Corp. v. Kingdom of Greece, 87 S.Ct. 291 (1966); Victory Transport, Inc. v. Comisaria General de Abastecimientos y Transportes 381 U.S. 934, 85 S.Ct. 1763 (1965).

② 参见众议院立法报告，H.R. Rep. No. 94-1487 (1976), p. 15。

③ See 1976 Hearings p. 25 (testimony of Monroe Leigh), p. 32 (testimony of Bruno A. Ristau); 1973 Hearings p. 18 (testimony of Charles N. Brower).

④ See United Kingdom, State Immunity Act, section 3 (1978); Council of Europe, *European Convention on State Immunity*, art 4 (1972).

⑤ Trendtex Trading Corp. v. Central Bank of Nigeria, 2 W.L.R. 356 (1977).

首先，法院分析了"直接影响"的定义。在哈里斯诉前苏联国际旅行社案（Harris v. VAO Intourist，简称"哈里斯案"）中，旅客在旅行社预订的酒店中遭遇大火身亡构成"直接影响"。[①]在厄普顿诉伊朗案（Upton v. Empire of Iran，简称"厄普顿案"）中，厄普顿因楼顶倒塌而受伤，也无疑受到了"直接影响"。[②]直接影响的判定对于自然人而言是容易的，但是对于公司这种无形实体而言就不那么简单了。法院回顾了凯里诉国家石油公司案（Carey v. National Oil Corp.，简称"凯里案"），该案中，直接影响不仅可能来自侵权行为，如哈里斯案和厄普顿案，而且也可能来自于取消石油销售合同。[③]本案中，无论是根据追偿诉求、水泥合同违约还是信用证违约，对供应商的影响都是"直接的"。

其次，法院分析了"在美国境内"一词。虽然美国判例法中有许多相关判例，但它们更多关注的是美国联邦制下州与州之间的管辖冲突，而不是像本案一样涉及国际关系，因此法院并没有采纳各州的法律。法院认为本案的事实就足以证明"在美国境内"：第一，水泥供应商要在美国出示相关文件并要求摩根银行付款，而正是尼日利亚及其中央银行的信用证违约行为使他们无法这样做；第二，所有的原告都是美国公司。法院认为，这两点事实就足以证明"在美国境内"。

经过上述论证，法院认定其对本案享有属事管辖权。然而，上述分析亦表明，"直接影响"和"在美国境内"都不是容易定义的术语。其中，公司通过客户到股东搭建了一个实现利益的桥梁，任何一个阶段造成的损害在一定程度上都可能是"间接"的；而在确定损害地点时，如果损害是由于过失造成的，那么

---

① See Harris v. VAO Intourist, Moscow, 481 F.Supp. 1056 (1979).
② See Upton v. Empire of Iran, 459 F.Supp. 264 (1978).
③ See Carey v. National Oil Corp., 592 F.2d 673 (1979).

确定损害地就成为一项"充满变数"的工作。因此，更多规范化的设计仍需要立法的明细化。

（四）管辖权的宪法依据

事实上，法院认为本案中的所有诉讼都构成美国宪法第3条规定的"一个州或其公民与外国或外国公民之间的诉讼"。《外国主权豁免法案》的起草也正是根据这一条款，为针对外国的诉讼提供宪法依据。[1] 所以，法院有权审理这些诉讼。

（五）属人管辖权与正当程序检验

在确定了属事管辖权之后，根据第1330节第2条的规定，只要法院能够根据第1608节的规定送达，法院就对该外国享有属人管辖权。而本案是能够满足送达这一条件的。

美国宪法对属人管辖权还作出了限制，即正当程序检验。[2] 法院首先论证了，外国也属于正当程序条款下的"人"。在《外国主权豁免法案》通过一年之后就已经出现了这样的诉讼，[3] 确定了针对外国的诉讼案件仍要经过正当程序检验的原则。其次，法院认为，确定属人管辖权时，不仅要看被告的行为，还要看其代理人的行为，这一点在盖尔芬德诉坦纳汽车旅游公司案（Gelfand v. Tanner Motor Tours, Ltd.）中确定。[4] 在本案中，尼日利亚通过中央银行以及摩根银行支付信用证，本质上相当于利

---

[1]　参见众议院立法报告，H.R. Rep. No. 94-1487 (1976), pp. 13, 34。

[2]　美国宪法第五修正案与第十四修正案，规定了"非经过正当法定程序，不得剥夺任何人之生命、自由或财产"。前者适用于联邦，后者则适用于各州。但是在美国法律中，并没有明文规定何谓"正当法定程序"，而是交由法院行使自由裁量权。

[3]　See Shaffer v. Heitner, 97 S.Ct. 2569 (1977); Thos. P. Gonzalez Corp. v. Consejo Nacional de Produccion de Costa Rica, 614 F.2d 1247 (1980); Petrol Shipping Corp. v. Kingdom of Greece, supra, 360 F.2d 110 (1966).

[4]　Gelfand v. Tanner Motor Tours, Ltd., 385 F.2d 116 (1967).

用代理人实现了自己参与合同，这已经与美国产生了商业上的联系，达到了最低限度联系原则的要求。[①] 最后，正当程序条款的功能是，"使法律制度具有一定程度的可预测性，不论被告身处何地，被告都能够对其主要的行为是否会被起诉作出最低限度的预测"。[②] 本案中，尼日利亚通过其中央银行，多次有目的地在美国利用其优势地位行使特权。中央银行派员工到纽约培训，在纽约的银行中储蓄了大量现金并开立了托管账户。摩根银行也直接根据尼日利亚及其中央银行的指示转款、提款以及支付信用证。在尼日利亚拒绝支付信用证后，摩根银行曾经警告中央银行这可能违反美国法律，而中央银行并没有理会，一位官员甚至直接表明要"诉诸法庭"强制执行对合同和信用证的修改。法院认为，尼日利亚及其中央银行在美国的商业行为"受美国法律的保护"，它们也有"合理理由认为其行为将会在美国被起诉"，而不论尼日利亚与美国的地理位置远近如何。最后，法院认定，鉴于被告在美国的行为系属故意，诉讼对于被告而言显然是可以预见的。

法院还强调，虽然美国离尼日利亚很远，但在美国的诉讼对被告来说并不是不方便。每一份跨国商业合同在发生纠纷时都存在司法成本问题。在尼日利亚的水泥采购计划中，尼日利亚与世界上众多国家的公司进行谈判，水泥主要来自欧洲，本案中也有个别合同在美国履行。所以，合同全球性特点造成的不便至少在意料之中。此外，尼日利亚在水泥合同中同意将相关争议提交国际商会仲裁院仲裁，国际商会仲裁院的总部设在巴黎，但其仲裁可以在世界任何地方进行，这也能够说明被告具有到其他国家应诉的能力。此外，被告不断到美国寻求各种

---

① 最低限度联系原则在国际鞋业公司诉华盛顿案中确立，参见 International Shoe Co. v. Washington, 66 S.Ct. 154 (1945)。

② World-Wide Volkswagen Corp. v. Woodson, 100 S.Ct. 559 (1980).

服务，以及中央银行官员频繁访问在纽约的摩根银行，这些都足以证明被告在美国应诉是不存在障碍的。

法院最终维持了地区法院对日经公司、东欧公司和切纳斯公司的判决；而对于得州贸易公司的判决，上诉法院认为地区法院以无管辖权为由驳回起诉的做法是不当的，因此该命令被撤销，上诉法院将本案发回地区法院重审。

三、案件评析

本案是在《外国主权豁免法案》通过后不久作出的有关"商业例外"的判决。如果外国主权国家的行为是商业行为，且与美国有关联，即发生在美国或对美国有直接影响，则该外国丧失对诉讼的豁免权。本案中有三个关键性的术语法院没有作出详细阐释，即"商业性质""美国境内"和"直接影响"。法院认为上述三个术语的内涵都是很宽泛的，因此并没有试图给出一个明确的定义和标准。相反，法院援引了大量的案例和立法文件，用来证明了三个值得参考的结论：（1）一国政府为了购买商品或服务而签订合同的，可以视为商业行为，该国不享有豁免权；（2）合同违约、信用证违约行为给一方当事人造成经济上损失的，可以认为对该当事人产生了"直接影响"；（3）一方当事人位于美国（本案4家公司均位于美国）或者产生纠纷的事实发生在美国（摩根银行拒绝支付信用证的行为发生在美国）都可以认为该行为"在美国境内"。

通过本案中法院的分析以及上述结论，可以看出美国法院在审理国家豁免案件时的一种倾向——即扩大《外国主权豁免法案》对商业行为的适用范围。从适用主体来看，法院认为，"限制豁免理论"在国际法上已经成为一种为"绝大多数国家"承认的理论基础，因此对其他国家适用该理论也是正当的。从

"商业例外"的适用范围来看，本案中法院对于"商业性质"的判断强调要依据其"性质"而不能依据其"目的"，但法院却因为合同行为是一种"显而易见"的商业行为而认定其商业性质，似乎行为只要在形式上或常理上具有商业性即可，而不关注主体、标的、意思表示等对于判断私法行为更为重要的因素。再者，法院认定"在美国境内"的标准其实是很低的，只要有一定程度联系，例如当事人在美国，即可以认定商业行为发生在美国境内，而没有考虑合同履行地等问题。最后，关于法律适用，法院并没有解释为何本案没有按照当事人意思自治适用尼日利亚法以及瑞士法律，而选择适用美国法律——《外国主权豁免法案》。综上，本案中美国法院对《外国主权豁免法案》规定的"商业例外"的适用是较为宽松的。

（王瑞阳）

莱特列尔等诉智利等案[*]

一、案件背景

1976年9月21日，在驾车上班途中，智利共和国（The Republic of Chile，以下简称"智利"）前驻美大使、外交部长奥尔兰多·莱特列尔（Orlando Letelier）在华盛顿特区遭遇汽车炸弹袭击——一枚安置在司机座椅下的遥控炸弹装置被引爆。爆炸导致奥尔兰多·莱特列尔与助手龙妮·墨菲特（Ronni Moffitt）死亡，同行的另一名助手——龙妮·墨菲特的丈夫——迈克尔·墨菲特（Michael Moffitt）被炸伤。随后展开的调查确定了9名暗杀者的身份以及其与智利政府之间的关系。在有关爆炸事件的刑事审判中，仅有1名被告被判有罪，该名被告是美国籍公民，为智利情报机构——国家信息中心（Centro Nacional de Intelligencia）工作，通过在庭审中作证换取辩诉交易；另有3名被告是古巴民族主义运动（Cuban National Movement）成员，在被判有罪后，上诉判决因证据问题改判3人无罪；另外5名智利籍被告中，3人未能引渡，2人仍然在逃。

1978年8月，奥尔兰多·莱特列尔的遗孀伊莎贝尔·莱特列尔（Isabel Letelier）以及龙妮·墨菲特的父母等人在哥伦比亚特

---

  [*] 如无特别注释，本案资料皆来自：Letelier v. Republic of Chile, 488 F Supp. 665 (1980); Letelier v. Republic of Chile, 748 F 2d 798 (2nd Cir. 1984); Letelier v. Republic of Chile, 471 US 1125 (1985)。

区联邦地区法院（United States Court for the District of Columbia）以智利政府及6名被控实施暗杀行为的人为被告提起民事侵权诉讼。他们认为，该炸弹袭击是在智利的指挥和协助下，由国家信息中心的特工以及警官共同制造、安放和引爆的，因而提出以下五条诉因，要求被告对奥尔兰多·莱特列尔和龙妮·墨菲特的死亡承担责任并赔偿损失：

其一是共谋剥夺两名死者的言论自由、出版自由、结社权等宪法权利；

其二是袭击造成两名死者的死亡；

其三是运输和引爆爆炸物；

其四是违反国际法，谋杀两名死者；

其五是袭击受到国际保护的人——奥尔兰多·莱特列尔——并造成其与另一人的死亡。

原告同时援引了《外国主权豁免法案》第1605节第1条第5款的"非商业侵权例外（Non-commercial Tort Exception）"，认为智利在本案中不享有主权豁免。

在这一民事案件的审判过程中，所有被告均缺席，智利照会美国，主张享有管辖豁免，理由是国家信息中心不是一个独立的法律实体，而是政府机关。

1978年8月，哥伦比亚特区联邦地区法院决定对自然人被告进行缺席判决，随后的两年则着力于处理原告提出的对智利进行缺席判决的动议（motion）。由于智利在照会中提出享有主权豁免，哥伦比亚特区联邦地区法院需要首先确定是否享有属事管辖权。在案件被分配给哥伦比亚特区联邦地区法院的格林（Green）法官后，智利再次提出法院缺乏对本案的管辖权。1980年，格林法官作出判决，认为法院享有属事管辖权，对6名自然人被告与智利均进行了缺席判决，并最终判决智利单独或与其他自然人被告一同就两名被告的死亡及迈克尔·墨菲特的致伤进行赔偿。智利并未对上述判决提出上诉。

原告随后在美国纽约南区联邦地区法院提出执行申请。智利全国航空公司（Linea Aerea Nacional Chile）是智利的国家航空公司，该公司位于纽约，智利政府在该公司拥有财产权益。原告请求执行智利政府的这一部分财产，并请求法院任命迈克尔·墨菲特为接收者。智利全国航空公司请求驳回执行请求，主张其不应承担智利政府的责任，其财产不应用于执行上述判决。纽约南区联邦地区法院的拉斯科（Lasker）法官在1983年7月依据"国际衡平原则"判决执行智利全国航空公司的财产，以实现此前针对智利政府的判决。

在原告向智利政府申请获得相关文件时，智利再次拒绝接受上述判决，并提出地区法院对执行程序没有管辖权。1983年12月20日，拉斯科法官批准了原告提出的动议，否认智利全国航空公司的独立性，并任命迈克尔·墨菲特为财产的接收者。1983年，智利全国航空公司提出上诉。1984年，美国第二巡回法院上诉法庭撤销了上述执行判决。

二、管辖豁免

（一）属事管辖权问题

原告提出，在已经作出对六名自然人被告进行缺席判决的命令后，法庭不应再次就管辖权问题进行审理。理由有二：其一，智利此举属于出尔反尔，利用司法机制重新处理已经明确的管辖权问题。在迪弗里希亚案（The *DiFrischia* case）中，美国第三巡回法院便在判决中指出，不允许一方当事人反复无常（play fast and loose）、欺骗法庭，并最终驳回了被告在承认存在多样性管辖权两年后又以缺乏管辖权为由提出的撤销判决请求。① 其二，"判例法（law of the case）"理论也约束法官进一步审议该事项。

格林法官认为，法院的属事管辖权不能建立在当事方的同意之上，无论这种同意是明示的还是默示的，法庭可以在任何时候自行提起对管辖权问题的审查。《外国主权豁免法案》的存在与本案潜在的外交影响力使得充分讨论法院对智利政府是否具有管辖权十分必要。

格林法官认为，迪弗里希亚案的决定并未得到广泛的应用，且在本案中，智利政府发出照会而拒绝派遣律师正式出庭或者与法庭沟通的做法也使该规则在本案中无适用可能性，因为智利始终坚持法庭对此案无管辖权。至于"判例法"规则，出于案件审理经济性的考量，避免有关各方面对不必要的不确定性，"在缺乏相关规定时，适用判例法，即在同一案件中，应当遵守此前颁布的命令"，但这主要是要求法院"在对某些问题已经作出定论后，应拒绝重新审理，而非是对法院的权力进行限制"②。在本案中，尽管普拉特（Pratt）法官作出的对六名自然人被告进行缺席判决的命令可以视为默示承认美国法院在这一诉讼中享有对智利的属事管辖权，然而这一诉讼牵涉《外国主权豁免法案》，有可能会对外交产生影响，因此有必要充分地讨论管辖权问题。

而关于属事管辖权问题，《外国主权豁免法案》的特定条款限制了地区法院对于此类案件的管辖权范围，如第1330节、第1602节、第1604节等。尽管赋予外国豁免同时有利于保护外国与美国法院的权利，但外国并非享有完全的豁免，例外之一便

---

① DiFrischia v. New York Central Railroad, 279 F.2d 141 (3d Cir. 1960), at 144.

② Owen Equipment & Erection Co. v. Kroger, 437 U.S. 365, 372, 98 S.Ct. 2396, 2402, 57 L.Ed.2d 274 (1978); Aldinger v. Howard, 427 U.S. 1, 15, 96 S.Ct. 2413, 2420, 49 L.Ed.2d 276 (1976).

是商业行为。事实上，上述条款赋予联邦地区法院原始管辖权，管辖不涉及陪审团的民事案件，这也是本案原告对智利提起诉讼的依据所在。

（二）非商业侵权例外

一国在另一国的法院享有司法管辖豁免是一项重要的国际法原则，《外国主权豁免法案》的颁布使得有关管辖豁免问题的认定从行政机关转移到司法机关，该法遵从限制豁免原则，外国在美国法院原则上享有管辖豁免，并另外规定了数项外国不享有豁免的例外情形。

在本案中，原告援引第1605节第1条第5款规定的"非商业侵权例外"，认为智利不享有管辖豁免。该条规定如下：

> 某外国或者该外国任何官员或雇员在职务或雇佣范围内的行动中发生侵权行为或过失，从而在美国境内造成人身伤害、死亡或者财产损害或丧失，受害一方为此向该外国追索损害赔偿金的，外国不能免于联邦法院或各州法院的管辖；但本项规定不适用于下列情况：
>
> （1）基于行使和履行或者不行使和履行自由裁量权而提起的任何权利要求，不管此项自由裁量是否被滥用。
>
> （2）由于诬告、滥用程序、文字诽谤、口头诽谤、歪曲、欺骗、或者干涉契约权利而引起的任何权利要求。

智利辩称，法院对此问题不具有管辖权，智利享有《外国主权豁免法案》规定的管辖豁免。就上述原告以"非商业侵权例外"为由请求排除智利的豁免的主张，智利援引美国众议院和参议院对《外国主权豁免法案》的解释，"非商业侵权例外主要针对的是交通事故等情形"，认为该法只是将私人侵权行为列入排除国家豁免的情形，但是不包括政治暗杀，因为其具有公共性。

格林法官认为，对该条款的文义进行解释后可以发现，在就自然人的人身伤害提起的损害赔偿诉讼中，外国并不享有豁免权，其用语并未表明仅适用于所谓的私人侵权行为（private）而不延伸至公共行为（public act）时，法庭认为《外国主权豁免法案》中并未区分统治行为（*jure imperii*）与管理行为（*jure gestionis*），而是通过列举豁免的例外情形进行规定，该法案是处理外国主权豁免抗辩的唯一且排他的规则。提出主权豁免主张的外国负有举证责任，以证明原告的主张不属于《外国主权豁免法案》第1605—1607节规定的主权豁免的例外情形。尽管智利并未提及这一内容，但是《外国主权豁免法案》第1605节第1条第5款仍要求法院对此进行审理。

法庭指出，唯一可能符合本案情形的非商业侵权例外之例外的情形只有"基于行使和履行或者不行使和履行自由裁量权"这一种，其所对应的是美国法中的"自由裁量行为例外（the discretionary act exception）"。美国最高法院将"自由裁量"解释为"有政策判断和决定的余地"[①]。尽管表面看来，无论出于何种原因，可能导致个人伤亡的行为均包含了政策判断，然而，由于暗杀行为明显违反了国内法和国际法所承认的人道准则，实施或者指示他人实施非法行为不应属于可自由裁量的内容。因而不存在协助或命令暗杀行为的"自由裁量权"，若可以证明被诉的外国实施了任何此类行为，就不能在侵权索赔中给予该

---

① Dalehite v. United States, 346 U.S. 15, 36, 73 S.Ct. 956, 968, 97 L.Ed. 1427 (1953).

国主权豁免。因而对奥尔兰多·莱特列尔与龙妮·墨菲特的死亡，智利不能根据《外国主权豁免法案》要求主权豁免。

（三）国家行为主义

智利还试图援引国家行为主义（the act of State doctrine）以规避法院的管辖，即，"每一个主权国家都必须尊重每一个其他主权国家的独立性，一个国家的法院不会对另一个国家政府在其本国领土内的行为进行判决。"智利否认与本案涉及的爆炸事件有关，同时称被指控的那些行为是在智利境内进行的公共事业（public venture），因此根据国家行为主义，智利有权享有豁免。

对此，格林法官指出，虽然智利实施的导致奥尔兰多·莱特列尔与龙妮·墨菲特死亡的行为完全发生在智利境内，但是这些行为在美国境内造成了侵权损害，则国家行为主义不会赋予智利主权豁免，否则就会削弱《外国主权豁免法案》的效力。

综上所述，格林法官作出判决，认定法院对本案享有属事管辖权；在听证会后，在证据充足的情况下，可对智利作出缺席判决。

三、执行豁免

在美国第二巡回法院上诉法庭的上诉案中，核心问题转化为，为执行对外国国家作出的判决，是否可以执行该外国独资航空公司的财产。在美国，与此相关的法律条文是《外国主权豁免法案》第1609节、第1610节第1条第2款，其内容如下。

第1609节规定：

基于在本法制定时美国为其缔约国之一的某些现行

国际协定，某一外国在美国的财产应当免于扣押和执行，但本章第1610节和1611节所规定的除外。

第1610节第1条第2款规定：

外国用于在美国进行商业活动的在美国的财产，不得就本法生效以后联邦法院或者州法院所作的判决而在辅助执行的扣押问题或者执行问题上，在下列情况下，享受豁免：此项诉讼请求所依据的财产是现在或者过去用于商业活动的财产。

第1611节第1条第2款规定：

除本条规定外，凡外国代理机关或机构（agency or instrumentality of a foreign state）用来在美国进行商业活动的位于美国的财产，在下列情况下，不得就本法生效以后联邦法院或州法院所作的判决而在辅助执行的扣押问题或者执行问题上，享受豁免：根据本章第1605节第1条第2、3、5款或第1605节第2条规定，与该判决有关的诉讼请求权是该代理机关或机构不得享受豁免的。至于此项诉讼请求所根据的财产是否在现在或过去用于商业活动则在所不问。

（一）智利全国航空公司的独立地位

上诉法庭首先审视了智利全国航空公司是否作为司法上独立的个体而存在，其财产能否被认定为是"外国用于在美国进行商业活动的位于美国的财产"。在美国纽约南区联邦地区法院的判决中，拉斯科法官认为，智利政府利用智利全国航空公司将实施暗杀行为的人与爆炸物运往美国，这是暗杀行动重要的组成部分，会构成对"公司独立地位的滥用"，因而，若"智利在行动中并未考虑公司的独立性，则其也不应当依靠该公司独立的地位来拒绝执行"。此外，法庭还发现，自1975年1月至1979年1月，智利直接控制并有权使用智利全国航空公司的资产和设施，智利可下令解散该公司并接管以其名义持有的财产权益。在本案中，智利故意利用智利全国航空公司的设施和人员运输相关人员与爆炸物、支付报酬、提供会面场所、安排逃离等，这些是暗杀行动的组成部分。因而，拉斯科法官认为该行为构成了对公司形式的滥用。

然而，上诉法庭指出，这些事实不能表明智利忽视了智利全国航空公司的独立地位，只能证明暗杀行动的实施者与智利全国航空公司的飞行员等人在实施暗杀行为时有合作。因而，上诉法庭驳回了这一论述。

（二）用于商业活动的财产的定义

上诉法庭随后审视了智利全国航空公司的财产是否属于"现在或者过去用于商业活动的财产"。纽约南区联邦地区法院认为，由于航空公司帮助实施者完成了暗杀行动，因此其财产属于"用于商业活动的财产"。对此，上诉法庭不予采信。

尽管哥伦比亚特区联邦地区法院认定智利在本案中不享有豁免，然而其依据为"非商业活动侵权例外"，与"商业活动例外"是相互排斥的两种情形，法庭不能以其中一个例外为由排除智利的管辖豁免，而以另外一个情形为由排除智利享有的执行豁免。

此外，上诉法庭认为，智利全国航空公司与智利秘密警察合作执行暗杀任务这一行为不可能属于商事活动，而是政府性的行为。1976年美国国会通过的《外国主权豁免法案》采用了限制豁免（restrictive view of sovereign immunity）的观点，将一国政府的行为区别为"政府（governmental）行为"和"私（private）行为"，前者可以享受国家豁免，后者在《外国主权豁免法案》中体现为"商业行为例外"，不能享有豁免。商业行为有两种情形，其一是商业活动的常规行为，其二是特定的商事交易行为。判断某一特定行为是否属于商业行为并非一成不变，关键在于判断涉案行为的性质而非其目的。通常采用的标准是"该行为是否是私主体通常会实施的行为"。同时，并非所有私主体可能从事的行为均被认定为商事活动，法庭必须调查私人主体从事该行动的目的是否通常是为了获取利益。在"阿郎戈案（*Arango*）"中，由于私人主体实施绑架行为是非法的，因而外国政府的绑架行为不能属于"商事活动"。[①]本案涉及的行为是谋杀行为，其性质比绑架更为恶劣，尽管私主体通常会从事运输旅客或者包裹的行为，但这不包括为实施政治考量下的暗杀行动而从事运输活动。法庭因此得出结论，智利全国航空公司的行为不符合"商业活动例外"的情形，其财产享有豁免，不应被执行。

（三）"无救济的权利"

纽约南区联邦地区法院在作出判决时，还有一项考虑，即国会不会创制一项没有救济的权利，既然已经确定法院可对外国政府的商业行为和侵权行为有管辖权，则必然会对这两类诉讼的获赔一方提供救济，而不会仅仅给予因外国商业行为受到损害、获得赔偿判决的当事人救济。

然而，第二巡回法院的法官认为，考虑到《外国主权豁免法案》的历史和实践，国会确实创制了一项没有救济的权利。

[①] Arango v. Guzman Travel Advisers Corp., 621 D 2d 1371 (5th Cir. 1980).

尽管美国的《外国主权豁免法案》与欧盟国家、英国的国家豁免相关法规有诸多不同点，但上述法规均未保证当事人能够通过扣押财产来执行相关判决：在欧盟国家，当事方往往需要依赖被告国家的政策，通过行政渠道获得赔偿；在英国，法院仅能执行"与索赔相关的、用于或者将用于商业目的的财产"，从而将可执行财产的范围限制在了外国国家用于商业目的的财产。相比较而言，依据《外国主权豁免法案》第1610节的规定，可执行财产被区分为：（1）外国代理机关与机构的财产；（2）外国国家的财产。执行第一类财产不需要考虑其是否与争议相关，也不需要考虑其是否被用于商业活动。执行第二类财产则需要满足两项前提，即与相关案件有关且被用于商业活动。可以看出，外国国家所有的财产享有比外国代理机关与机构的财产更为广泛的执行豁免。事实上，1976年通过《外国主权豁免法案》时，国会认为外国国家所有的财产享有充分的执行豁免，这也可以通过法案的文本看出，法案明确规定，"仅对部分财产"排除执行豁免。

美国最高法院第二巡回法院上诉庭从而得出结论，依据《外国主权豁免法案》的规定，因享有独立的司法地位，智利全国航空公司的财产不应予以执行。且即使其与智利政府并非独立的个体，在本案情形下，其财产也不应执行，因为只有与争议相关的、用于商业活动的财产方可予以执行，本案涉及的谋杀行为并非商业活动。由此，上诉法庭撤销了纽约南区联邦地区法院的判决。

四、案件评析

本案中，在管辖权问题的争辩中，原告主张智利不享有豁免权的主要依据是"非商业侵权例外"，智利则援引"非商业侵权例外"的例外情形，即实施暗杀行为的人员是基于行使和履行自由裁量权而造成侵权行为，符合例外情形的规定，因而享有豁免权。对此，哥伦比亚特区联邦地区法院指出，可能构成刑事犯罪或者造成人员伤亡的行为不属于自由裁量的范畴，否则，各国均可能在实施侵权行为后，以"自由裁量"为由逃脱民事责任。

本案关于执行豁免问题的讨论更具有开拓性，在获得赔偿的判决后，莱特列尔等人请求执行智利所有的智利全国航空公司的财产以实现判决。对此，法院分别讨论了智利全国航空公司的地位是否独立于智利国家政府，假如智利全国航空公司的公司形式被滥用，其财产是否可以依据"商业行为例外"而不享有执行中的豁免，以及是否存在无救济的权利等问题。

在1983年的古巴银行案中，美国最高法院确认"国有企业的独立性是基本原则，'刺破公司面纱'是例外"，但是，如果外国滥用公司形式，或者承认其代理机构的独立地位是一种欺诈或不公正，那么外国代理机构就应承担其所属国家的责任。[①]在本案中，上诉法庭以上述论断为基础，提出应当推定外国政府代理机构的资产不能被执行以实现对该国的判决；只有在寻求执行的一方承担举证责任，证明该代理机构的独立地位无法得到满足的情况下，才能克服这一推定。这一规则在许多案例中得到承认。然而，截至目前，国有企业的豁免问题尚未形成统一的国际规则，近年来却再次成为热点话题。在2003年的"都乐食品公司诉帕克里森案"中，美国最高法院指出，仅有外国国家直接拥有多数股份或其他所有权的代理机构才符合第1603条的规定，外国政府"控制"与否并非衡量标准。这也就

---

① First National City Bank v. Banco Para El Comercio Exterior de Cuba, 103 S.Ct. 2591 (1983).

意味着，在提起诉讼时，由外国国家直接拥有多数股份或其他所有权的企业，不管其是否受到国家的控制，都在原则上享有豁免。①

此外，本案还涉及到商业行为例外在执行豁免中的应用，即何种财产属于与诉讼请求相关的、用于商业活动的财产。在本案中，上诉法庭指出，对特定行为是否属于商业行为的判断并非一成不变，关键在于判断涉案行为的性质而非其目的，且该行为必须是一般人通常为了获利所为。但问题在于，如何区分一项行为的性质与目的，因为从事一项行为的目的通常附属于其性质。在1991年的韦尔托弗案（The *Weltover* case）② 中，第二巡回法院指出，当一项行为的类型足以确定其性质时，其目的不应影响对其性质的判断，并在该案中指出，"发行债券（the issuance of debt instruments）"显然是私人能够并且经常从事的一种以营利为目的的活动，因而不属于享有豁免的情形。此外，本案还提出一种观点，即非法行为不属于一般人通常为了获利所为的行为，因而不属于排除豁免的商业活动。

（杨睿智）

---

① Dole Food Company, et al., v. Gerardo Dennis Patrickson, et al. Dead Sea Bromine Co., Ltd., and Bromine Compounds Limited v. Gerardo Dennis Patrickson, et al., 123 S.Ct. 1655 (2003).

② See Republic of Argentina v. Weltover, 112 S.Ct. 2160 (1992).

湖广铁路债券案*

一、案件背景

1911年，中国清政府为修建湖广铁路，在美国出售、发行并授权发行了一批无记名债券，具体为：湖广铁路五厘利息递还金镑借款债券（The Imperial Chinese Government 5% Hukuang Railways Sinking Fund Gold Loan），第一次发行600万英镑，这些证券中的第101,151—116,120号证券由美国的摩根大通公司（Messrs. J.P. Morgan & Co.）、库恩·勒布公司（Messrs. Kuhn, Loeb & Co.）、纽约市第一国家银行（The First National Bank of the City of New York）和纽约市国家银行（The National City Bank of New York）通过会签持有。此外，各方约定的内容还包括：利率、支付期限、债券持有人选择赎回或不予赎回的利息计算、支付方式，以及本金和利息的支付方式等其他内容。这笔贷款自1936年起无人支付利息，1951年本金到期时也无人要求偿还。

1949年，中华人民共和国成立。中华人民共和国政府对旧政府的债务继承原则是，凡旧政府接受的外国侵略和奴役中国

---

　　* 如无特别注释，本案资料皆来自：Jackson v. People's Republic of China, 550 F. Supp. 869 (1982); Jackson v. People's Republic of China, 596 F. Supp. 386 (1984); Jackson v. People's Republic of China, 794 F.2d 1490 (1986); Jackson v. People's Republic of China, 480 U.S. 917 (1987).

的债务，及旧政府为镇压中国人民革命或从事违反中国人利益的活动所举之债，中国人民共和国政府一律不予继承。[①]

1979年11月，美国的杰克逊等人依据美国《外国主权豁免法案》，在美国亚拉巴马州北区地区法院对中华人民共和国提起诉讼，称他们是中国清政府于1911年发行的"湖广铁路五厘利息递还金镑借款债券"的持有人，要求中国赔偿债券本利和诉讼费。

二、亚拉巴马州北区地区法院的一审判决

（一）新中国政府对主权债务的继承

一审判决认为，一国政府或国内政策的变化通常不会影响其在国际法上的地位。君主制可以转变为共和制，共和制亦可以转变为君主制。但是，尽管政府发生了变化，国家依然存在，权利和义务并未改变。这已经是国际法中明白确立的规则。尽管社会主义的政府取代了封建专制的政府，但国家人格的延续使得中华人民共和国应当继承原来封建政府的债务。

（二）管辖权

一审判决认为，美国法院对被告即中华人民共和国具有管辖权。根据《美国法典》第28卷第1330节第1条，对于涉及外国国家、机构或部门的任何无陪审团的民事诉讼（nonjury civil action），不论其争议金额大小，亦不考虑任何声称该外国国家或机构不具有豁免权的声明，法院对此均具有属事管辖权。而且，根据《美国法典》第28卷第1605节第1条，中华人民共和

---

① 邵津主编：《国际法（第四版）》，北京大学出版社、高等教育出版社，2011，第61—62页。

国在《外国主权豁免法案》下不享有豁免。该条规定了外国在美国法院或者各州法院不享有主权豁免的情形，其中第1605节第1条第2款规定，如果该诉讼是基于该外国在美国进行的商业活动；或在美国进行的与外国在其他地方的商业活动有关的行为；或在美国境外与外国在其他地方的商业活动有关但在美国造成直接影响的行为，则该外国不享有豁免。

其中，《外国主权豁免法案》第1603节第5条将"由外国在美国进行的商业活动"定义为"由该国进行的并与美国有实质性联系的商业活动"。《外国主权豁免法案》第1603节第4条又进一步规定，"商业活动"是指常规的商业行为或特定的商业交易或行为。一个活动的商业性质应当通过考察上述两类行为的性质来确定，而不是参考其目的。除此之外，法院还考察了一些案例，认为主权国家在美国销售、为销售而发行和为销售而发行的授权，自然构成外国在美国进行的"商业活动"。因此，中国在美国从事的销售、发行、授权发行债券的行为，当然也构成"商业行为"，不能排除美国法院对于该案和中华人民共和国的管辖权。

（三）缺席审判

美国《外国主权豁免法案》第1608节第5条规定，除非原告以足以使法院满意的证据确立了其主张或获得救济的权利，否则不得对外国作出缺席判决（default judgment）。一审法院认为原告达到了这一标准，并且于1981年12月10日向被告发送了进行缺席审判的通知。尽管美国《联邦民事诉讼规则》（*The Federal Rules of Civil Procedure*）没有给要求撤销缺席审判规定一个特定的期限，但是法院认为当事方应当合理地、迅速地采取行动，因此告知被告其有60天时间要求法院撤销这一决定。由于中华人民共和国否认美国法院对其具有管辖权，不仅拒绝参与要求撤销缺席审判的程序，还退回了所有收到的文件，并表明不会参与本案。在此情况下，法院启动了缺席审判程序。

（四）判决结果

1982年3月29日，美国亚拉巴马州北区地区法院举行了听证会，以确定损害赔偿金额。专家证人向法院提交了专家证词，确定了被告未付本金和利息的应付金额的计算方法。法院最终判定：

原告可向被告收取其所持有的湖广铁路债券本金和正当索赔金额合计41,313,038.00美元，按法定利率计算的自1982年9月1日起（包括该日）的利息，以及本案的诉讼费用。

三、亚拉巴马州北区地区法院一审判决的撤销

1983年8月，中华人民共和国在亚拉巴马州北区地区法院首次特别出庭，要求撤销其作出的缺席判决。与此同时，当时的美国国务卿也针对该案向法院提出了一份书面证词，该证词表明了美国国务院支持中国的撤销判决动议的态度。在此背景下，亚拉巴马州北区地区法院于1984年4月27日撤销了其于1982年所作出的缺席判决，并在1984年10月26日作出的裁决中最终认定：美国法院对杰克逊等诉中华人民共和国案不具有属事管辖权，因此原告的这一诉讼应当被驳回。

亚拉巴马州北区地区法院所作出的一审判决的主要依据是《外国主权豁免法案》。《外国主权豁免法案》颁布于1976年，该案中债券授权发行合同订立于1911年。因此，本案的关键在于，《外国主权豁免法案》是否具有溯及力。法院最终的结论是，《外国主权豁免法案》不具有溯及既往的效力，因此1976年颁布的法律不可以赋予发生于1911年的案件管辖权。

法院考察了最高法院判决的标志性案件并得出结论，法律规则适用的首要原则是：立法必须被视为面向未来，而不是面向过去。也就是说，除非某一特定的法律条款表现出明确的、不可辩驳的溯及既往的立法目的或意图，否则该法律将不会被赋予干涉先前事由的权利。同时，根据合同法的一般规则，当事人根据合同享有的权利由当事人订立合同时的法律确定。因此，法院下一步需要判断的是,《外国主权豁免法案》是否表现出明确的溯及既往的立法目的。

（一）绝对豁免与限制豁免的历史发展

按照绝对豁免（absolute immunity）理论，只要是主权国家，不论其从事何种类型的行为，均享受豁免。这在历史上一度是国际公认的处理外国行为豁免的政策。早在1812年，美国最高法院在"交易号"案中就阐明了绝对豁免原则[①]。在1911年湖广铁路债券发行时，美国关于国家行为豁免的基本原则仍旧是绝对豁免原则，甚至直到1951年债券到期日，这一理论在美国法律中的地位也没有发生改变。

20世纪30—40年代以来，国家参与的行为逐渐丰富，种类逐渐繁多，将这些行为不加区别地一律豁免的做法开始显露出其弊端，从而导致了绝对豁免原则的日渐式微。1952年，美国国务院转而采取限制豁免（restrictive immunity）主义作为美国的官方政策。根据这一理论，一个外国主权者对其公法行为（*jure imperii*）享有管辖，但对其私法行为（*jure gestionis*）不享有豁免[②]。最后，1976年,《外国主权豁免法案》颁布，将限制豁免政策编纂成法律。

---

① See The Schooner Exchange v. McFadden, 11 U.S. (7 Cranch) 116, 3, L. Ed. 287 (1812).

② See 26 Dept. State Bull. 984 (1952) ("The Tate Letter").

通过上述对历史回顾可以看出，无论在湖广铁路债券发行抑或到期时，限制豁免都不是美国当时采纳的法律制度与原则，因此不应当作为本案裁判的依据。

（二）美国《外国主权豁免法案》的有关条文

回顾了绝对豁免与限制豁免的历史发展之后，法院进一步分析了《外国主权豁免法案》是否表现出明确的、不可辩驳的溯及既往的立法目的或意图。

首先，《美国法典》第28卷第1602节规定，外国对豁免的主张"今后"应由美国法院根据本章规定的原则作出决定。"今后（henceforth）"这一表述明确地传达了《外国主权豁免法案》并不具有溯及既往的效力的含义。除此之外，美国国会提供了一个90天的过渡期，目的在于充分地将美国新采取的限制豁免立场通知给外国国家。这些都能说明，《外国主权豁免法案》不具有溯及既往的效力，只针对其颁布之后的国家行为，而不具有面向过去的功能。其次，《外国主权豁免法案》的立法历史中也没有任何证据能够证明这一法案应该被给予溯及既往的效力。

（三）对中国原有权利的影响

在本案中，适用《外国主权豁免法案》会明显地改变中国原有的权利。从1911年发行债券到1951年债券到期，中国都依赖于对绝对豁免原则的期待行事，这在当时是有充分依据的。在此期间中国也从未想象到自己可能会因为违约而接受美国法院的管辖，债券持有人也没有期待自己有任何权利在美国法院针对中国获得一份缺席判决。

法院考察了近期关于这一问题的判决。第二巡回法院在阿莫科海外石油公司诉阿尔及利亚国家公司案中拒绝追溯适用《外国主权豁免法案》，认为这样做将损害当事人的先行权利。此后在委内瑞拉开发公司诉文特罗销售公司案（Corporation Venezolana de Fomento v. Vintero Sales ）① 中，第二巡回法院又重申了这一观点。

根据上述讨论，法院最终判定：《外国主权豁免法案》不能追溯适用，因此原告方的诉讼请求因法院缺乏属事管辖权而应当被驳回。

四、第十一巡回上诉法院对原告上诉的驳回

原告杰克逊等人对亚拉巴马州北区地区法院撤销一审判决不服，遂上诉至美国第十一巡回上诉法院（United States Court of Appeals for the Eleventh Circuit）。除了之前判决中作出的认定之外，上诉法院就法院二审撤销初审判决的正当性进行了分析。

法院认为，二审法院撤销初审判决没有滥用自由裁量权。根据美国《联邦民事诉讼规则》第60条第2款，法院可以基于以下几个理由免除某一最终判决或命令：（1）审判过程存在错误、疏忽或意外；（2）新发现的证据，该证据通过尽职调查无法及时发现以根据美国《联邦民事诉讼规则》第59条第2款进行新的审判；（3）诉讼过程中存在欺诈、虚假陈述或其他不当行为；（4）判决无效；（5）判决已完成履行，或被宣告解除，或判决所依据的先前判决已被推翻或以其他方式撤销，或判决的预期适用结果已不再公平；（6）可以证明应当免除执行判决的其他理由。

上诉法院认为，根据上述规定第6项，二审法院没有滥用裁量权。第6项赋予法院在上述五项理由之外撤销判决以实现正义的权力。但是，根据该项进行的救济是一种特别的补救办法，

---

① See Corporation Venezlana de Fomento v. Vintero Sales, 629 F.2d 786 (1980).

只有在出现特殊情况时才可援引。在本案中，确实出现了适用这种特殊补救办法的特别情况。

因此，在这种情况下，上诉法院指出，根据第6项，地区法院可以撤销初审判决，没有滥用其裁量权。除此之外，法院还指出，法律并不赞成缺席判决，而且当被告提出了有重要意义的辩护，那么维护判决的终局性应当让位于解决案件的实体问题。在本案中，中国提出了管辖权异议，因此二审法院有权作出判决。

五、案件的最终结果

在上诉法院认可了原审法院撤销原判决的裁定之后，联邦最高法院又于1987年3月9日驳回了针对该案的复审请求，意味着这一撤销"缺席判决"的判决同样得到了美国联邦最高法院的确认。最终，中国被认定为无须就湖广铁路债券向原告支付合同约定的本金以及利息。

六、案件评析

杰克逊等诉中华人民共和国案，又称"湖广铁路债权案"，是美国联邦法院审理的涉及中国主权豁免问题的案件。

（一）主权豁免立法的溯及力

该案的关键点在于主权豁免立法的溯及力问题。一审判决适用了《外国主权豁免法案》，而二审判决中指出，1976年颁布的《外国主权豁免法案》不应该适用于1911年发生的行为，即《外国主权豁免法案》并不具有溯及既往的效力，因此美国地区法院对本案没有管辖权，从而撤销了一审判决。三审判决支持了二审判决的观点。

法谚云"法不溯及既往"。法律为人们提供了一个既定的行为模式，不论这样的指引是明确的还是默示的，都可以引导人们依法实施自己的行为。可以说，可预测性是法律的一个重要特征，保护当事人按照法律可以期待获得的权利也是法律的重要目标之一。在新法颁布之前，新的行为框架或界限是无法为公众所知的，进而，一个行为在新法下的法律后果也是公民无法预测的。

尽管"法不溯及既往"也存在例外，但正如终审法院在其判决中所言，法院对于法律的基本立场与态度是法不溯及既往，这种推论是很难被推翻的。二审判决也指出，只有在法律的目的和意图明显表现出指向过去、溯及既往时，才具有溯及既往的效力，否则推定为不溯及既往。在本案的判决中，法院对法律的溯及力采取了严格限制的态度，这正是出于维护法律可预测性的考虑。

（二）主权豁免制度的变革

无论是在二审判决还是在三审判决中，法院都对主权豁免制度的变革历程进行了详细的分析与描述。从这些分析中，我们可以看出美国国家豁免制度的官方立场与立法的嬗变，在此不再赘述。

值得注意的是，从终审判决的分析中，我们可以看到，过去行政部门对国家豁免问题有重大影响。直到1976年《外国主权豁免法案》的颁布给司法部门以明确指引，判断是否给予国家豁免的权力才一定程度上交还给法院。

主权国家的绝对豁免曾是国际社会所公认的司法态度。事实上，对其他主权国家的豁免制度，体现了一国在权衡本国或本国公民利益与外国国家利益时的考虑，或者说是一国对外国主权的礼让程度。随着全球化进程在世界范围内的不断推进，国家作为商业活动主体出现的频率越来越高，国家在经济贸易中的角色也逐渐非官方化。在其他主权国家和本国公民之间产生的非官方法律关系中，一国往往面临两个选择：对外国主权的尊重和对本国公民权益的保护。而此二者有时是不可兼得的：如果一国采取绝对豁免的司法态度，那么，基于法律原则和可能的政策利益需要，即便其他主权国家在法律关系中确实存在违约、侵权或其他行为，也可能因绝对豁免主义而免遭起诉从而逃避制裁。

由此可以看出，绝对豁免主义存在固有的弊端：如果对其他主权国家在本国的行为，不分门别类而是一律给予豁免，实际上可能冲击本国法律体系，无法很好地保护本国国民的利益。但反过来，如果对于主权国家的行为一律加以管辖，也会影响到对他国主权的礼让，不仅影响他国主权的行使，也会对国际关系产生不利影响。因此，限制豁免主义作为一种调和两种利益的原则应运而生。它一方面对国家的主权行为给予豁免，给予外国主权一定范围内的礼让；另一方面对国家的商业行为不给予豁免，保护私人在国家面前的权利。但值得注意的是，本案并没有对限制豁免主义的地位作出明确的认定。对上述问题，法院以缺乏管辖权为由没有作出判决。

（张一诺）

阿根廷诉阿美拉达－赫斯 航运公司等案*

一、案件事实

联合运输公司（United Carriers Inc.）与阿美拉达－赫斯航运公司（Amerada Hess Shipping Corporation）均为利比里亚公司，前者在获特许后将名为"大力神"（the Hercules）的油轮出租给后者使用，租赁合同在纽约（New York City）订立。阿美拉达－赫斯航运公司用"大力神"号油轮将原油从穿越阿拉斯加的瓦尔迪兹（Valdez）输油管道南端，绕过南美洲的合恩角（Cape Horn），运送到美属维京群岛（the United States Virgin Islands）的赫斯（Hess）炼油厂。

1982年5月25日，"大力神"号从维京群岛返回阿拉斯加，油轮上没有装载货物，但加满了燃料。当时英国与阿根廷正在进行海上战争，争夺南大西洋上一处群岛的主权归属。该群岛由大约200个岛屿组成，位于离阿根廷海岸不远的南大西洋海域，在英国被称为"福克兰群岛（the Falkland Islands）"，阿根廷则称之为"马尔维纳斯群岛（the Islas Malvinas）"，因而，这

---

* 如无特别注释，本案资料皆来自：Argentine Republic v. Amerada Hess Shipping Corp., 488 U.S. 428 (1989).

场战争被称为"马尔维纳斯群岛战争"或"福克兰群岛战争"。为防止中立船只遭到攻击，6月3日，美国官员通知了交战双方所有与美国有关联的、包括"大力神"号在内的、正在南大西洋航行的船只的位置信息。

1982年6月8日，在巴西短暂停留后，"大力神"号在公海上航行至距离阿根廷约700英里，距离福克兰群岛约500英里处。此地并不处于英国与阿根廷划定的交战区内。当日中午格林威治标准时间12时15分，"大力神"号的船长通过无线电向阿根廷官员报告了船只的船名、位置、船籍国、航速以及航程等基本信息。45分钟后，一架阿根廷军用飞机开始围绕"大力神"号飞行，船长通过无线电再次向阿根廷官员报告了前述信息，后者确认收悉。6分钟后，在没有任何挑衅行为发生时，另外一架阿根廷军用飞机开始轰炸"大力神"号，船上立即升起白旗，不久后第二枚炸弹落下。两小时后发生了第三次攻击，一架阿根廷的军机用空对地导弹极大程度地毁坏了船只。"大力神"号被迫调转方向驶向最近的里约热内卢港口。在检查后，联合运输公司发现"大力神"号的甲板和船体均遭受较大的毁坏，且尚有一枚未引爆的炸弹在船只内部。巴西海军检查过后，认为移动船只内部的炸弹过于危险。1982年7月，"大力神"号在距离巴西海岸250英里处沉没。

联合运输公司与阿美拉达-赫斯航运公司在阿根廷国内要求救济的努力未获成功，于是两公司在纽约南区联邦地区法院就遭受的损害提起诉讼：针对船只灭失的损失，联合航空公司要求阿根廷赔偿1000万美元，而阿美拉达-赫斯航运公司则要求阿根廷对损失的燃料赔偿190万美元。

二公司认为，阿根廷对中立的"大力神"号的攻击违反了国际法，并援引了美国1789年《外国人侵权法案》（Alien Tort Statute）作为管辖权依据，该法案被编纂于《美国法典》第28

编第1350节，规定"联邦地区法院对下列案件享有原始管辖权，即当外国人实施了一定的行为，违反了万国法（the law of nations）或者美国缔结的条约时，针对此类行为所提起的任何侵权民事诉讼"。此外，阿美拉达－赫斯航运公司还援引了《美国法典》第28编第1333节作为管辖权基础，即一般的海商法管辖权（the general admiralty and maritime jurisdiction）和习惯国际法认可的普遍管辖原则（the principle of universal jurisdiction, recognized in customary international law）。

纽约南区联邦地区法院认为，《外国主权豁免法案》禁止以外国政府（即阿根廷）为被告提起的诉讼，最终以缺乏属事管辖权驳回了二原告的诉讼。

两原告提起上诉。联邦第二巡回法院在1987年撤销了上述判决。上诉法庭认为，依据《外国人侵权法案》，地区法院享有管辖权，理由如下：该合并诉讼的原告均是利比里亚公司，无理由炸毁船只的行为属于侵权行为，且攻击中立船只的行为违反了国际法。由于《外国人侵权法案》是基于国际法授予管辖权，不断演化的国际法标准便决定了享有该管辖权的主体。上诉法庭同时认为，国会通过《外国主权豁免法案》并不意味着消灭美国法院依据《外国人侵权法案》对外国违反国际法行为提供的救济。由此，美国第二巡回法院撤销了地区法院的判决，认为美国法院对本案享有管辖权。

在阿根廷的请求下，美国最高法院对该案再次进行审理。最终认定，地区法院驳回起诉的决定是正确的。

二、管辖权

本案涉及的主要争议在于，美国法院是否可以管辖以外国政府（在本案中即阿根廷）为被告的诉讼。涉及到的管辖权基

础主要有以下几个:

其一是1789年《外国人侵权法案》第1350节,该条规定:"若外国人实施了某行为,该行为违反万国法或者美国缔结的条约,针对此行为提起的任何侵权民事诉讼,联邦地区法院具有原始管辖权。"

其二是一般的海商法管辖权。

其三是习惯国际法承认的普遍管辖原则。

其四是法律解释规则中的"默示作废(repeals by implication)"原则。

其五是《外国主权豁免法案》中,主权豁免例外的"非商业侵权例外"情形。

与此相对,阿根廷提出享有主权豁免作为抗辩。在撤销纽约地区法院的判决时,美国联邦第二巡回上诉法院认为,在涉及外国主权豁免问题时,《外国人侵权法案》提供了管辖权依据。针对两公司及上诉法庭所援引的管辖权基础,美国最高法院分别予以否认。

(一)《外国人侵权法案》提供的管辖权基础

首先,最高法院确认了一项在美国此前判例中确定的规则,即下级联邦法院的属事管辖权是由国会依照"国会认为与公众利益相较而言适当的程度和性质确定的"[①]。国会通过了《外国主权豁免法案》,在《美国法典》第28编新增了以"外国管辖豁免"为题的第97章,即第1602—1611节。其中第1604节规定:"依据本法通过时,美国作为缔约国的现有国际条约,外国政府在美国法院享有豁免,除非符合第1605—1607节规定的例

[①] Cary v. Curtis, 44 U.S. (3 How.) 236, 245, 11 L.Ed. 576 (1845); Insurance Corp. of Ireland v. Compagnie des Bauxites de Guinee, 456 U.S. 694, 701, 102 S.Ct. 2099, 2103, 72 L.Ed.2d 492 (1982).

外情形。"同时,《外国主权豁免法案》还新增了第1330节第1
条,规定,"对本编第1603节第1条所指的,以外国为被告进行
的无陪审团的民事诉讼,不论争议的数额大小,只要按照本编
第1605—1607节或者任何可以适用的国际协定的规定,该外国
在对人诉讼中的求偿问题上不享有豁免的,地区法院对该案件
即具有初审管辖权"。最高法院认为,《外国主权豁免法案》的
内容与结构表明了国会的意图,即《外国主权豁免法案》是在
美国法院对外国进行管辖的唯一基础。第1604节与第1330节第
1条相互呼应,前者禁止联邦和州法院管辖享有豁免的外国,后
者则赋予地区法院管辖权。当外国因符合《外国主权豁免法案》
列举的例外情形而不享有豁免时,美国法院即可管辖由美国或
者他国公民提起的针对外国的诉讼,"在针对外国的诉讼中必须
适用《外国主权豁免法案》,因为其规定了外国不享有主权豁免
的例外情形,这些情形是否存在将决定法院是否拥有此类诉讼
的属事管辖权"。

美国联邦第二巡回上诉法院承认,《外国主权豁免法案》的
语言和立法历史表明,该法管辖联邦法院中外国的豁免问题。
然而,第二巡回法院认为,《外国主权豁免法案》"对商业问题
的关注"和国会未"废除"《外国人侵权法案》的行为表明,如
果争议产生于《外国主权豁免法案》规定的范围之外的其他违
反国际法的行为,联邦法院可以继续对外国行使管辖权。对此,
美国最高法院认为,国会在制定《外国主权豁免法案》时,已
经将外国违反国际法的行为纳入考量。例如,第1605节第3条
规定的例外情形"违反国际法取得的财产"。此外,国会通过
《外国主权豁免法案》时,也决定管辖"在公海上犯下的海盗罪
和其他重罪,以及违反国际法的罪行",即在上述违反国际法、
但不属于《外国主权豁免法案》所规定的主权豁免例外情形的
案件中,外国并不享有豁免。总结上述豁免例外情形,外国享

有管辖豁免是原则，不享有豁免权则为例外，但所有的例外均明确列举出来。

虽然国会在通过1976年《外国主权豁免法案》时并未废止1789年通过的《外国人侵权法案》，后者规定，"对于外国人基于所实施的违反万国法或者美国缔结的条约提起的任何侵权民事诉讼，联邦地区法院具有原始管辖权"。但美国最高法院认为依赖此事实确定本案的管辖权并不具有说服力。

首先，《外国人侵权法案》是否赋予美国法院对外国的管辖权，尚存争议，没有定论，这足以解释为什么国会没有废除《外国人侵权法案》。

其次，上诉法庭在阐述此观点时，并未援引以《外国人侵权法案》作为管辖权基础的判例，唯一援引的判例是在《外国主权豁免法案》通过后作出的。在该案中，一名巴拉圭国民根据《外国人侵权法案》起诉一名巴拉圭警官实施酷刑，但并未将巴拉圭政府列为被告。[①]

第三，联合运输公司与阿美拉达-赫斯公司在答辩中称，本案涉及《外国人侵权法案》规定的"战时非法征用"。但最高法院认为，《外国人侵权法案》并未提及征用行为的管辖问题，《美国法典》第1333节第2条赋予联邦地区法院对"所有涉及征用的程序"的专属管辖权。在一个1822年的判例中，外国的确在征用问题上受美国法院的管辖，但该案判决的依据并非《外国人侵权法案》，而是海事诽谤。[②]

通过以上三点，美国最高法院认为，上诉法院依据国会没有废除《外国人侵权法案》这一事实确定本案的管辖权是错误的，这一事实对本案所涉及的事项几乎没有影响。最高法院认

---

① Von Dardel v. Union of Soviet Socialist Republics, 623 F. Supp. 246 (DC 1985).

② The Santissima Trinidad, 20 U.S. (7 Wheat.) 283, 353-354, 5 L.Ed. 454 (1822).

为,《外国主权豁免法案》本身的综合性，足以解决一切涉及外国主权豁免的问题。

（二）默示废除原则

基于相似的原因，美国最高法院驳回了被告所主张的"法律解释规则中的默示废除原则"。最高法院认为，本案并不存在两个相互补充的法律规则，也不存在以下情形：即更加一般的后法可以默示废除处理较为特殊事项的前法。第1604节规定的豁免原则，与第1605—1607节列举的豁免例外情形已经足以解决所有涉及外国主权豁免的诉讼案件的管辖权问题。更不用提，在《外国人侵权法案》中，并未区分不同类型的主体。

（三）一般海事管辖权

就被告在起诉时提出的，以《美国法典》第1333节规定的一般海事管辖权作为管辖权基础这一主张，最高法院认为，国会在通过《外国主权豁免法案》时，已经处理了联邦法庭的海事管辖权问题。第1605节第2条便规定了对外国的海事管辖权，"为了对某外国的船只或货物行使海上留置权提起海事诉讼，而此项权利要求是基于该外国的商业活动的，在下述情况下，该外国不得在联邦法院享受管辖豁免……"。除非满足该条规定的情形，或者存在其他主权豁免例外情形，否则联邦法庭无权管辖阿根廷。

（四）非商业侵权例外

《外国主权豁免法案》规定了如下几种例外，"放弃豁免例外（waiver of immunity）"，"商业行为例外（commercial activities occurring in the United States or causing a direct effect in this country）"，"征收财产例外（property expropriated in violation of international law）"，"继承或赠与不动产例外（inherited, gift, or immovable property located in the United States）"，"非商业侵权例外（non-commercial torts occurring in the United States）"，"海事优先权例外（maritime liens）"等。联合运输公司与阿美拉达－赫斯航运公司认为本案中存在非商业侵权例外。这一例外规定于第1605节第1条第5款："某外国或者该外国任何官员或雇员在职务或雇佣范围内的行动中发生侵权行为或过失，从而在美国境内造成人身伤害、死亡或者财产损失，受害一方为此向该外国追索损害赔偿金……"

最高法院认为，该条要求"在美国境内造成人身伤害、死亡或者财产损失"，其最初的目的是排除外国对交通事故或者其他在美国境内所为的侵权行为享有的豁免，由美国国内的侵权法对此类案件进行管辖。而在本案中，损害发生在公海上，距离美国海岸最近点的距离为5000英里。尽管被告声称，由于攻击发生在美国的海事管辖范围内，依据《外国主权豁免法案》的定义，"美国"包括所有"处于美国管辖范围内的领土、水域、大陆以及岛屿"，从而主张攻击发生在美国境内。最高法院认为这一解释并不具有说服力。《外国主权豁免法案》将美国的范围界定于美国拥有主权的大陆及水域上，并非所有美国可以行使管辖的领域。因为两公司的损失毫无疑问发生在当时3英里的领海范围之外①，非商业性侵权的例外不能适用。尽管阿根廷的行为或许会在美国国内产生一定的影响，但这不会导致"非商业行为侵权例外"的适用，因为只有第1605节第1条第2款的"商业行为例外"规定了，当发生在美国境外的商业行为在美国境内产生直接影响时，适用该例外，而"非商业行为侵权例外"

---

① 美国1988年才将领海扩展至12海里。

并无此类规定。因而，最高法院认为，本案不存在主权豁免的例外情形。

（五）条约提供的管辖权基础

此外，被告还提出了另一主张，即美国与阿根廷共同作为缔约国的条约创设了适用《外国主权豁免法案》的例外。被告认为，第1604节的文本为，"依据本法通过时、美国作为缔约国的现有国际条约……"。因而，当一项条约的文本与《外国主权豁免法案》的内容明显存在冲突时，应当例外地不适用《外国主权豁免法案》，被告认为《1958年日内瓦公海公约》[①] 以及《泛美海上中立公约》[②] 便属于此类条约。

最高法院认为，这些条约属于实体规范，规定了国家在实施某些行为后需要进行赔偿，[③] 不曾赋予他国公司在美国向某外国要求赔偿的权利。尽管根据第1605节第1条，外国可以放弃管辖权，但加入一项完全没有提及豁免的国际条约，明显不会造成放弃管辖权的结果。同样的，美国与利比里亚之间的友好通商航海条约也不能创制主权豁免例外。这一条约赋予美国或者利比里亚的国民在当地以当地法律为依据提起诉讼的权利，而《外国主权豁免法案》本身就是一种当地法，两公司必须在美国境内遵守其内容。

[①] *The Geneva Convention on the High Seas*, Apr. 29, 1958, [1962] 13 U.S.T. 2312, T.I.A.S. No. 5200.

[②] *The Pan American Maritime Neutrality Convention*, Feb. 20, 1928, 47 Stat. 1989, 1990-1991, T.S. No. 845.

[③] 例如，《日内瓦公海公约》第22条第1款和第3款规定，一艘军舰只有在"有合理理由怀疑"商船参与海盗活动、贩卖奴隶或伪装航行的情况下，才可以登上商船。如果检查不能证实怀疑，商船"应赔偿可能遭受的任何损失或损害"。第23条对用飞机拦截商船有类似的规定。

美国最高法院最后得出结论,《外国主权豁免法案》提供了在美国法庭对外国进行管辖的唯一依据,本案不符合主权豁免例外的任何一种情形。

综上,美国最高法院撤销了第二巡回法院作出的判决,认定阿根廷享有主权豁免,不受美国法院的管辖。

三、案件评析

1976年颁布的《外国主权豁免法案》是美国对国家豁免问题立法的核心和基础,其中对享有豁免的主体等情况作出了详细的规定。值得注意的是,这部法律采纳了限制豁免理论,尽管以赋予外国国家在美国法院的豁免为原则,却也规定了包括"商业行为例外""非商业侵权例外"等在内的数项豁免例外情形,在随后的发展中,又将"恐怖主义例外"等情形纳入考量。此外,该法还将判断一主体是否享有豁免的决定权从行政机关转移到司法机关,由法院全权负责。

本案涉及的另外一部法律为1789年通过的《外国人侵权法案》。与《美国宪法》第1条第8款授权国会"界定并惩罚……违反万国法的犯罪"相照应,根据《外国人侵权法案》,满足以下三个条件,联邦法院即对案件享有管辖权的条件:(1)原告是外国人;(2)侵权之诉;(3)违反万国法或美国缔结的条约。由于其历史悠久,用语古老,且内容相对模糊,其适用面临一系列的问题,也同时留下了诸多的解释空间。

本案的原告是两家利比里亚公司,其在美国法院起诉阿根廷,要求其就"攻击中立船只"一事赔偿损失。主要的争议点有两个:其一是《外国人侵权法案》与《外国主权豁免法案》两部法律,应该适用哪一部确定法院对该案的管辖权;其二是阿根廷在本案中是否享有主权豁免。

经过了三次审判，美国最高法院最终认定,《外国主权豁免法案》是决定外国在美国法院是否享有管辖豁免的唯一依据。联邦第五巡回上诉法庭更是表明，只要不存在《外国主权豁免法案》所规定的例外情形，法院对该外国就不享有管辖权。①

除了确定《外国主权豁免法案》在确定管辖豁免例外方面的地位之外，美国最高法院对其中例外情形的认定也比较谨慎，并详细地阐释了本案涉及的非商业行为侵权例外。

非商业侵权例外要求侵权行为"在美国境内造成损失"，本案对何为"美国境内"给出了解释，认为其仅涵盖"美国拥有主权的领土与水域"。美国其他法院在适用这一规则时，也对这一术语进行了诠释，如"博新格诉伊朗案"②中，哥伦比亚特区地区法院认为，"在美国境内"并不包括美国驻外国大使馆等领域。

此外，本案中的法官严格区分了"非商业侵权例外"与"商业行为例外"，认为在"商业行为例外"情形下，外国政府或许会因为在美国境外发生的商业活动而负有赔偿责任，只要该行为在美国境内造成了直接影响，但是非商业行为侵权例外却并非如此。"琼斯案"中已经明确，非商业侵权例外不仅要求人身伤害或财产损害发生在美国，还要求造成这一结果的侵权行为或不作为也发生在美国境内。③ 在"菲尔南德斯诉西班牙案"中，美属波多黎各地区法院认为西班牙的司法程序发生在西班牙，

---

① Bloomfield v. Kingdom of Saudi Arabia, 2021 WL 3640716 (S.D. Tex., 2021).

② Persinger v. Islamic Republic of Iran, 729 F.2d 835, 842 (D.C. Cir. 1984).

③ Jones v. Petty-Ray Geophysical Geosource, Inc., 954 F.2d 1061, 1064-65 (5th Cir. 1992).

侵权行为发生在美国境外，因此驳回了原告的主张。[①] 在"布洛姆菲尔德诉沙特案"中，联邦第五巡回上诉法庭指出，死亡发生在伊拉克，不符合非商业侵权例外的适用前提。[②]

（杨睿智）

---

① Fernandez v. Spain, 2014 WL 1807069, at *1 (D.P.R. 2014).
② Bloomfield v. Kingdom of Saudi Arabia, 2021 WL 3640716 (S.D. Tex., 2021).

沙特阿拉伯诉纳尔逊案 *

一、案件背景

美国医院有限公司（The Hospital Corporation of America, Ltd.，简称"美国医院"）是一家根据开曼群岛法律设立的公司。根据其于1973年与沙特阿拉伯签署的一项协议，美国医院招募美国人到沙特利雅得的国王专科医院（King Faisal Specialist Hospital，简称"医院"）工作。美国医院在一家商业期刊上刊登了一则广告，招聘检查和维修设备人员。

1983年9月，美国人斯科特·纳尔逊（Scott Nelson）在美国看到了该广告，在沙特阿拉伯进行了面试，面试结束后返回美国。回到美国后，纳尔逊与医院签订了一份雇佣合同，走了人事流程，并参加了美国医院为医院员工举办的入职培训。此外，美国医院将医院在美国的采购代理处瑞斯帕克采购服务公司（Royspec Purchasing Services，简称"瑞斯帕克采购"）确定为紧急情况下纳尔逊与家人在美国的联络点。

1983年12月，纳尔逊前往沙特工作，其职责为检查医院所有的医疗设备、公用设施和设备维护系统，以确保病人和医护人员的安全。在其工作期间，医院没有出现任何重大事故。

1984年3月，纳尔逊发现医院的氧气和一氧化二氮管线存在

---

* 如无特别注释，本案资料皆来自：Saudi Arabia v. Nelson, 507 U.S. 349 (1993)。

安全隐患。几个月的时间里，纳尔逊多次向医院官员提出建议，要求解决这些安全隐患，并将这些建议报告提交给沙特政府的一个委员会。然而，医院官员告诉纳尔逊不要理会这些问题。

1984年9月27日，医院对纳尔逊的态度急转直下。这天，一些医院员工将纳尔逊叫到医院安保室，然而，等待他的却是沙特政府的特工。特工们逮捕了纳尔逊，并把他带到了一间牢房里。在牢房里，特工们给纳尔逊带上脚镣，对他进行折磨和殴打。在牢中的整整四天时间里，纳尔逊得不到任何食物。特工们还强迫不懂阿拉伯语的纳尔逊签署了一份用阿拉伯语写的声明。两天后，纳尔逊被移交到西詹监狱（Al Sijan Prison），"以等待对未知指控的审判"。

监狱的环境非常恶劣，纳尔逊甚至不得不与其他囚犯搏斗来获得食物。尽管警方的审问人员多次审问他，但因为语言隔阂，纳尔逊根本无法了解对他的指控。几天来，沙特政府没有告知纳尔逊家人他的下落，尽管最终一名沙特官员告知了他的妻子。

在此期间，美国大使馆官员曾探望过纳尔逊两次，但他们认为纳尔逊对沙特政府虐待他的指控是"不可信"的，因此没有向沙特当局提出抗议。1984年11月5日，在纳尔逊被捕39天后，沙特政府才应一名美国参议员的个人请求释放了他。七天之后，沙特政府允许纳尔逊离开沙特。

1988年，纳尔逊和他的妻子针对沙特阿拉伯、医院和瑞斯帕克采购（一审被告）在美国佛罗里达州南区地区法院提起诉讼，要求获得人身损害赔偿。纳尔逊的申诉列出了16项诉讼理由，包括殴打、非法拘留、非法逮捕等不人道酷刑，扰乱正常家庭生活，造成精神痛苦，以及未能提醒他注意潜在的就业危险等。

根据1976年美国《外国主权豁免法案》第1602节、《美国法典》第28卷第1330节，地区法院以缺乏管辖权为由驳回了诉讼。纳尔逊主张，根据《外国主权豁免法案》第1605节第1条第2款，该诉讼是基于被告在美国进行的"一项商业活动"而提出的，因此存在管辖权。但是，地区法院否认了这一观点，认为，虽然美国医院在美国招募纳尔逊的原因可能是为了沙特和医院，但招募工作本身不构成沙特在"在美国进行"的商业活动。[①] 此外，纳尔逊的入职和人身损害之间没有足够的"联系（nexus）"。[②] 虽然在美国的招募行为是纳尔逊被捕和遭受人身伤害的原因，但地区法院认为，这种联系过于脆弱，它无法基于此获得管辖权。类似地，瑞斯帕克采购在美国的商业行为是为医院采购设备，与纳尔逊的人身伤害之间没有联系，它仅仅为纳尔逊提供紧急情况下与家人联系的途径。

该案诉至上诉法院。上诉法院认为，有关纳尔逊的招募和雇用是沙特阿拉伯和医院的商业活动，该行为在美国进行；这些商业活动与伤害纳尔逊一家的不法行为之间有着充分的联系。因此，上诉法院撤销了地区法院的判决。沙特方不服上诉法院的判决，又将该案上诉至最高法院。即本案的上诉人为沙特阿拉伯、医院和瑞斯帕克采购，被上诉人为纳尔逊一家。

二、最高法院的决定

法院首先忆及，《外国主权豁免法案》是美国法院获得对外国管辖权的唯一依据。根据该法，除非有特别的例外情况，外国国家被推定为不受美国法院管辖。该法第1605节第1条第2款规定，若"诉讼是基于外国在美国境内进行的商业活动而提出

① 参见美国《外国主权豁免法案》第1605节第1条第2款。
② 同上。

的",外国不享有在美国法院的豁免权。该法将"在美国境内进行的商业活动"定义为"该国所进行的与美国有实质性联系（substantial contact）的商业活动"[①]。根据该法第1603节第4条，商业活动可以是"常规的商业行为或特定的商业交易或行为"，其商业性质应根据其"性质"而不是"目的"来确定。[②]

根据该法第1603节第1条，"外国"包括"外国的代理机关或机构"，[③]因此，沙特阿拉伯、医院和瑞斯帕克采购都有资格成为该法意义上的"外国"。所以，为了确立法院对本案的管辖权，纳尔逊夫妇的诉讼必须"基于"上述主体的某些"商业活动"，且该商业活动与美国有"实质性联系"。

在本案中，纳尔逊一家声称，美国医院招募纳尔逊到医院工作，与他签订了雇佣合同并雇用了他。法院认定，虽然这些活动最终导致了伤害纳尔逊一家的行为，但它们并不是纳尔逊一家提起诉讼的依据。毕竟，纳尔逊一家并没有提起违反合同的诉讼。纳尔逊诉讼的基础是侵权行为，而不是美国医院的商业活动。

对于商业活动的解释，法院认为，应当按照对外国主权豁免的"限制性理论（restrictive theory）"解释。根据该理论，只有当某一主权国家作为私法主体参与市场从事商业活动时才能排除其享有的豁免权。法院援引了《美国对外关系法重述》（第3版）第451节第1987条："根据国际法，一个国家或国家机构不受另一个国家法院的管辖，但因作为私主体身份从事的此类活动而产生的损害除外。"[④]根据《外国主权豁免法案》，一项行为的商业性质应根据其"性质"而不是"目的"来确定，因此，

---

① 参见美国《外国主权豁免法案》第1603节第5条。

② 同上。

③ 参见美国《外国主权豁免法案》第1603节第1条。

④ 参见《美国对外关系法重述》（第3版）第451节第1987条。

本案的关键不在于外国政府的行为是出于营利动机，还是为了实现其主权目的，而在于外国政府所采取的行为是否属于私主体参与"贸易、交通或商业"活动。

法院对比了韦尔托弗案（The *Weltover* case）。[①] 在该案中，债券持有人在联邦法院起诉阿根廷，主张根据《外国主权豁免法案》第1605节第1条第2款第3项行使管辖权。提起诉讼的依据是阿根廷为了推行稳定本国货币的计划而发行债券，并进行单边再融资的行为。法院认为，该案与纳尔逊案不同，限制豁免理论下，沙特政府对纳尔逊实施的非法逮捕、监禁和酷刑行为不能被视为商业行为。因为这归根结底属于沙特政府滥用其警察权力的行为，而一国行使警察权力早已被认定为具有主权性质。[②] 警察和刑事官员的行为属于司法行为，其身份代表的是背后的国家，因此并不属于作为私人主体参与的商业行为。

纳尔逊及其律师重申，沙特政府对纳尔逊的虐待是为了报复其坚持报告医院安全违规问题的行为，因此虐待行为的性质应该是商业性的。其中一位律师甚至提出沙特政府"经常使用拘留和酷刑的手段来解决商业纠纷"。但上述论断并没有改变这样一个事实：被滥用的权力是警察和刑事官员的权力。无论沙特政府涉嫌虐待纳尔逊的动机是什么，针对纳尔逊一家的行动仍然是一项主权活动。根据《外国主权豁免法案》，该活动不受美国法院的管辖。

此外，法院也否认了纳尔逊基于上诉人未提醒他注意与就业有关的风险而提出的求偿诉求。因为法院认为这只是对前述诉求进行的语义变更，所以对其进行了否认。

---

① See Republic of Argentina v. Weltover, 112 S.Ct. 2160 (1992).

② 法院援引了以下案件证明这一观点：Arango v. Guzman Travel Advisors Corp, 621 F.2d 1371 (1980); Victory Transport Inc. v. Comisaria General de Abastecimientos y Transportes, 336 F.2d 354 (1964).

综上，最后法院得出结论，本案的诉讼并非基于商业活动而提出，法院也不需要考虑该行为与美国是否有实质性联系，法院对本案不具有管辖权。

三、个别法官的意见

（一）怀特法官的意见

与大多数法官的意见一样，怀特（White）法官也认为上诉人享有主权豁免。但是与多数法官意见不同的是，他并不认为上诉人的行为"非基于商业活动"，而是认为商业行为并不是"在美国进行的"。其理由如下：

对于提起诉讼所依据的行为，被上诉人提出了两种不同的解释：第一是在美国的招聘活动，这虽然符合"商业"的条件，但与其他法官一样，怀特法官也认为这不是纳尔逊提起诉讼的依据；第二是医院在沙特的商业活动，包括纳尔逊在医院的工作和医院对纳尔逊的惩罚，这也是本案中的重点。因此，怀特法官认为，必须要查明是否在特殊情况下，私人团体能够以上述方式参与到商业活动中来。

怀特法官认为，医院的运营与一家商业公司的运营在本质上无异。医院对于员工的报告行为进行警告，并采取报复行动，包括骚扰、非自愿调动、解雇等其他侵权行为，虽然不是典型的商业行为，但应当肯定这些在商业活动的范围之内。怀特法官引用了参众两院的立法报告，指出"外国政府雇佣或聘用劳工、文职人员或营销代理，将被视为商业活动"。[①] 此外，在商业活动中企业对于举报人（Whistleblower）的报复是时有发生

---

① See H. R. Rep. No. 94-1487 (1976), p. 16; S. R. Rep. No. 94-1310 (1976), p. 16.

的，美国国会据此通过了《举报人保护法案》，[①]并且美国各州也通过了类似的法案。从司法实践的角度看，在美国也有过私人企业与政府合谋实施逮捕而被追究法律责任的案例，例如艾迪克斯案（Adickes v. S.H. Kress & Co）；[②]也有利用私人企业雇用安保人员达到迫害举报人这一目的的案例，例如奥尔布赖特案（Albright v. Longview Police Dept）。[③]

怀特法官不同意大多数法官将特工和警察的暴力行为定性为"主权行为"的做法。如果医院通过雇用暴徒来报复纳尔逊的话，便不能再将这种行为描述为"外国行使警察权力"，而是一种"商业行为"。因为在这种情况下，国营医院将作为商事主体，而纳尔逊的诉讼将指控的是沙特政府出于商业目的的行为。将这种行为定义为"主权行为"的观点没有全面反映纳尔逊的诉求。在纳尔逊被逮捕之后的殴打和监禁中，医院起到了重要的作用，因此这种行为不能说是"完全取决于主权性质的活动"，它至少"由商业和主权两部分组成"。多数法官只关注到警察权力的行使，这势必会简化案件，从而很难作到公正审判。《外国主权豁免法案》规定商业例外的目的是为了防止国家以主权行为作借口从事不法行为，因此，怀特法官认为，本案的关键在于判断该国家是否以商业身份行事，而不是看它是否依靠暴徒或是警察从事商业行为。当医院指派特工报复纳尔逊时，利用特工和警察的医院更多地体现的是该商业企业的国有性质，而不是其侵权行为的非商业性质。怀特法官忆及首席大法官马歇尔（Marshall）曾在美国银行诉佐治亚种植园银行案（Bank of United States v. Planters' Bank of Georgia）中说道："当一个政府成为贸易公司的商业伙伴时，就与该公司的交易而言，它放弃

---

① See *Whistleblower Protection Act of 1989*, 5 U.S.C. 2302(b)(8)-(9).

② See Adickes v. S.H. Kress & Co., 90 S.Ct.1598, (1970).

③ See Albright v. Longview Police Dept., 884 F.2d 835, (1989).

了自己的主权权力，而成为一个自然人。它没有特权地位向公司传达它的命令，而是和与其进行商业交往的人地位相同，该政府的地位和性质由与其进行商事交往的主体和商业活动的性质决定。"①

综上，怀特法官的结论与多数法官观点一致，即法院不能依据《外国主权豁免法案》获得管辖权。但他认为涉诉行为属于商业行为，只是并非发生在"美国境内"，而且也很难与美国发生"实质上的联系"。

（二）肯尼迪法官的意见

肯尼迪（Kennedy）法官赞同法院的所有意见，但是唯一不赞同的是将基于疏忽而未发出警告提出的索赔也排除在法院的管辖范围之外。肯尼迪法官认为这应当被视为一项单独的诉求，发回地区法院重审。

肯尼迪法官认为，针对因疏忽大意而未能提醒纳尔逊注意可预见风险的索赔是基于与美国有实质性联系的商业活动提出的，因此属于商业活动例外并在法院的管辖范围之内。其理由如下。

根据韦尔托弗案，员工招聘过程中遗漏重要信息属于商业行为。② 招聘员工是医院在正常业务过程中进行的一项活动，寻找和雇用员工并不是主权国家行使主权权力的表现。在解释雇佣条款和条件，包括特定工作的风险和报酬时，即使是政府实体参与，也应当将其视为"商业市场中的私人参与者"。因此，根据《外国主权豁免法案》，美国医院和医院都有义务告知纳尔逊该工作存在被沙特当局任意逮捕和施以酷刑的风险。

---

① Bank of United States v. Planters' Bank of Georgia, 6 L.Ed. 244 (1824).

② See Republic of Argentina v. Weltover, Inc., 112 S.Ct. 2160, (1992).

　　肯尼迪法官回顾了以下事实：纳尔逊的招聘工作由美国医院进行，美国医院是一家美国公司的全资子公司。自1973年起，该公司担任为该医院招聘员工的沙特独家代理，为期至少16年。美国医院的一项正常业务就是在美国劳动力市场为医院寻找员工。美国医院在一家美国杂志上刊登广告，纳尔逊在报纸上看到了广告，并联系了田纳西州的美国医院。在沙特阿拉伯面试后，纳尔逊返回佛罗里达州，在那里签署了雇佣合同，并走了人事流程。在前往医院接受工作之前，纳尔逊还在田纳西州参加了美国医院为新员工举办的一次入职培训。这些活动不仅与美国有着实质性的联系，而且大部分是"在美国进行的"。纳尔逊主张，上诉人在此过程中因疏忽大意而未能告诉纳尔逊他们的法定义务。因此，肯尼迪法官认为，这符合法院根据《外国主权豁免法案》基于商业活动例外获得管辖权的所有法定条件。

　　在满足《外国主权豁免法案》的管辖权先决条件后，根据《美国联邦民事诉讼规则》第12条第2款第1项的规定，即使侵权之诉的管辖权不存在，纳尔逊对未能提醒他注意潜在就业危险而提起的诉讼仍然继续有效。但法院的判决仅在一个简短的段落中就驳回了这些诉求。法院这样的简化处理可能源于对该诉讼原因的怀疑。因为法院担心如果不驳回起诉，纳尔逊只要能证明医院各方有义务披露其工作的风险，就可能会将沙特通过行使主权作出的侵权行为重新包装为医院未尽到注意义务的诉讼。多数法官认为："通过这种语言上的假象赋予其司法意义，将让限制豁免理论名存实亡。"

　　然而，肯尼迪法官认为并非如此。《外国主权豁免法案》规定，对于任何属于第1605节所列例外的针对外国的索赔，"在类似情况下，外国应以同样的方式并在同样的程度上承担与私主体相同的责任"。如果州法律规定了适用于个人的责任规则，《外国主权豁免法案》则要求在类似情况下将该规则适用于外国。

但是不存在这样一部可以规制医院的过失侵权行为的州法律。

肯尼迪法官认为，多数法官所引用的美国诉席勒案（United States v. Shearer）[1] 并不能作为驳回该诉讼的依据。席勒案中，法院禁止原告将原本为故意侵权的损害赔偿重新用过失条款提起诉讼。但该案是根据费尔斯诉美国案（Feres v. United States）[2] 判决的，费尔斯案是联邦普通法的产物，它给予了法院对制定诉讼规则的更大自由。实际上，法院在席勒案中的结论也基于这样一个事实，即该案涉及《联邦侵权索赔法》（The Federal Tort Claims Act）中的故意侵权例外，排除了由特定故意侵权"产生的任何索赔"。而《外国主权豁免法案》的商业活动例外却并没有类似表述。值得注意的是，法院并没有采用统一规则，禁止根据《美国联邦民事诉讼规则》将故意侵权索赔重新定义为过失索赔。所以，在某些情况下，法院应当允许原告重新提起诉讼。

肯尼迪法官认为，作为侵权法中的一个问题，准确地描述各种诉讼请求所依据的侵权行为，或将产生损害的多种原因拆分为若干可诉的侵权行为，不是一个文字游戏，也不违反"一事不再审"的原则。[3] 然而，肯尼迪法官也说，法院并不需要确定纳尔逊是否能成功索赔。纳尔逊夫妇接下来的诉讼可能将面临两大障碍：国家侵权法可能会阻止追偿；此前对招聘代理机构美国医院的相关诉讼被地区法院驳回。驳回的原因是案情的重复性，诉讼同样是针对医院未能告知纳尔逊潜在的危险提出的，而且还有时间限制。这一司法决定已经被上诉法院确认，并有可能排除纳尔逊对于被告的其他类似诉讼。但该诉讼是否

---

[1]　See United States v. Shearer, 105 S.Ct. 3039 (1985).

[2]　See Feres v. United States, 71 S.Ct. 153, (1950).

[3]　肯尼迪法官援引了美国《侵权法重述》（第2版，1965年）第447—449条以及案例来证明该观点。Wilson v. Garcia, 105 S.Ct. 1938, (1985).

会被法院拒绝受理并不在法院的审查范围之内。法院应当将未能提醒纳尔逊的过失侵权诉讼发回地区法院重审，即使这可能对于纳尔逊一家并没有实际意义。

（三）布莱克曼法官的意见

与怀特法官的意见一致，布莱克曼（Blackmun）法官认为纳尔逊的侵权之诉是"基于一项商业活动"，但是该商业活动不是"在美国进行的"。此外，他也同意肯尼迪法官的意见，基于"未对其工作的潜在风险发出警告"的索赔，应当发回重审。

（四）史蒂文斯法官的反对意见

史蒂文斯（Stevens）法官支持上诉法院的判决，即认为法院对本案享有管辖权，理由如下。

根据《外国主权豁免法案》，如果满足两个条件，外国受美国法院管辖：诉讼必须"基于商业活动"，该活动必须"与美国有实质性联系"。这两个条件应分别分析，因为它们服务于两个不同的目的。前者将商业活动排除在外国主权的诉讼豁免权范围之外；后者则确定了与美国的联系。

在本案中，正如怀特法官证明的那样，医院的经营及其雇用、管理工作人员的是基于法律规定进行的"商业活动"，纳尔逊声称他因在受雇期间的行为而受到惩罚，这无疑是"基于"这些活动。因此，第一个法定条件得到满足；上诉人无权免于纳尔逊提出的索赔。

然而，与怀特法官不同的是，史蒂文斯法官认为，上诉人的商业活动，无论是被定义为医院的常规经营行为，还是被认定为聘用纳尔逊"作为在医院负有特定责任的员工"的商业行为，都与美国有充分的联系，能够证明法院行使联邦管辖权的正当性。上诉人在美国的代理机构瑞斯帕克采购在马里兰州设有办事处，并在该州购买医院用品和设备。近二十年来，该医院在美国的代理机构一直在美国设有办事处，并定期在美国招聘人员。

纳尔逊在美国被聘用，并在美国签订了与医院的雇佣合同。前往沙特任职之前，纳尔逊还参加了田纳西州的培训项目。纳尔逊的职位是监控系统经理，是一名技术人员，而且，如果他的指控是真实的，那么正是因为他履行了这些职责，医院才对他采取报复行动。无论是《外国主权豁免法案》第1605节第1条第2款第1项授予的对在美国从事实质商业活动的外国实体的"一般"管辖权，还是更狭义地仅授权对与美国有实质联系的"特定"商业行为的"特殊"管辖权，都足以确立本案的管辖权。因此，史蒂文斯法官认为应该支持上诉法院的判决。

四、案件评析

本案涉及《外国主权豁免法案》的商业活动例外。该法规定："商业活动"指通常的连续的商业行为或特定的商业交易或行为。确定活动的商业性质，应考虑连续的商业行为或特定交易或行为的性质，而非其交易的目的。虽然《外国主权豁免法案》明确地说明了通过活动的性质来确定是否属于商业活动，但是在实务上法院有两个困难的问题要处理。第一个问题是它必须决定一个案子中，到底被告国的哪些作为或不作为将被选取出来作为判断的对象；而在完成了第一步骤后，法院才必须依行为的性质来断定其是否为商业活动。①

第一个问题虽然并未规定在《外国主权豁免法案》中，但

---

① 陈纯一：《国家豁免问题之研究——兼论美国的立场与实践》，（中国台湾）三民书局，2000，第191页。

它却是实务中极其重要的一个步骤，而且解决该问题通常十分困难，因为实际的案件中往往包含了很多行为和事实，法院必须从众多的行为和事实中挑选出具有关键因素和法律意义的那些，并由此判断其性质。而法院所挑选出的行为和事实将对判决结果产生极其重要的意义。

本案的起因是沙特特工对纳尔逊进行殴打、非法拘留、非法逮捕。但是，纳尔逊所提出的事实是他在美国应聘，并在美国签署雇佣合同，从而构成商业活动。最高法院则认为，只有构成诉讼基础的行为才可以被选取来判断沙特及其公立医院是否可以享有豁免，而最高法院认为这些行为是逮捕、殴打等，这些不是商业活动，从而沙特享有豁免。由此可见，法院对事实或行为的选取必然会影响到判决的结果。

第二个问题就是如何根据行为的性质认定是否为商业活动。目前，美国法院一般依赖第二上诉巡回法院在"得州贸易公司诉尼日利亚及其中央银行案"中的分析模式。因此，美国法院目前明确地以私人主体是否可以从事相关活动作为判断性质的标准。

（王瑞阳）

奥特曼案[*]

一、案件背景

20世纪初，捷克糖业大亨费迪南德·布洛赫（Ferdinand Bloch）委托奥地利画家古斯塔夫·克里姆特（Gustav Klimt），为他的妻子阿黛尔·布洛赫·鲍尔（Adele Bloch-Bauer）画像。

1925年，阿黛尔在世时，她拥有六幅克里姆特的画，共包括两幅她自己的肖像、一幅密友的肖像和三幅风景画，分别是：《阿黛尔·布洛赫·鲍尔（一）》（*Adele Bloch Bauer I*）、《阿黛尔·布洛赫·鲍尔（二）》（*Adele Bloch Bauer II*）、《阿玛莉·扎克坎德尔》（*Amalie Zuckerkandl*）、《苹果树（一）》（*Apple Tree I*）、《山毛榉》（*Beechwood*）和《阿特湖上的房屋》（*Houses in Unterach am Attersee*）。阿黛尔留下遗嘱，要求其丈夫在她本人去世后将这些画作捐献给奥地利美术馆。

1938年3月12日，纳粹入侵奥地利。费迪南德是犹太人，为了躲避迫害，他逃离了这个国家，留下了他所有的财产，包括他珍贵的绘画与瓷器收藏，以及城堡和糖厂。之后，他定居在瑞士的苏黎世。

与此同时，纳粹官员在后来成为奥地利美术馆的代表的

---

* 如无特别注释，本案资料皆来自：Altmann v. Republic of Aus., 317 F.3d 954 (2002)。

陪同下（accompanied by representatives of what later became the Austrian Gallery）召开会议，瓜分费迪南德的财产。糖厂、城堡、瓷器收藏等纷纷落入他人之手。清算财产的纳粹律师埃里希·福尔赫博士（Erich Fuerher）挑选了几幅画作为他的私人收藏，并声称他在1941年将两幅画作《阿黛尔·布洛赫·鲍尔（一）》和《苹果树（一）》交给了奥地利美术馆，以换取费迪南德1936年捐赠给美术馆的另一幅画作。他在交易的同时附上了一张纸条，称交付这些画是在履行阿黛尔的遗嘱，并在上面签了"希特勒万岁"的字样。

1943年3月，福尔赫博士将《阿黛尔·布洛赫·鲍尔（二）》卖给了奥地利美术馆，将《山毛榉》卖给了维也纳市博物馆，保留了《阿特湖上的房屋》作为私人收藏。虽然《阿玛莉·扎克坎德尔》最终落入了某艺术品交易商之手，但当时该画作下落不明。

1945年11月，费迪南德在瑞士去世。他留下了一份遗嘱，并撤销了之前所有的遗嘱，把他的全部财产留给了一个侄子和两个侄女，包括玛丽亚·奥特曼（Maria Altmann）。当时，她和她的丈夫被迫逃离奥地利。最终，他们来到了加利福尼亚州的好莱坞，奥特曼在1945年成为美国公民。

同样在1945年，奥地利第二共和国诞生，次年，它宣布所有由纳粹发动的交易都是无效的。尽管如此，奥特曼和她的家人还是没有成功地找回克里姆特的全部画作。奥特曼的哥哥只从福尔赫博士的私人收藏中找回了《阿特湖上的房屋》。

1947年12月，维也纳市博物馆提议归还《山毛榉》，但要求只能在支付价款的条件下归还该画。这个提议被费迪南德的继承人拒绝了。随后，继承人要求奥地利美术馆归还其中三幅画，被奥地利美术馆拒绝。奥地利美术馆声称，这些画是根据阿黛尔的遗嘱而受遗赠的。[①]

1948年3月8日，卡尔·加扎罗利博士（Karl Garzarolli）在一封私人信件中透露，奥地利美术馆的档案中没有任何文件可以证明这些画是捐赠给美术馆的。费迪南德的继承人并不知道这封信的存在。

1948年，奥地利联邦历史遗迹管理局的一名代理人联系了费迪南德家族聘请的奥地利律师里内斯克博士（Rinesch），讨论艺术品的事宜。他告诉里内斯克博士，在没有确定所有权之前，不能出口这些艺术品。该管理局通知里内斯克博士，它将对该家族已追回的一些其他艺术品发放出口许可证，以换取其对克里姆特画作的"捐赠"，该行为后来被奥地利政府宣布为非法。

在几乎没有任何希望出口其他艺术品的情况下，里内斯克博士决定，由费迪南德的继承人承认阿黛尔的遗嘱，并允许奥地利美术馆保留遗嘱中提到的六幅克里姆特画作。他向奥特曼的哥哥罗伯特·本特利（Robert Bentley）证明了这一决定的合理性，声称阿黛尔的遗嘱足以让美术馆对这六幅画主张权利。他签署了一份日期为1948年4月12日的文件，承认了这一协议，并将《阿特湖上的房屋》捐赠给了奥地利美术馆。按照约定，里内斯克博士获得了已追回的几乎所有其他艺术品的出口许可证。

1998年年初，一桩国际艺术丑闻爆发：纽约市扣押了奥地利借给纽约现代艺术博物馆的两幅伊贡勒（Egon Schiele）的画作，声称这些是被纳粹偷走的。针对有关奥地利美术馆仍藏有被盗艺术品的指控，奥地利教育和文化部长首次公开了该部的档案，允许对国家级藏品的出处进行研究。奥地利政府还成立

---

① 奥特曼辩称，根据奥地利和美国法律，阿黛尔遗嘱中所述的请求他人将其财产进行遗赠的委托性语言是不可强制执行的，对处分财产无效。要使委托有效，遗嘱中必须包含关于财产处分的指令或命令。

了一个由政府官员和艺术史学家组成的委员会，向教育和文化部建议哪些艺术品应该归还给谁。1998年公开的文件表明，把阿黛尔遗嘱作为克里姆特画作的法定所有权来源，是值得充分怀疑的。

尽管已经发现这些文件动摇了奥地利美术馆对这些画作享有的所有权的法律基础，但委员会还是建议不要归还这六幅涉诉的克里姆特画作。奥特曼声称，委员会的投票是在委员会讨论此事之前由奥地利政府预先决定的。奥特曼指出，曾有一名委员会成员在投了弃权票后辞职，后来，上级又命令她投票反对归还这六幅画。

1999年9月，奥特曼决定在奥地利提起诉讼，要求推翻委员会关于克里姆特画作的建议。为此，根据奥地利法律，奥特曼必须支付一笔按其可收回金额百分比计算的申请费，约160万[①]美元。奥特曼申请法律援助要求减少费用，并且确实获得了部分减免。根据有关她资产的详细资料，奥地利法院裁定，奥特曼及其共同继承人可以负担约13.5万美元的费用。奥特曼没有对这一裁定提出上诉，但奥地利共和国提出了上诉，理由是奥特曼没有申报她最近从奥地利政府追回的价值近70万美元的各种艺术品资产。上诉书因未按时提交而被驳回。无论支付多少金额，如果奥特曼在奥地利民事诉讼中胜诉，她将有权收回所有的法庭费用和律师费。但是，由于奥特曼和她的家人认为诉讼费用过高，他们放弃了在奥地利的诉讼。

2000年8月22日，奥特曼在加利福尼亚中心区对奥地利共和国及奥地利美术馆提起了诉讼。奥地利共和国及奥地利美术馆基于以下理由提出驳回动议：

[①] 所使用的汇率来自沃尔特·弗里德里希（Walter Friedrich）支持奥地利共和国驳回动议的声明，即1美元兑换14.7奥地利先令。

（1）《美国联邦民事诉讼规则》第12条第2款第1项下的缺乏属事管辖权；

（2）《美国联邦民事诉讼规则》第12条第2款第3项下的缺乏审判地；

（3）《美国联邦民事诉讼规则》第12条第2款第7项的必要当事方未能加入；

（4）不方便法院原则。加州地区法院于2001年5月4日驳回了此动议。

2002年5月24日，奥地利共和国和奥地利美术馆向美国联邦第九巡回上诉法院提交了上诉材料。

2002年12月12日，美国联邦第九巡回上诉法院作出裁定。

二、属事管辖权
——美国《外国主权豁免法案》

在上诉中，第九巡回上诉法院重新审查了加州地区法院作出的驳回奥地利共和国和奥地利美术馆驳回动议的决定，认定诉讼中所有经过充分质证的事实指控为真实，并作出了有利于非动议方的所有合理推断。[1]

外国通常不受美国联邦和州法院的管辖。[2] 美国联邦最高法院早就认识到，"外国主权豁免是美国的一种'宽限和礼让'的体现，而非宪法的强制性规定"。同时，《外国主权豁免法案》规定了对外国主权、代办处或其他机构的管辖权的限制，并编纂了一套法定的豁免例外。这些例外包括：涉及放弃豁免权的诉

---

[1] See Zimmerman v. City of Oakland, [2001] USCA9 409; 255 F.3d 734, 737 (9th Cir.2001).

[2] See Verlinden B.V. v. Cent. Bank of Nigeria, [1983] USSC 95; 461 U.S. 480, 486 [1983] USSC 95;103 S.Ct. 1962,76 L.Ed.2d 81 (1983).

讼、涉及美国商业活动的诉讼、涉及违反国际法而取得的财产的诉讼、涉及在美国的财产权的诉讼、涉及在美国发生的侵权行为的诉讼，以及为执行与外国的仲裁协议而提起的诉讼。[①] 因此，美国联邦最高法院不能审理针对主权国家的诉讼请求，除非它属于上述列举的例外情况之一。[②]

奥特曼认为，奥地利政府拿走她家人的克里姆特画作违反了国际法，完全属于《外国主权豁免法案》的非法征收例外情形。

地区法院裁定：

（1）《外国主权豁免法案》可追溯适用到纳粹和奥地利政府的战前和战后行为；

（2）对奥地利共和国和奥地利美术馆享有属事管辖权；

（3）不方便法院原则不要求将管辖权移交给奥地利；

（4）所有必要的当事方都已加入；

（5）审判地在加利福尼亚中心区是合适的。[③]

（一）美国《外国主权豁免法案》的适用

上诉法院认为，首先，必须确定地区法院认为《外国主权豁免法案》可以适用于被指控非法征收的奥地利共和国是否恰当。上诉法院指出，《外国主权豁免法案》规定了美国法院获得对外国管辖权的唯一依据。[④] 奥地利坚持认为，美国法院缺乏管辖权是因为《外国主权豁免法案》无法追溯适用于发生在1952

① 参见美国《外国主权豁免法案》第1605节。

② See Verlinden, 461 U.S. at 497 [1983] USSC 95, 103 S.Ct. 1962.

③ See Altmann v. Republic of Austria, 142 F.Supp.2d 1187 (C.D.Cal. 2001).

④ See Argentine Republic v. Amerada Hess Shipping Corp., [1989] USSC 11;488 U.S. 428, 443 [1989] USSC 11, 109 S.Ct. 683, 102 L.Ed.2d 818 (1989).

年美国国务院发布泰特信函（Tate Letter）之前的案件①，而本案
最后一次受理是在1948年。就美国法院已经考虑过的《外国主
权豁免法案》的追溯适用性而言，美国法院的共识似乎是，它
至少可以追溯适用于泰特信函发出之时发生的事件。②

关于该地区法院的管辖权，上诉法院认为其不需要得出诸
如"《外国主权豁免法案》可以普遍适用于1952年泰特信函之
前的事件"这样的宽泛性结论，而是认为，沃尔德（Wald）法
官提出的观点及理由很有说服力。沃尔德法官于1999年从哥伦
比亚特区巡回上诉法院辞职，担任前南斯拉夫问题国际刑事法
庭法官两年。在普林茨诉德意志联邦共和国案（Princz v. Federal
Republic of Germany，以下简称"普林茨案"）的反对意见中指
出，她同意大多数人的观点，即《外国主权豁免法案》不可以
追溯适用于1952年以前的事件，但是她为这一论点提供了更严
密细致的论据。③

"反对追溯适用的推定深深植根于美国的判例法，体现了比
联邦共和国早几个世纪的法律学说。"④ 尽管国会有权制定具有

---

① See Letter of Jack B. Tate, Acting Legal Advisor, Department of State, to Acting
Attorney General Philip B. Perlman, May 19, 1952（"1952 Tate Letter"）, reprinted in 26
Dep't State Bull. 984 (1952) and in Alfred Dunhill of London, Inc. v. Republic of Cuba,
[1976] USSC 83; 425 U.S. 682, 711-715 app. 2[1976] USSC 83, 96 S.Ct. 1854, 48 L.Ed.2d
301 (1976).

② See Carl Marks & Co. v. Union of Soviet Socialist Republics, [1988] USCA2 190;
841 F.2d 26 (2d Cir.1988); Jackson v. People's Republic of China, 794 F.2d 1490 (11th
Cir.1986); Slade v. United States of Mexico, 617 F.Supp. 351 (D.D.C.1985).

③ See [1994] USCADC 292; 26 F.3d 1166, 1178-79 (D.C.Cir.1994) (Wald, J.,
dissenting on other grounds), cert. denied, 513 U.S. 1121, 115 S.Ct. 923, 130 L.Ed.2d 803
(1995).

④ INS v. St. Cyr, [2001] USSC 57; 533 U.S. 289, 316[2001] USSC 57, 121 S.Ct.
2271, 150 L.Ed.2d 347 (2001) (quoting Kaiser Aluminum & Chem. Corp. v. Bonjorno,
[1990] USSC 50; 494 U.S. 827, 855[1990] USSC 50, 110 S.Ct. 1570, 108 L.Ed.2d 842
(1990) (Scalia, J., concurring)).

追溯适用效力的法规，但在"国会没有明确表示其意图达到这样的结果"的情况下，一项法规不可被追溯适用。同时，应注意到，最高法院认为，在真正具有追溯适用效力的情况下，其涉及的法定术语非常明确，以至于它只能得出一种解释。

上诉法院认为，判断某一特定法规是否具有追溯适用的效力，必须首先确定新颁布的法规是否对在其颁布之前完成的事件附加了新的法律后果，[①] 应以妥适公告、合理信赖和既定预期等常见的考虑因素为依据和指导。[②] 同时，上诉法院认为，必须考虑"新法规给事件带来的性质变更和程度变更的法律后果，以及新法规的实施与相关过去事件之间的联系程度"[③]，"就过去已经发生的交易或已经支付的对价而言，任何剥夺或损害现行法律下的既得权利，或设立、施加、附加新的不利条件的法规，必须被视为具有追溯适用的效力"[④]。此外，授予或废除管辖权，或改变程序规则的法规可适用于发生在其颁布之前的诉讼，而不会导致追溯适用问题。[⑤] 因为这些规则"没有剥夺任何实质性权利，只是简单地改变了审理案件的法庭"。本案中，《外国主权豁免法案》的适用就属于这种情况。[⑥]

在普林茨案中，多数派认为，国会将追溯适用《外国主权豁免法案》的意图体现在其立法宗旨中，即"外国对豁免权的主张今后应由联邦法院和各州法院根据本章规定的原则作出裁

①　See Id. at 269-70[1994] USSC 10, 114 S.Ct. 1483.

②　See St. Cyr, 533 U.S. at 321[2001] USSC 57, 121 S.Ct. 2271 (internal quotation marks omitted).

③　See Landgraf, 511 U.S. at 270[1994] USSC 10,114 S.Ct. 1483.

④　Id.at 269[1994] USSC 10, 114 S.Ct. 1483 (quoting Soc'y for Propagation of the Gospel v. Wheeler, [1823] USSC 24; 22 F. Cas. 756, 767 (C.C.D.N.H. 1814) (No. 13,156)).

⑤　Id. at 274-75[1994] USSC 10, 114 S.Ct. 1483.

⑥　See Id. at 274[1994] USSC 10, 114 S.Ct. 1483 (quoting Hallowell v. Commons, [1916] USSC 5; 239 U.S. 506, 508[1916] USSC 5, 36 S.Ct. 202, 60 L.Ed. 409 (1916)).

决"①。多数派将国会使用"从今往后"一词解释为《外国主权豁免法案》应适用于其颁布后裁决的所有案件，无论原告的诉求何时产生。同时，在普林茨案中，法院还指出，国会删除了《美国法典》第28卷第1332节规定的针对美国公民对外国政府提起的诉讼的"多样性管辖权"的这一措辞，该措辞将阻止潜在原告就法规颁布前的事件提起诉讼，除非其属于《外国主权豁免法案》中的例外情形。②此外，正如地区法院于本案发现的那样，普林茨案中的多数派认为，《外国主权豁免法案》对涉诉事实的适用仅影响管辖权的变更，因此，由于《外国主权豁免法案》没有改变实体法下的义务，可以允许它被追溯适用。③

有些法院已决定不将《外国主权豁免法案》适用于其颁布之前的事件。然而，在得出这一结论时，这些法院并不仅仅是因为国会没有明确表达其意图，否则，它们会得出结论:《外国主权豁免法案》不能适用于1976年该法规颁布之前的事件。相反，它们认为《外国主权豁免法案》将合理地适用于1952年泰特信函发布后发生的事件，即使1952年泰特信函的发布被认为是"美国立场发生变化，采用了主权豁免限制理论"的时刻。

假设（但并不是判定）这些情况是正确的，即国会没有明确表达《外国主权豁免法案》具有追溯适用效力的意图，那么，接下来进入兰德格拉夫检验法（Landgraf Test）的第二步，检查"适用《外国主权豁免法案》是否会'损害一方当事人行为时所拥有的权利'"，也就是说，奥地利是否有权因涉嫌共谋掠夺和侵占一名被迫逃命的犹太人家中的珍贵画作而享有豁免权。

在确定奥地利实施行为时拥有何种权利以及它的合理期望为何的时候，上诉法院参考了美国法院那时的通常做法，这是

---

① Princz, 26 F.3d at 1170 (quoting 28 U.S.C. § 1602).

② See 28 U.S.C. § 1330 §1170.

③ See Id. at 1170-1171; Altmann, 142 F.Supp.2d at 1200.

对"行政部门个案审理的外交政策"的司法尊重之一。① 上诉法院注意到，在韦尔兰登案（The *Verlinden* case）中，最高法院解释道："1952年前，国务院通常要求给予友好的外国主权国家针对所有诉讼的豁免权。"② 1943年，最高法院宣布："迅速承认政府在适当范围内采取的政治手段具有公共意义，并通过迅速终止地区法院的诉讼程序，来避免长期诉讼带来的拖沓和不便。"③ 两年后，地区法院对一艘墨西哥船只行使了属事管辖权，因为法院注意到，没有国务院的豁免证明或其他证据证明对其豁免符合国务院所接受的原则。④

因此，确定《外国主权豁免法案》是否可以适当地追溯适用，涉及到奥地利参与并长期存在的对克里姆特画作的非法征收行为是否可以合法地期望获得豁免权的问题。注意到这种非法征收明显违反了奥地利和德国根据《海牙第四公约：陆战法规和惯例公约》〔The Hague Convention (IV) on the Laws and Customs of War on Land〕⑤ 应承担的义务，同时，奥地利第二共和国于1946年正式否认了所有纳粹交易的效力，⑥ 上诉法院认为，奥地利不能期望获得这种豁免权。

在奥地利联邦历史遗迹管理局试图获取克里姆特画作的所

---

① See Id. at 1178-1179 (citing Verlinden, 461 U.S. at 486[1983] USSC 95, 103 S.Ct. 1962).

② 461 U.S. at 486 [1983] USSC 95, 103 S.Ct. 1962 (emphasis added).

③ Ex Parte Peru, [1943] USSC 69; 318 U.S. 578, 587[1943] USSC 69, 63 S.Ct. 793, 87 L.Ed. 1014 (1943).

④ See Republic of Mexico v. Hoffman, [1945] USSC 42; 324 U.S. 30, 34-35[1945] USSC 42, 65 S.Ct. 530, 89 L.Ed. 729 (1945).

⑤ See Oct. 18, 1907, 1 Bevans 631, 1907 U.S.T. LEXIS 29 (entered into force Jan. 26, 1910).

⑥ See a number of the Treaty's Accompanying Regulations are Directly on Point. Article 46 forbids the confiscation of private property, Article 47 forbids pillage, and Article 56 specifically forbids "[a]ll seizure of ... works of art." 1907 U.S.T. LEXIS 29, at 37, 40.

有权时，奥地利和美国已不再是第二次世界大战中的对立双方，但这并不意味着奥地利可以合理地期望获得针对与战争暴行密切相关的行为的豁免权，即使剥夺私人财产无法与那些不能逃脱纳粹集中营而遭受奴役、酷刑和大规模谋杀的人们所遭受的恐怖相提并论。上诉法院确信，奥地利不应期望美国国务院会建议把对犹太人财产非法征收行为的豁免看作是一个"宽限和礼让"问题。

事实上，美国国务院在这个问题上的立场已经很明显，1949年4月13日，国务院在给泰特先生的一封信中宣布国务院通过了一项政策，专门为纳粹征收的受害者消除追偿障碍。1949年4月27日，美国国务院发布了一份新闻稿，在相关部分声明：

1. 美国政府一贯反对德国纳粹对受其控制的国家或人民实施带有歧视性和没收性质的侵占财产行为。[1]

············

3. 与针对德国纳粹迫害下因武力、强制或胁迫遭受的财产损失的可辨认财产返还（或替代赔偿）诉讼相关的行政政策，是为了解除美国法院在判断纳粹官员行为有效性时受到的管辖权限制。

国务院代理法律顾问泰特先生在给纽约南区联邦地区法院第31–555号民事诉讼案件的原告律师的信中写道：[2]

我们得出结论，沃尔德法官也一样，认为《外国主权豁免法案》的追溯适用不损害该行为发生时存在的权利，因此，在这种情况下，《外国主权豁免法案》适用于奥地利。

---

① See Bernstein v. N.V. Neder Landsche-Amerikaansche, [1954] USCA2 31; 210 F.2d 375, 375-76 (2d Cir.1954).

② Bernstein v. N.V. Neder Landsche-Amerikaansche, at 376.

上诉法院认为，这一结论的高度合理性还基于至少三个其他原因。第一，上诉法院注意到，在20世纪20年代，奥地利本身已经采用了限制豁免理论，该理论承认主权豁免权"是针对国家主权或公共行为的，而不是针对私人行为的"。① 因此，奥地利不可能合理地期待在外国法院享有绝对豁免权。正如沃尔德法官指出的，1945—1946年纽伦堡审判表明"国际社会，特别是美国……不会支持以广泛的豁免权来掩盖大屠杀期间犯下的暴行"。② 因为美国法院将会适用关于征收的国际法，这些法律被认为在任何外国法院都可以适用，所以，将《外国主权豁免法案》适用于本案"仅涉及哪个法院应具有管辖权"的问题，故"可以公平地说，这仅仅是为了调整诉讼的次要行为，而不是管制当事方的主要行为"。③ 由于这种申请"只影响可以提起诉讼的地方，而不影响是否可以提起诉讼"，④ 因此，《外国主权豁免法案》对本案的追溯适用应该被允许。

第二，与本案不同，那些认为《外国主权豁免法案》不适用于1952年以前发生的事件的案件，出现在被告国接受限制豁免理论和国际社会广泛接受该理论之前。苏联因其在1916年发行的债券违约而被马克斯起诉，⑤ 直至1952年，苏联、苏联卫星国和英国仍是为数不多的支持"继续接受绝对豁免理论"的司

---

① 1952 Tate Letter, reprinted in Alfred Dunhill, 425 U.S. at 711; Joseph M. Sweeney, *The International Law of Sovereign Immunity 30* (U.S. Dep't of State Policy Research Study, 1963).

② Princz, 26 F.3d at 1179 (Wald, J., dissenting on other grounds).

③ Hughes Aircraft Co. v. United States ex rel. Schumer, [1997] USSC 55; 520 U.S. 939, 951[1997] USSC 55, 117 S.Ct. 1871, 138 L.Ed.2d 135 (1997) (emphasis in original) (citing Landgraf, 511 U.S. at 275[1994] USSC 10, 114 S.Ct. 1483).

④ Hughes Aircraft Co. v. United States ex rel. Schumer.

⑤ See Carl Marks, 841 F.2d at 26.

法管辖区。① 1952年的泰特信函还指出，因1911年发行的债券违约而被杰克逊起诉的中国，也属于尚未明确采纳限制豁免理论的司法管辖区。② 至于因1922年的利息协议违约被斯莱德起诉的墨西哥，③ 众所周知，拉丁美洲国家直至20世纪80年代还未接受限制豁免理论。④

第三，马克斯、杰克逊和斯莱德案件基本都是合同纠纷，在这一领域，传统上，法院会在认可当事方的风险分配的条件下，遵循合同中双方订立的"既定预期"。该做法在涉及外国债券的金融交易中尤其明显。在这种情况下，意料之外的司法干预基本上会改写双方原来的协议。追溯适用并不适用于这类案件，如违反国际税收的索赔。因此，即使奥地利在采取行动时确实没有预期其会在外国法院被起诉，但也不同于马克斯、杰克逊和斯莱德等案件的情况，奥地利的这种预期将不应得到尊重。

基于上述原因，上诉法院认定，对奥地利共和国1952年前的行动适用《外国主权豁免法案》，不属于不被允许的追溯适用。

（二）非法征收例外

《外国主权豁免法案》的非法征收例外规定："如有下列任何一项情况，外国不能免于联邦法院或各州法院管辖……（3）违反国际法取得的财产，其财产权利尚有争议，……并且该项财产或者用该项财产换得的任何财产是属于该外国在美国从事商

---

① See 1952 Tate Letter, reprinted in Alfred Dunhill, 425 U.S. at 715 [1976] USSC 83, 96 S.Ct. 1854.

② See 1952 Tate Letter, reprinted in Alfred Dunhill, at 712.

③ See Slade, 617 F.Supp. 351.

④ See Wang Houli, Sovereign Immunity: Chinese Views and Practices, *Journal of Chinese Law*, Spring 1987, at 22, 27.

业活动的某一机构所有或者属于该机构的经营者所有。"①

这一例外"基于一般推定，即各国遵守国际法，因此违反国际法不是'主权行为'"。②此法规的核心前提是，"关于外国主权豁免的决定最好由司法机构根据纳入国际公认标准的法律制度作出。"③上诉法院认为，"在确定管辖权阶段，我们不必确定这种行为是否确实违反了国际法，只要主张是实质性的而非无法律或事实依据的，它就为行使我们的管辖权提供了充分的基础"。④

奥特曼所指控的事实毫无疑问属于主权豁免的非法征收例外。但是"财产权"的认定是待裁决的。奥地利共和国和奥地利美术馆坚称阿黛尔遗嘱是他们合法拥有克里姆特画作的基础。奥特曼作为真正的继承人和其他继承人的代表，辩称该遗嘱没有这种法律效力，1998年公开的文件向奥地利现政府和奥地利美术馆披露了这一事实，而奥地利美术馆仍保留着这些画作，但却没有支付任何报酬。

下一个待裁决的问题是，有关该财产的占有是否违反国际法。要构成国际法下的有效占有，必须满足三个条件。⑤首先，该财产占有必须始终服务于公共目的；其次，外国人必须不能受到该国区别或不公平对待；最后，在不支付正当补偿的情况下，该占有是非法的。⑥同时，为了适用这一例外，原告在被侵占财产时不能成为被告国的公民，因为"主权国家征收其本国

---

① 美国《外国主权豁免法案》第1605节第1条。

② West, 807 F.2d at 826; H.R.Rep. No. 94-1487, at 14, reprinted in 1976 U.S.C.C.A.N. 6604, 6613

③ Trajano v. Marcos (In re Estate of Marcos Human Rights Litig.), [1992] USCA9 3140; 978 F.2d 493, 497-98(9th Cir.1992).

④ Siderman de Blake, 965 F.2d at 711 (quoting West, 807 F.2d at 826).

⑤ See West, 807 F.2d at 831.

⑥ See West, 807 F.2d at 831.

国民的财产并不涉及国际法的已定原则"①。

按法定程序来看，应先假设所述事实是真实的。纳粹甚至没有假装把克里姆特的画作用作了公共用途，相反，福尔赫博士还为了私人利益而出售或交换它们。此外，奥特曼可能遭受了不公平对待，由于奥特曼曾是一名犹太难民，其财产由于宗教与种族文化原因而被纳粹掠夺。同时，奥特曼称，尽管奥地利政府召集了一个委员会来评估藏品是否为被盗艺术品并建议是否归还，但奥地利政府还是故意进行干预，阻挠对克里姆特画作归还问题进行公平公正的投票。最后，奥地利政府没有将这些画作归还给奥特曼及其家人，也没有根据画作的价值对奥特曼进行公平的补偿。② 没有补偿，这种占有就是无效的。③

最后，奥地利美术馆在美国从事了商业活动。奥特曼认为，美术馆在美国从事了商业活动，它在美国创作、编辑和出版了一本名为《克里姆特的女人》（*Klimt's Women*）的书，以及一本载有被掠夺画作照片的英文指南。她还辩称，在美国的奥地利美术馆展览广告，特别是与克里姆特画作有关的广告，以及美术馆本身的运作，构成商业活动。然而，美术馆的主要商业行为不是它本身的运作或展览，而是它在美国出版和销售该展览和书籍的行为，比如出售《克里姆特的女人》这本书。

所以，鉴于其商业活动以这一涉诉画作为中心，远远超出了惯常认为足以证明适用《外国主权豁免法案》的程度，上诉法院得出结论，美术馆从事的商业活动足以证明《外国主权豁

---

① Siderman de Blake, 965 F.2d at 711 (quoting Chuidian v. Philippine Nat'l Bank, [1990] USCA9 776; 912 F.2d 1095, 1105 (9th Cir. 1990)).

② 奥地利现在声称，奥特曼家族后来捐赠了这些画作，以换取第二次世界大战后归还给该家族的其他艺术品的出口许可证。奥特曼认为这种做法是非法的，正如奥地利政府后来发现的那样。因此任何所谓的"捐赠"在法律上都是无效的。由于该纠纷是事实和法律的混合问题，因此无法通过上诉法院解决，最好留给初审法院。

③ See West, 807 F.2d at 832.

免法案》下的属事管辖权。

三、正当程序与属人管辖权

奥地利坚持认为，即使主权豁免例外情况适用，除非地区法院对奥地利和奥地利美术馆拥有属人管辖权，否则不能准许奥特曼的诉讼。但是，上诉法院认为，根据《外国主权豁免法案》的规定，在有属事管辖权和进行了适当送达的情况下，属人管辖权即存在。[①] 上诉法院还认为，如果事实真如奥特曼所声称的那样，对奥地利和奥地利美术馆的属人管辖权主张也符合第五修正案的正当程序条款。同时，假设外国是正当程序条款的"人"，[②] 外国和诉讼地之间也有足够的"最低限度联系（minimum contacts）"，如出版销售书籍，这样，准许诉讼也不会违反公平竞争和实质正义的传统观念。[③] 需要考虑的因素是，被告是否在该地区进行销售、广告或从事商业活动，是否为该地区的市场提供服务，是否指定了送达诉讼文书的代理人，是否持有许可证，或是否在该地区注册。[④]

奥地利和奥地利美术馆与美国有足够的"最低限度联系"，因此，准许诉讼并不违反传统的公平竞争和实质正义的观念。如前所述，美术馆在美国编辑和出版了一些出版物，其中两本

---

① 参见美国《外国主权豁免法案》第1330节第2条。

② See Republic of Argentina v. Weltover, [1992] USSC 79; 504 U.S. 607, 619[1992] USSC 79, 112 S.Ct. 2160, 119 L.Ed.2d 394 (1992).

③ See Int'l Shoe Co. v. Washington, [1945] USSC 158; 326 U.S. 310, 316[1945] USSC 158, 66 S.Ct. 154, 90 L.Ed. 95 (1945); Theo. H. Davies & Co. v. Republic of the Marshall Islands, [1999] USCA9 228; 174 F.3d 969, 974 & n. 3 (9th Cir.1999).

④ See Bancroft & Masters, Inc. v. Augusta Nat'l Inc., 223 F.3d 1082, 1086 (9th Cir.2000); Helicopteros Nacionales de Colombia, S.A. v. Hall, 466 U.S. 408, 418, 80 L. Ed. 2d 404, 104 S. Ct. 1868 (1984).

正是利用了本案中的画作。美术馆出版和推销这些书籍的目的是吸引美国公民到奥地利旅游、前往美术馆、观看克里姆特的作品。奥地利和奥地利美术馆都从这些书的销售和由此产生的旅游中获利。

此外，支持属人管辖权的不仅有奥地利美术馆在审判地的活动，还有奥地利政府代表美术馆所采取的行动。[①] 奥地利大使馆新闻信息处出版了一本旅游小册子，宣传在奥地利美术馆举办的克里姆特展览，封面上印有阿黛尔的画像。这本小册子在美国各地的奥地利领事馆都可以买到，并发送到美国各地的私人邮箱，在互联网上也可以广泛查阅。这个展览的广告和宣传也直接使美术馆受益。奥地利没有质疑它通过经营领事馆、赞助旅游关系和贸易以及促进奥地利商业利益从而与美国有大量、系统和持续的联系这一观点。奥地利在美国设有3个领事馆、26个名誉领事馆，奥地利贸易委员会和奥地利国家旅游局在纽约和洛杉矶都有业务，奥地利最近还投资了40万美元用于翻新鲁道夫·辛德勒（Rudolf Schindler）的房子，这是洛杉矶的一个历史建筑地标。因此，奥特曼关于"持续、系统的联系"的主张成立。[②]

上诉法院不认为这些联系足以支持一般的管辖权，但它们足以支持根据奥地利美术馆出版书籍和广告介绍克里姆特作品来主张具体管辖权的合理性。

所以，上诉法院得出结论，在本案中对奥地利进行属人管辖不会触犯公平竞争和实质正义原则。

---

① See Texas Trading & Milling Corp. v. Fed. Republic of Nigeria, [1981] USCA2 313; 647 F.2d 300, 314 (2d Cir. 1981).

② See Helicopteros, 466 U.S. at 414-416 & nn. 8-9; Siderman de Blake, 965 F.2d at 709-710.

四、必要当事方的加入

奥地利主张，奥特曼的共同继承人是此诉讼的必要当事方，除非他们加入，否则可以据此提出撤销动议，但是上诉法院反对该观点。上诉法院认为，在确定共同继承人是否为《美国联邦民事诉讼规则》第19条规定的必要当事方时，需考虑在没有他们加入的情况下，是否可以给予奥特曼完全的救济；[①] 考虑共同继承人是否可以在诉讼标的中主张受法律保护的利益，以至于若在他们缺席的情况下作出的决定会（1）损害或妨碍他们保护该利益的能力；或（2）使奥地利共和国和奥特曼因该利益而面临多重或不一致的义务风险。[②] 必要当事方是否已加入"取决于……其初衷，即缺席当事方是否主张与诉讼标的有关的受法律保护的利益"。如果一方当事人知晓此项诉讼，并选择不主张其利益，则地区法院认为不缺少必要当事方也并非是错误的。[③]

虽然奥特曼只是她叔父遗产的25%的继承人，但她的亲戚们为了这个诉讼而将另外50%的遗产分配给了她，持有剩余25%遗产的继承人不住在美国，并且他们也知晓诉讼的存在。

所以，鉴于所有必要的当事人都知晓此诉讼，并选择不主张其利益，本案并不缺少必要当事方的加入。[④]

---

① See Shermoen v. United States, 982 F.2d 1312, 1317 (9th Cir. 1992).

② See Fed. R. Civ. p.19(a)(2); Clinton v. Babbitt, 180 F.3d 1081, 1088 (9th Cir. 1999).

③ See United States v. Bowen, 172 F.3d 682, 689 (9th Cir. 1999).

④ United States v. Bowen, [1999] USCA9 184; 172 F.3d 682, 689 (9th Cir. 1999).

五、审判地

　　奥地利和奥地利美术馆还对地区法院驳回其因审判地不当而提出的动议提出上诉。根据《美国法典》第28卷第1391节第6条第3款，地区法院认定，把加州中心区作为审判地点是合适的，因为它是"一个司法管辖区，该国代办处或其他机构在该司法管辖区有从事商业活动的执照或正在从事商业活动"。上诉法院同意地区法院的意见。

　　上诉法院认为，根据《美国法典》第28卷第1391节第6条第3款，如果一个外国的代办处或其他机构被起诉，则在该代办处或其他机构"从事商业活动"的任何司法管辖区进行诉讼；根据第1391节第6条第4项，如果该外国本身被起诉，则在哥伦比亚特区的联邦地区法院进行诉讼。而被用"或"字分开的第3款和第4款是二选一的关系。如同本案，在同一诉讼中，如果外国和它的机构都被起诉，那么这两条关于审判地的规定都有可能被采用。由于奥地利美术馆的出版物和广告构成了《外国主权豁免法案》下管辖权的基础，并在加利福尼亚州中心区发行，上诉法院认为，奥地利美术馆作为奥地利的一个代办处或其他机构，在该地区"从事商业活动"，因此，根据第1391节第6条第3款，在加州中心区进行诉讼是适当的。上诉法院还注意到，奥地利领事馆位于洛杉矶威尔希尔大道（Wilshire Boulevard），离联邦法院不远；奥地利的外交代表在加州中心区工作；如果现年86岁的奥特曼将被迫前往华盛顿特区提起诉讼，将大大超过奥地利可能遭受的任何不便。

六、不方便法院原则

上诉法院认为，地区法院否认奥地利因不方便法院原则而提出的驳回动议的裁定没有错误。即使法院有管辖权并符合审判地要求，但如果当事人和法院的便利以及司法利益表明该诉讼应在另一个法院审理，地区法院也可以拒绝行使其管辖权。

奥特曼认为，奥地利提供的适当替代法院没有达到标准。地区法院同意这一观点，因为奥地利的立案费用负担沉重，奥特曼的诉讼很可能因奥地利法律中的30年时效期限而被禁止，这些因素使得奥地利法院无法审理本案。但是，上诉法院不同意地区法院的观点，不认为仅仅因诉讼费用就使得本案无法在奥地利法院获得审理。奥特曼和她的共同原告根据其向法院提出的费用减免申请，获得了大量的法律援助，但她没有提出进一步降低费用，也没有申请延长支付法庭费用的期限。最后，费用减免申请也是在没有考虑到奥地利政府归还的另一些瓷器的价值的情况下提出的。可以说，奥特曼拥有的资产比她向法庭申请时列出的更多。因此，立案费过高不是奥地利提供的适当替代法院无法达到标准的依据。

此外，在奥地利法律中，诉讼时效不会妨碍有关欺诈性隐瞒的案件，同时，1998年《奥地利联邦博物馆和收藏品归还联邦法规》（*The Federal Statute on the Restitution of Art Objects from the Austrian Federal Museums and Collections*）也"授权财政部长在无法提出索赔的州列举的特殊情况下返还艺术品"，包括诉讼时效届满。因此，诉讼时效不会妨碍奥特曼的主张。

然而，上诉法院关于立案费和诉讼时效的结论并没有使得上诉法院以不方便法院原则为由驳回上诉，上诉法院支持了地区法院关于不方便法院的调查结果。为了作出这一决定，上诉法院既考虑了影响当事方的"私人利益"因素，包括所有"使案件审理容易、迅速和便宜的实际问题"，如公民是否年迈、外国法院路途长短；也考虑了影响法院的"公共利益"因素，包括诸如案件冗积的行政困难问题、在国内解决当地居民提起的诉讼的地方利益问题、在熟悉管辖权问题的法院审理涉外案件的利益问题、在冲突法或外国法适用中应避免的不必要的问题，以及在一个无关审判地上让公民承担陪审团职责的不公平性等问题。

奥地利声称，在奥地利进行审判于"私人利益"和"公共利益"因素都有利，因为证据来源、证人和画作都在奥地利，美国地区法院也必须适用奥地利法律。上诉法院认为，这些因素不能否定奥特曼对法院的选择。奥特曼是一位年长的美国公民，她在这个国家已经居住了60多年。不可避免的国际旅行，再加上在奥地利诉讼所耗费用巨大，保留在美国的管辖权是更有利的选择。由于本案所涉问题牵连性不强，也不太可能给美国法院带来过多负担。最后，奥地利没有提出诉讼时效以外的任何潜在的法律冲突，它承认与美国一样，奥地利法律中规定的诉讼时效因欺诈性隐瞒而失效。

所以，由于奥地利共和国没有清楚地提出事实证明：（1）对被告的压迫和烦扰与原告的便利不成比例，在所选法院进行诉讼给原告带来的便利是轻微的或不存在的，或者（2）考虑到本案对法院本身的行政和法律问题的影响，在所选法院进行审判是不合适的，上诉法院支持了地区法院对不方便法院的裁定。

综上所述，上诉法院裁定，在本案中，地区法院行使管辖权不属于《外国主权豁免法案》不被允许追溯适用的范围，理由如下：（1）若奥特曼所指控的事实属实，则奥地利违反了国际法，这赋予了联邦法院管辖权，因此奥特曼提出的是实质性的、非无意义的诉讼请求;①（2）奥地利和奥地利美术馆通过出版、销售利用克里姆特画作的书籍和其他出版物，在美国从事商业活动，这些行为足以构成适用"非法征收例外"的条件以及属人管辖权的前提;（3）由于奥地利共和国在加利福尼亚中心区从事商业活动，所以此审判地是适当的;（4）不方便法院的原则没有支持其他请求。因此，上诉法院决定支持地区法院根据《外国主权豁免法案》提出的管辖权主张。

七、案件评析

本案涉及《外国主权豁免法案》的非法征收例外，重点对《外国主权豁免法案》的追溯适用问题进行了澄清，并阐述了非法征收例外的适用，同时，体现了具有美国特色的"最低限度联系"立场。

美国主权豁免法经历了三个历史发展阶段:② 1816—1952年，美国法院一般采用绝对豁免理论;1952年美国国务院对司法部发出"泰特信函"，阐述了"限制豁免"的新政策——主权豁免仅针对主权性的公行为（*jure imperii*），而不针对私行为（*jure gestionis*）;1976年，限制豁免理论的法典化成果《外国主权豁免法案》出台。当外国政府因此法出台之前（尤其是绝对豁免理论时期）发生的行为被诉时，追溯适用与否往往直接影响案件的裁定结果，但该法并未对其溯及力问题作出具体的说明。

美国法院在著名的湖广铁路债券案中曾论证了"不溯及既

① See Siderman de Blake v. Republic of Argentina, [1992] USCA9 1398; 965 F.2d 699, 711 (9th Cir.1992) (quoting West v. Multibanco Comermex, S.A., 807 F.2d 820, 826 (9th Cir.1987)), cert. denied, 507 U.S. 1017, 113 S.Ct. 1812, 123 L.Ed.2d 444 (1993).

② See Hazel Fox, *The Law of State Immunity*, Oxford University Press, 2002.

往原则"。但是，在本案中，法院首先考虑了国会是否明确表达了《外国主权豁免法案》具有追溯适用效力的意图，其次考虑了适用《外国主权豁免法案》是否会"给事件带来性质变更和程度变更的法律后果，以及新法规的实施与相关过去事件之间的联系程度"。与湖广铁路债券案等案件相比，本案有诸多不同，如并非合同纠纷、并非处于绝对豁免时代等，同时，《外国主权豁免法案》适用于本案的涉诉事实仅仅影响管辖权的变更，因此，法院认为本案不属于不被允许的追溯适用。一定程度上，本案突破了此前的"不溯及既往原则"，这种追溯适用反映的其实是当下的政治现实和关系。本案的裁定在美国引起了巨大争议，有人称此案体现了美国法治的力量，使第二次世界大战时期人道主义灾难的受害者在有生之年终能获得救济；也有人认为该案是司法激进主义的体现，超越了司法应有的界限。[①]

非法征收例外，是美国《外国主权豁免法案》第1605节所规定的豁免例外情形之一。其认定要件有三：财产权主张、有关财产的处分是否违反国际法、是否在美国从事了商业活动。法院认为，奥特曼所指控的事实毫无疑问属于主权豁免的非法征收例外。

法院地国是否要求外国国家行为与法院地存在领土联系才能对其行使管辖权，各国有不同的立场。美国采用的"最低限度联系"立场体现在《外国主权豁免法案》第1605节第1条第2款，[②]就法院对外国商业活动的管辖权规定了三个条件，仅需满

---

① 参见肖永平、张帆:《美国国家豁免法的新发展及其对中国的影响》,《武汉大学学报（哲学社会科学版）》2007年第6期，第805—809页。

② 美国《外国主权豁免法案》第1605节第1条第2款所规定的三项条件是:（1）该诉讼是基于该外国在美国进行的商业活动而提出的；（2）该诉讼是基于与该外国在别处的商业活动有关而在美国完成的行为提出的；（3）该诉讼是基于与该外国在别处的商业活动有关，而且在美国领土以外进行但在美国引起直接影响的行为提出的。

足其中一个，美国法院即可对外国国家的行为行使管辖权。本案就是"基于该外国在美国进行的商业活动而提出的"，从而满足了取得属人管辖权的前提条件。

"最低限度联系"原则较为灵活，在主权豁免与个人权益保护发生冲突时能够使原告的正当利益得到保障，不会令受害者通过最后的手段（诉讼）仍然无法得到救济。在国际法领域，主权豁免与个人权益保护的协调是一直以来的争议焦点，最常见的情形便是包括本案在内的二战历史遗留问题。但是，"最低限度联系"原则也可能导致法院管辖权的任意扩张，引起对外国国家的滥诉。

（金文轩）

思科因诉巴西联邦共和国案[*]

一、案件背景

肯尼思·W. 思科因（Kenneth W. Skeen）声称其于1982年11月29日被巴西驻美国大使的孙子小安东尼奥·弗朗西斯科·达西尔维拉（Antonio Francisco da Silveira, Jr.）在当地一家夜总会外殴打并枪击。

1982年12月9日，思科因在美国哥伦比亚特区联邦地区法院（以下简称"地区法院"）对小达西尔维拉、他的祖父即巴西驻美国大使老达西尔维拉和巴西联邦共和国提起诉讼。

原告在有效送达（effective service）方面遇到了一些困难，但1983年5月17日，原告律师出现在法庭上，表示送达已经完成，并强调被告的法定答复期限（statutory time）已过。[①]

在1983年5月17日的讨论会上，法院向原告律师询问了美国国务院于1983年3月29日提交的一份证明，该证明证实老达西尔维拉大使已正式通知国务院，美国作为《维也纳外交关系公约》（*The Vienna Convention on Diplomatic Relations*，以下简称《维也纳公约》）的缔约国，承认"大使及其家人享有完全的外

---

[*] 如无特别注释，本案资料皆来自：Kenneth W. Skeen, v. Federative Republic of Brazil, 566 F. Supp. 1414 (1983)。

[①] 参见美国《外国主权豁免法案》第1608节第4条。

交豁免权"①。原告律师承认国务院的陈述基本上是正确的。在原告的同意下，法院在1983年5月17日发布的命令中驳回了对个别被告的诉讼。②

1983年5月17日，律师J. P. 简塔托斯先生（J. P. Janetatos, Esq.）也出席了讨论会。并向法院表示，他不打算正式出庭，而仅充任被告巴西的律师。在法院的邀请下，1983年5月31日，简塔托斯先生就法院的管辖权问题提交了一份"律师备忘录（memorandum of counsel）"。1983年6月21日，原告律师作出回应。

被告最初拒绝在本案中特别出庭（special appearance），只授权其律师"要求（request）"法院主动驳回本案。然而，在1983年6月30日"对原告答辩备忘录的答复"中，被告正式提出特别出庭，其唯一目的是对管辖权提出异议。③法院将把被告在出庭前提交的律师备忘录视为驳回动议。

1983年7月7日，法院作出裁定，以对该案件缺乏属事管辖权为由驳回原告的起诉。

二、美国《外国主权豁免法案》的非商业侵权例外

原告试图根据《美国法典》（*The United States Code*）第28卷第1330条，即《外国主权豁免法案》中有关管辖权的条款，确认法院的管辖权。第1330节赋予法院在"外国无权享有豁免"的情形下针对外国诉讼的管辖权。④

同时，原告援引《外国主权豁免法案》第1605节第1条第5

---

① 23 U.S.T. 3227, T.I. A.S. 7502, 500 U.N.T.S. 95.

② 参见《美国法典》第254（d）条。

③ 参见美国《外国主权豁免法案》第1330节第3条。

④ 参见美国《外国主权豁免法案》第1604节。

款作为"外国无权享有豁免"的情形的依据，该条规定："某外国或者该外国任何官员或雇员在职务或雇佣范围内的行动中发生侵权行为或过失，从而在美国境内造成人身伤害、死亡或者财产损害或丧失，（受害一方）为此向该外国追索损害赔偿金。"

（一）职务或雇佣范围的界定

正如原告所指出的，在该条款的立法背景中有一些迹象表明，国会打算为因享有外交豁免权的外国代表的侵权行为而受到伤害的美国公民提供一些保护。[①] 然而，除了法律本身的明文规定外，立法背景没有为这一条款的正确适用提供额外的指导与说明。

原告声称，第1605节第1条第5款适用于本案。因为他认为，外交官的家人就像外交官本人一样，是外国政府的雇员或代理人。原告指出，外交官家属虽然没有报酬，但在参加外交招待会、共同主持使馆招待会和参与各种跨文化活动等活动中，对派遣国来说往往是不可或缺的。原告认为，这些活动是《维也纳公约》将外交豁免权扩大到外交官家属的主要原因。法院认为，原告的说法是值得怀疑的，历史上没有采取原告这种立场的先例。同时，另一个强有力的论点是，将外交豁免权扩大到家庭成员只是给予外交官的一种礼遇，而不是承认家庭成员本身存在任何官方地位。然而，没有必要在这一点上继续争论，因为原告提出的适用第1605节第1条第5款的另一项理由明显更不成立。

为了在本案中适用第1605节第1条第5款，原告必须证明小达西尔维拉的行为是"在其职务或雇佣范围内"。第1605节第

---

① See H.Rep. No. 1487, 94th Cong.2d Sess. 20-21 (1976); S.Rep. No. 1310, 94th Cong., 2d Sess. 20-21 (1976), U.S.Code Cong. & Admin.News 1976, p. 6604.

1条第5款本质上是雇主责任原则（a respondent superior statute）的体现，规定雇主（外国）对其雇员的某些侵权行为负有责任。

最近，最高法院认为，《外国主权豁免法案》的管辖权授予是基于《美国宪法》第3条① "产生于（arising under）"的规定，而不是"公民身份的多样性（diversity of citizenship）"规定。② 地区法院认为，在所有针对外国的案件中，联邦在外交事务中的利益和对外国商业的监管为联邦的管辖权提供了充分依据，包括那些在主权豁免问题之外不涉及实质性联邦问题的案件。然而，一般而言，只有主权豁免中纯粹的联邦问题（federal question of sovereign immunity）要根据联邦法律来决定，"如果州法律包括管辖个人责任的规则，《外国主权豁免法案》要求在类似情况下将该规则适用于外国"。③ 因此，在判断小达西尔维拉的行为是否属于"其雇佣范围"④ 时，法院首先要看适用的州法律对该概念的定义。⑤

这是通过类比类似的联邦法律，即《联邦侵权索赔法》（The Federal Tort Claims Act）所适用的法律选择规则所确定的。《联邦侵权索赔法》也规定了仅仅基于被告的身份就可以获得联邦管辖权（federal jurisdiction），而不需要考虑案件中存在的其他联邦问题。根据该法，美国放弃了自身的豁免权，并同意承担

---

① "管辖权应扩展到根据本宪法、美国法律和在其授权下订立或将订立的条约所产生的所有法律和衡平法案件，……"

② See Verlinden B.V. v. Central Bank of Nigeria, 461 U.S. 480, 103 S. Ct. 1962, 76 L. Ed. 2d 81 (1983).

③ See First National City Bank v. Banco Para El Comercio Exterior De Cuba, 462 U.S.611, 622 n.11, 103 S. Ct. 2591, 77 L. Ed. 2d 46, (1983).

④ 参见美国《外国主权豁免法案》第1605节第1条第5款。

⑤ See Castro v. Saudi Arabia, 510 F.Supp. 309, 313 (D.Tex.1980).

其官员"在雇佣范围内"实施的侵权行为的责任。^①法律表明，而且法院一直认为，除了某些法定例外，^②《联邦侵权赔偿法》下"雇佣范围"的定义必须参照州法律来决定。^③另外，似乎没有一个联邦普通法在雇主责任原则的范围内来定义"雇佣范围"。然而，如果这样的联邦普通法定义确实存在，它大概会与目前在大多数州和哥伦比亚特区通行的定义相同。综上，在没有任何迹象表明国会有相反意图的情况下，同样的规则应适用于《外国主权豁免法案》的规定。

哥伦比亚特区的雇主责任原则与大多数州的法律规定类似，在"宾州中央运输公司诉雷迪克案（Penn Central Transportation Company v. Reddick）"^④中有所阐述。在该案中，华盛顿特区上诉法院指出，一般而言："雇员凭借其工作并为实现其目的所做的任何事情都被法律视为在其雇佣范围内所做的行为，……在确定雇员的行为是否在其雇佣范围内时，应当判断他当时是否在为其雇主服务。"^⑤

有两种方式可以使雇员的行为超出其雇佣范围。一是该雇员"不在工作岗位上"，在自己的时间里做自己的事情；二是雇员实施的行为可能远远超出了雇主可以预见的可能因工作而实施的活动类型，以至于雇主将不必承担责任，即使雇员实际上是"在工作"^⑥。

原告提出了一个强有力的论点来论证第一点。他指出，假设小达西尔维拉实际上是被告的代理人或雇员，他一天24小时

① 美国《外国主权豁免法案》和《联邦侵权赔偿法》的"责任范围"条款几乎是相同的。参见《美国法典》第28卷第1606、2674节。
② 参见《美国法典》第28卷第260节。
③ See Baker v. United States, 230 F.2d 831 (D.C.Cir.1956).
④ See Penn Central Transportation Company v. Reddick, 398 A.2d 27 (D.C. 1979).
⑤ Penn Central Transportation Company v. Reddick, at 29.
⑥ Penn Central Transportation Company v. Reddick, at 30-31.

都在"工作",这是本案特殊性的体现,而他有责任在与美国公民的所有接触中,以使自己(并通过他使巴西)处于最佳状态的方式行事。[①] 在当地夜总会的社交活动可能不是一个国家期望其外交官从事的那种"社交"活动,但小达西尔维拉并没有仅仅因为这个原因而就不再是一名外交官。要求给予他当时采取的行动外交豁免权这一事实证明了该假设——小达西尔维拉作为外交官的"工作"在案件发生时正在进行。

然而事实上,要论证小达西尔维拉在殴打、枪击原告时是在其雇佣范围内行事十分困难。攻击和殴打是雇员的故意侵权行为,根据普通法,其雇主传统上不承担任何责任。现代法院,包括华盛顿特区上诉法院,已经为这一原则划出了一个普遍的例外,即"因与工作有关的争议所产生的"侵权行为。[②] 然而,当故意的侵权行为纯粹出于个人原因,而不是为了完成雇主的任务时,雇主就不应该承担责任。

侵权行为是否在雇员的雇佣范围内实施的问题,一般属于陪审团的事实认定职责(a question of fact for the jury)。[③] "然而,当所有理性的事实审判者(triers of fact),即陪审团,一定会得出结论——雇员的行为独立于雇主的任务之外,并且完全是为了雇员的个人利益时,这个问题就变成了一个法律问题。"[④] 在本案中,即使表面上接受原告的诉讼,小达西尔维拉对原告的攻击行为也纯粹是个人性质的。他对原告的攻击丝毫没有增进被告的利益,被告也不可能合理地预见到他的行为可能是其工作的自然结果。正如一家铁路公司不能因为司闸员袭击出租车

---

① 参见《维也纳外交关系公约》第41条第1款。

② See Penn Central Transportation Co., 398 A.2d at 30.

③ See Johnson v. Weinberg, 434 A.2d 404 (D.C.1981).

④ Penn Central Transportation Co., 398 A.2d at 32.

司机而承担责任一样,① 巴西也不能仅仅因为其外交代表在夜总会外意外开枪而承担责任。②

本案很容易与"莱特列尔诉智利共和国案(Letelier v. Republic of Chile)"③ 相区别。在该案中,一名在华盛顿特区被刺杀的持不同政见的智利个人代表声称,刺杀他的人是在智利政府的指示下行动的,乔伊斯·汉斯·格林法官(Judge Joyce Hens Green)认为法院享有属事管辖权(Subject Matter Jurisdiction)。但是本案中,原告没有指控巴西政府指示小达西尔维拉攻击原告或甚至只是期望他这样做,小达西尔维拉的行为也没有被指控为属于被告可预见的结果。同时,本案与原告引用的另一案件,即"马鲁萨诉哥伦比亚特区案(Marusa v. District of Columbia)"④ 也有区别。在该案中,哥伦比亚特区巡回法院认为哥伦比亚特区政府应该对一名特区警察下班后实施的枪击行为负责。哥伦比亚特区巡回法院在该案中明确认定,该警官的侵权行为"只有通过使用他的公务用枪才能实现",而他被要求随时携带这种手枪。⑤ 因此,马鲁萨案中受指控的攻击行为是该区雇用该警官时可预见的结果。但是本案中,被告没有类似的理由预见到其雇用外交人员可能会导致攻击行为。

(二)控制第三人行为的义务

原告认为,还有一个理由说明应在此案中对被告追究责任。原告声称,根据雇主责任原则,被告应对其大使老达西尔维拉

---

① See Penn Central Transportation Co., 398 A.2d at 32.

② 参见《美国法典》,第2680(h)条。根据《联邦侵权赔偿法》,由执法人员以外的官员实施的攻击行为不可起诉。

③ See Letelier v. Republic of Chile, 488 F. Supp. 665 (D.D.C. 1980).

④ See Marusa v. District of Columbia, 157 U.S. App. D.C. 348, 484 F.2d 828 (D.C. Cir. 1973).

⑤ See Marusa v. District of Columbia, at 831.

未能阻止其孙子实施攻击行为而负责，虽然侵权法中没有控制第三人行为的一般义务，[①] 但是，在"行为人与第三人之间存在特殊关系，使行为人有责任控制第三人的行为"的情况下，存在例外。[②] 原告声称，在本案中，老达西尔维拉大使以其家庭户主和外交使团团长的共同身份负有这种特殊责任。

法院认为，控制第三人行为的义务并不是由单纯的家庭关系所触发的。《美国侵权法重述》（第2版）〔*The Restatement (Second) of Torts*〕第316条承认父母有责任控制其未成年子女的某些行为，但是这种责任也相当有限。[③] 至多，当父母在侵权行为发生时有机会和能力控制孩子的行为时，他们才有责任控制孩子的行为。[④] 而且，这一规则也不能扩展到非未成年子女的行为。

法院认为，原告声称大使有责任控制其孙子的行为的另一个理由也不充分。原告声称，《维也纳公约》第41条第1款规定的"尊重接受国的法律和规章"的义务，使作为外交使团团长的大使负有控制使团成员行动的特殊责任。然而，《维也纳公约》或《外国主权豁免法案》都没有明确规定这种义务。[⑤] 大使未能控制使团成员的行动，或许可以成为国务院采取外交行动的依据，为受害者寻求赔偿，甚至根据《维也纳公约》第3条宣布其为不受欢迎的人（*persona non grata*），但《维也纳公约》或原告引用的任何其他国际条约的条文都不支持建立原告所主张的具体可执行的私人责任。在大使不负有这种法律上可执行的责任的情况下，巴西在本案中不能被追究责任。

---

① 参见《美国侵权法重述》（第2版），第315条。

② 同上。

③ See Terman v. Wilson, 277 Md. 364, 354 A.2d 432 (1976).

④ See Restatement § 316(b) & comment b.

⑤ See Senate Exec. Rep. No. 6, 89th Cong. 1st Sess. 7-8 (1965).

假设原告所指控的事实是真实的，正如法院在此阶段考虑是否驳回时必须考虑的那样，原告可能确实遭受了不法行为，然而，本法院对救济这种不法行为的管辖权不能超出国会所允许的范围。[①] 在批准《维也纳公约》和颁布《外国主权豁免法案》时，国会和总统已经作出综合判断，即压倒一切的政策考虑（overriding policy considerations）要求在某些情况下给予和承认外国、其外交代表和家庭成员豁免权。本案就是这样一种情况。法院必须尊重行政和立法部门深思熟虑的政策判断。因此，法院将以对该案件缺乏管辖权为由驳回原告的起诉。

三、案件评析

本案涉及《外国主权豁免法案》非商业侵权例外的适用，重点围绕《外国主权豁免法案》第1605节第1条第5款"雇佣范围"的认定以及雇主责任原则进行了阐述。同时，也体现了美国作为《维也纳外交关系公约》的缔约国，对"大使及其家人享有完全的外交豁免权"的承认。

本案中争议较小的是，法院在原告的同意下依据《维也纳公约》驳回了对个别被告的诉讼，故本案被告只有巴西联邦共和国。原告试图援引"非商业侵权例外"使得巴西无权豁免并对之进行索赔，但遭到了法院的驳回。

首先，法院否定了小达西尔维拉具有任何巴西官方身份的地位，认为外交官家人的豁免权仅是一种礼遇；其次，法院通过哥伦比亚特区的州法律进行判断，得出结论，即小达西尔维拉对原告的攻击纯粹是个人性质的，他对原告的攻击丝毫没有增进被告的利益，被告也不可能合理地预见到他的行为可能是

[①] 参见《美国宪法》，第3条。

其工作的自然结果；再次，法院对"行为人与第三人之间存在特殊关系，使行为人有责任控制第三人的行为"这一例外情况进行了澄清，认定本案不属于这种情况；最后，法院提到，大使未能控制使团成员的行动，或许可以成为国务院采取外交行动的依据，为受害者寻求赔偿，但《维也纳公约》或原告引用的任何其他国际条约的条文都不支持建立原告所主张的具体可执行的私人责任。

国家主权平等说、国际礼让说、互惠说等为国家主权豁免提供了坚实基础，本案的法律适用与解释似乎也没有过多的争议，但法律审判的结果却难免激起千层浪。罗马法学家庞波涅斯提出"损人而利己乃违反衡平"，本案中原告可能确实遭受了不法行为，但通过司法途径寻求救济却异常困难。值得庆幸的是，本案中，法院地国政府经过斡旋使被诉国和原告之间通过商谈达成了一致。法院一审驳回起诉后，上诉期间，经美国国务院斡旋，巴西政府为思科因支付了治伤费用，思科因放弃上诉。[①]

这种争议解决的方式启示，针对国家豁免此类较为特别的案件，政府间替代性安排和一揽子解决协议值得进一步关注。甚至在其他一些司法实践中，国际司法／仲裁机构管辖权之间的关系和互动也有助于进一步分析国家豁免案件的内在逻辑，寻找到适当的具体应对方案。

（金文轩）

---

① 参见孙昂：《国家豁免案件的管辖权问题研究——在司法与外交复合语境中的探讨（上）》，《国际法学刊》，2020年第4期，第21页。

弗莱特案[*]

一、案件背景

1995年4月9日，在以色列学习的美国大学生阿丽莎·弗莱特（Alisa Flatow，简称"阿丽莎"）因乘坐的公交车与一辆满载炸药的货车相撞后发生爆炸而丧生。美国国务院认为巴勒斯坦伊斯兰圣战组织（Palestine Islamic Jihad，简称"吉哈德"）的沙奇奇派（Shaqiqifaction）是此次爆炸事件的发动者，伊朗政府则向该组织提供了物质支持和资源。

爆炸发生不久后，美国国会修订了《外国主权豁免法案》，使1996年4月24日生效的《反恐怖主义和有效死刑法》（*The Antiterrorism and Effective Death Penalty Act*）成为其中的部分。该法案创设了一项国家主权豁免的例外，即第1605节第1条第7款：如果某国实施恐怖主义行为或向实施此种行为的个人或实体提供物质支持和资源造成美国公民伤亡，在被美国国务院认定为恐怖主义国家后，将不再享有主权豁免。而这一条的法定注释（statutory note）也规定在此种情况下，受害人或其家属可在诉讼中获得惩罚性赔偿。这一规定即通称的《弗莱特修

---

[*] 如无特别注释，本案资料皆来自：Flatow v. Islamic Republic of Iran, 308 F.3d 1065 (2002)。

正案》。①

　　根据此条款，作为阿丽莎的父亲和遗产执行人，斯蒂芬·M. 弗莱特（Stephen M. Flatow，简称"弗莱特"）在1997年2月26日向美国哥伦比亚特区联邦地区法院（The United States District Court for the District of Columbia）指控伊朗及其官员造成了阿丽莎的非正常死亡。1998年3月11日，地区法院作出了缺席判决，判决弗莱特胜诉，赔偿金额为247,513,220美元。随后，弗莱特开始在全国范围内对他声称归伊朗政府所有的资产启动强制执行程序。例如，1998年11月9日，弗莱特请求马里兰州蒙哥马利县对相关财产发出执行令。② 1999年4月23日，弗莱特在加利福尼亚南区联邦地区法院登记了判决，并于同年9月14日获得执行令，用以执行位于加州卡尔斯巴德（市）的加州土地控股公司（California Land Holding Company）所拥有的价值相当的财产。该公司是伊朗出口银行（Bank Saderat Iran）的全资子公司。当加州土地控股公司出售该财产时，弗莱特和伊朗出口银行达成共识，解除针对该财产的执行令状以便完成第三方托管。根据10月1日的同意令（consent order），以执行令所设留置权为限，出售所获收益将存入一个附息账户。同年11月1日，伊朗出口银行提交了解封这笔钱的初步诉求。在广泛听取了当事方和美国政府的意见后，就伊朗出口银行资产是否能

---

　　① 《弗莱特修正案》明显是一项独立的法律声明，但它已作为对《美国法典》第1605节的注释发表，并且需要多次参考第1605节第1条第7款等才能达到初步解释。参见同上。

　　② Flatow v. Islamic Republic of Iran, 67 F. Supp. 2d 535 (D. Md. 1999).

用于执行针对伊朗的判决，[①] 地区法院于2000年5月22日发布命令，否决了伊朗出口银行提出的解封该笔资金的诉求，同时指出，由于弗莱特提供的证据不足以推翻伊朗出口银行是独立于伊朗的法人实体这一假设，因此伊朗出口银行的财产不受制于针对伊朗的判决的执行。这一决定是依据美国最高法院就第一花旗银行诉古巴外部商业银行案（First Nat'l City Bank v. Banco Para El Comercio Exterior de Cuba，简称"古巴银行案"）[②] 作出的。在该案中，美国最高法院认为，除非发现某一实体"处于外国广泛控制之下以至于形成了委托代理关系"，或者承认该实体的独立性将造成"欺诈或不公正"，否则，《外国主权豁免法案》不能用于执行此类实体的资产。[③] 但是地区法院准许弗莱特继续调查伊朗是否对伊朗出口银行的运营进行一般控制这一问题，调查可以延续至2000年7月31日。

随后伊朗出口银行又提交了新的诉求，请求解封其出售卡尔斯巴德土地所获得的资金。对此，弗莱特认为，在1979年革命后，包括伊朗出口银行在内的所有伊朗银行都被国有化，处

---

① 2000年2月28日，地区法院命令美国（政府）就第99-1号总统裁决的效力提交一份简述，该裁决根据国会授予的豁免权（waiver authority）在这一分节生效的同一天放弃了第1610节第6条第1款第1项的要求。2000年4月3日，政府提交了一份权益声明书，解释到是总统放弃使得此目编纂规定失效。美国政府认为根据《国际紧急经济权力法》（The International Emergency Economic Powers Act）或其实施条例，弗莱特试图查封的伊朗出口银行资产没有一项被执行冻结。

地区法院考虑了政府的结论，并确定它与出售卡尔巴斯德财产所依据的许可证文本并不一致，因为该许可证是根据总统裁决中特别列出的《国际紧急经济权力法》条款之一授予的，所以免于查封。然而，因为根据2000年5月19日的命令，起始问题是是否可以查封属于伊朗出口银行的财产以帮助执行对伊朗的判决，所以地区法院认定没有必要对此事进行说明。由于确认了地区法院对这个问题的决议，所以不讨论第99-1号总统裁决在本案是否适用。

② FNC Bank v. Banco Para el Comercio, 462 U.S. 611 (1983).

③ 在其2000年4月3日的利益声明中，美国就古巴银行案中伊朗出口银行是否要对针对伊朗的判决承担责任没有表明任何立场。

于伊朗"全面控制"之下；伊朗宪法也显示，银行、保险、电力、邮政、电报和电话服务以及其他大型企业"由国家公有和管理"。但是地区法院认为这些证据不足以支持古巴银行案的要求，表明伊朗对伊朗出口银行施加日常控制的情形；也驳回了弗莱特的替代观点——以欺诈或不公例外为由推定伊朗出口银行是独立司法实体。

在取证期间，弗莱特根据《关于从国外调取民事或商事证据的海牙公约》(*The Hague Convention on the Taking of Evidence Abroad*，简称《海牙公约》)规定请求法院协助，请流亡到巴黎的伊朗前总统巴尼·萨德尔 (Bani Sadr) 和流亡到土耳其的伊朗前情报人员艾哈迈德·贝巴哈尼 (Ahmad Behbahani) 作证。地区法院驳回了这一请求，颁发了保护令，并最终批准了伊朗出口银行提出的解封资金的诉求。弗莱特对此提起上诉。美国联邦第九巡回上诉法院 (United States Court of Appeals, Ninth Circuit) 于2002年作出判决。

二、法律分析

第九巡回法院分别重新审查了地区法院认定的本案事实与得出的法律结论，并审查了地区法院作出的保护令是否存在滥用自由裁量权的情况。

（一）独立法律实体的界定

在古巴银行案中，美国最高法院明确指出，《外国主权豁免法案》并不管辖外国政府或其机构 (instrumentality) 的实质责任。《外国主权豁免法案》的文本和历史清楚地表明，该法案无意影响决定外国政府或其机构责任的实体法，也不涉及外国政府机构法律责任的归属问题。《外国主权豁免法案》列举的例外情况是就针对外国提起的民事诉讼享有属事管辖权的唯一依据，但《外国主权豁免法案》并不解决责任问题。古巴银行案中确实处理了责任问题，审查了在何种情况下外国实体对外国政府因判决所生债务负有实质性责任。解决本案的关键在于区分责任与管辖权这两个概念。

在古巴银行案里，古巴政府没收了第一花旗银行（First National City Bank，简称"花旗银行"）的财产，而花旗银行以古巴政府没收花旗银行在古巴的资产为由，对原告进行反诉。法院主要处理了作为外国主权国家，古巴政府所从事的行为和承担的法律责任能否归因于国有古巴银行的问题。法院认为，古巴银行不是一个独立于古巴政府的实体。古巴银行已经解散，其资金分别转移给古巴国家银行和古巴外贸部的外贸企业。在解散前，古巴银行被授权作为古巴政府在对外贸易方面的独家代理人，政府提供给古巴银行所有资本并拥有它的所有股票，其所有利润都存放在国库中；并且古巴银行的董事会是由古巴政府各部的代表组成，其主席则是古巴的国务大臣。在这种情况下，如果认为其是一个独立于古巴政府的实体，无异于允许各国政府在任何情形下均可通过建立司法实体来规避国际法的要求。[1] 尽管如此，即使一个实体或机构完全由外国国家所有，该实体也将首先被推定为享有独立的法律地位。

古巴银行案刻画了独立的政府机构的典型特征：一个典型的政府机构是由一项授权法规创设的，该法规规定了该机构的权力和职责义务，并规定由政府选择的董事会以与该授权法规一致的方式进行管理。该机构通常作为一个独立的法人实体设立，有权持有和出售财产以及起诉和被起诉。除了提供资金或

---

① 另一方面，法院确认，"随意忽视政府机构的独立地位将给机构的资产是否会被转移用来满足对主权的索赔带来极大的不确定性，从而可能导致第三方在没有政府担保的情况下，对是否向政府机构提供信贷犹豫不决。"

弥补损失的财政拨款外，该机构财产独立，作为独立的经济企业运营，通常不受政府机构必须遵守的预算和人员要求的约束。政府"以财政拨款对该机构提供资金或弥补损失"并不妨碍一个典型政府机构被视为一个独立的司法实体。

法院提出了推翻公司独立法律地位的两种方式：一是证明该实体被其所有者广泛控制，从而产生了委托人和代理人的关系，以此推定一方可能对另一方的行为负责；二是在会产生"欺诈或不公正"的情况下，一个机构不应被视为一个独立的法律实体。[①] 在列举了这两个推翻独立法律地位假设的例外情况后，法院拒绝提供一个"判断在何种情况下能够忽视一个政府机构通常拥有的独立司法地位的机械公式"。[②]

弗莱特认为，地区法院因错误地适用了古巴银行案的观点，得出了伊朗出口银行是一个独立的法律实体并因而不承担责任

[①] 弗莱特向第九巡回法院提交的简述和观点仅聚焦于古巴银行案确立的第一个例外。然而在地区法院层面，他认为承认伊朗出口银行作为一个独立的法律实体并不公正。2000年5月19日，由于弗莱特没有宣称伊朗出口银行参与引发此诉讼的恐怖主义行为，也没有主张伊朗出口银行是一个为了让伊朗逃避责任而建立的虚假实体，地区法院在其命令中驳回了这一观点。弗莱特未对此裁决提出上诉。

[②] 至少有一个巡回法院明确阐述了古巴银行案的五个要素：（1）政府对经济的控制水平；（2）实体的利润是否归于政府；（3）政府官员管理实体的程度或以其他方式参与其日常事务的程度；（4）政府是否是实体行为的真正受益人；（5）坚持独立身份是否会使外国在美国法院享有利益的同时避免其义务。参见 Walter Fuller Aircraft Sales, Inc. v. Republic of the Philippines, 965F.2d 1375, 1380 n. 7 (5th Cir. 1992)。

的结论。① 弗莱特的观点几乎完全以伊朗宪法的规定为支撑，认为在1979年伊朗革命后将银行国有化的做法在伊朗出口银行和伊朗政府之间建立了一种委托代理关系，② 并认为这一事实本身就构成了古巴银行案中所要求的控制标准，进而足以排除伊朗出口银行的独立法律地位。③

地区法院认为，本案事实与古巴银行案并不相同。弗莱特没有证明伊朗出口银行是作为伊朗政府的一个分支来运作，也

① 弗莱特在其答辩状中认为，《外国主权豁免法案》第1605节第1条第7款的修正案旨在改变古巴银行案对外国机构具有独立法人实体地位这一推定的应用。但地区法院驳回了这一观点，并引用了其他两项决议驳斥了这一立场：没有任何出自第1605节第1条第7款本身的语言或立法历史表明国会有意通过新的条款来废除古巴银行案的推定（Flatow v. Islamic Republic of Iran, 67 F. Supp. 2d 535, 539 (D. Md. 1999)）；撤销了地区法院的决定——在家庭成员试图根据恐怖主义行为获得赔偿判决的情况下，古巴银行案推定更容易被推翻〔Alejandre v. Telefonica Larga Distancia de Puerto Rico, Inc., 183 F. 3d 1277 (11th Cir. 1999)〕。

"我们要求美国就《外国主权豁免法案》修正案是否废除了古巴银行案的推定提交一份法庭之友简述。美国的立场是：因为古巴银行案和《外国主权豁免法案》分别管辖两个独立的法律问题——责任和管辖权，所以《外国主权豁免法案》修正案没有改变古巴银行案的推定。陪审团现在很清楚，地区法院根据古巴银行案以责任调查为起点解决此问题是正确的。因此，我们将对此事的解决限制在该基础之上。"

② 伊朗宪法第44条规定：（1）伊朗伊斯兰共和国经济制度有计划地建立在国营、合作经营和私营三种成分的基础上；（2）国营成分包括所有大规模工业、重工业、外贸、重要矿业、银行、保险、劳动力、水坝和大型水利灌溉网、广播电视、邮电和电话服务、航空、航运、公路、铁路等，所有这些都是公共财产，属国家所有；（3）合作经营包括城市和农村中按伊斯兰原则建立的从事生产和分配的公司和合作企业；（4）私营成分包括一部分农业、畜牧业、工业、商业和服务行业，这一成分是补充国营和合作经营的经济成分；（5）这三种经济成分的所有制是伊斯兰共和国法律保护的，只要它符合本章的其他条款，不违背伊斯兰法律，有利于国家经济的发展，不损害社会；（6）这些部门的范围以及管理其运行的法规和条件将由有关法律详细规定。

③ 弗莱特还认为，由于"该政权的集权性质以及本原告或任何其他非政府原告确保证人安全的能力有限……"永远不可能证明"实际的日常监控"。弗莱特没有详细说明这一观点，也没有提供任何例证来说明伊朗阻挠他证明伊朗实施的日常控制。地区法院拒绝了弗莱特的证据开示协助请求，因为这与证据开示的唯一主题——伊朗是否对伊朗出口银行施加控制——无关。

没有证明伊朗出口银行的任务是促进伊朗政府政策的施行；并且不同于古巴银行，伊朗出口银行并未在美国法院试图同时获得赔偿和避免成为反诉的主体。在弗莱特案中，伊朗出口银行不是本案的当事人。地区法院还指出，伊朗出口银行是按照伊朗的银行法成立的一家伊朗公司，拥有自己的公司章程，[①] 自1952年成立到1979年一直是私有银行，[②] 在中东、伦敦、巴黎、汉堡和纽约设有超过3000家分支机构。1979年之后，伊朗出口银行仍旧作为一个独立的银行实体按照自己的章程运作，并受到董事会的监督。董事会主持并对伊朗出口银行的日常活动负责。监管伊朗出口银行运作的两个政府机构分别是银行大会（The General Assembly of Banks）和银行高级委员会（The High Council of Banks）。前者审查伊朗出口银行的年度报告、资产负债表和损益表，后者是银行大会的咨询机构，每周开会一次，提名包含伊朗出口银行在内的伊朗银行的董事会候选人，协助制定伊朗银行业务法规、预算和报告，不参与伊朗出口银行的日常运营。地区法院认为，这二者职能与美联储相似，即广泛决策职能。同时，伊朗出口银行的总经理穆罕默德拉扎·马加迪斯（Mohammedreza Moghadasi）的证词证明，伊朗出口银行的董事会成员都是拥有丰富金融业和银行业从业经验的职业银行业者。第九巡回法院认为，政府参与必须上升到更高的层次，如政府能够控制包含宣布和支付红利、履行合同等活动在内的日常商业决策，或者超过一定金额的支票都要由政府官员签字，所有发货发票均须由政府机构批准，且政府对某机构的运行能

---

① 根据地区法院的调查，伊朗出口银行的运营受其1982年制定的公司章程的约束。该银行的既定目标是"在国内外开展银行业务和服务"。公司章程第1条规定："除法律和法规明确规定的情况外，伊朗银行不受与部委和政府附属公司和组织有关的一般规则和规定的约束。"

② 1979年6月7日，伊朗政府将所有伊朗银行国有化。

够实施直接控制。由此，第九巡回法院认为，伊朗政府通过银行大会和银行高级委员会对伊朗出口银行进行的监督是有限的，其对伊朗出口银行经济的控制水平相当有限，并不足以构成日常控制。因此，第九巡回法院认可地区法院的结论，即弗莱特没有证明伊朗政府是伊朗出口银行银行业务的真正受益者。

（二）保护令和证据开示请求

在地区法院审理阶段，地区法院同意双方就控制问题继续进行调查，以确定伊朗是否对伊朗出口银行施加了足够的控制，以至于能够查封伊朗出口银行的资产用于执行对伊朗的判决。

2000年6月22日，弗莱特向地区法院提出两项诉求，请求根据《海牙公约》发出国际司法协助请求。弗莱特申请询问证人萨德尔和伊朗前恐怖主义行动负责人贝巴哈尼。伊朗出口银行反对这一诉求，并向法院申请保护令禁止这二人作证，因为这会带来不必要的负担和支出，而且二人都没有资格就证据开示问题作证。

地区法院批准了伊朗出口银行申请的保护令，拒绝了弗莱特获得伊朗前领导人作证的国际协助请求。法院首先得出结论，证据开示的负担和费用超过了其可能带来的利益，并且萨德尔并不了解伊朗是否对伊朗出口银行实施日常控制，自1981年被驱逐出伊朗以来，萨德尔从未担任过伊朗出口银行的董事或职员。其次，弗莱特未能证明贝巴哈尼居住的土耳其签署了《海牙公约》，况且从贝巴哈尼那里获得的信息超出了证据开示的范围，因而驳回了询问贝巴哈尼的诉求。对此，第九巡回法院认为，弗莱特未能证明这两个人有能力证明伊朗对伊朗出口银行实施了足够的控制，对地区法院的决定予以认可。

（三）结论

第九巡回法院并未改变地区法院的判决结论。并认为，根据美国国会通过的立法，弗莱特已经获得了大量的损害赔偿金。应该对弗莱特进行赔偿的是伊朗政府，而不是伊朗出口银行。

三、案件评析

《弗莱特修正案》是美国《外国主权豁免法案》修订的一项重要制度，它令外国国家的赔偿范围从补偿性赔偿扩大至惩罚性赔偿，弗莱特也获得了大额的损害赔偿金，但是本案还有相当一部分值得探讨的问题。

首先，本案参考的是2002年第九巡回法院针对弗莱特（原告—上诉人）、伊朗出口银行（原告—被上诉人）诉伊朗（被告）案作出的裁定，而非1999年马里兰州地区法院针对弗莱特诉伊朗案作出的判决。这是由于在1997年向哥伦比亚特区法院提出指控并获得判决后，弗莱特在全美范围内启动针对伊朗资产的强制执行程序，但仅在第九巡回法院和哥伦比亚特区巡回上诉法院提出上诉。哥伦比亚特区巡回上诉法院因缺乏管辖权而最终裁决驳回弗莱特的观点——他有权获得惩罚性损害赔偿的判决后利息，并撤销了地区法院对此问题的意见。① 而第九巡回法院的判决不仅依据古巴银行案对独立法律实体地位问题进行了分析，还对证据开示请求程序进行了回答，并且，从最终作出判决的时间上来看，晚于哥伦比亚特区巡回上诉法院，相较于1999年马里兰州地区法院作出的备忘录意见具有更高的参

---

① See Flatow, Stephen M v. Islam Repubic of Iran, et al, No.01-7101 (D.C. Cir. 2002).

考价值。

其次，通常来讲，属人管辖权一般是积极的，即本国公民在国外犯罪也适用本国法律，而《外国主权豁免法案》第160节第1条第7款间接确立了消极属人管辖权，即只要请求人或受害人属于美国国民，美国法院便可以行使管辖权，拓展了美国基于外国国家豁免的国内法院管辖权，在一国以属地管辖权为主要管辖权依据的情况下，消极属人管辖权更像是一种管辖权延长。从私法角度来看，对外国国家提出的民事诉讼的最终执行还是针对某一具有外国政府财产的法律实体，或公司或个人，而上述规定将美国司法管辖权置于一种模糊地带，是否违背国际法优于国内法的一般规定还需要商榷。另外，《外国主权豁免法案》第1603节对本章的各项名词的含义给出了定义；第1604节规定了外国国家管辖豁免；第1605节规定了外国管辖豁免的一般例外，使得美国从绝对豁免理论向限制豁免转变，同时规定了外国国家是否享有豁免的决定是由法院而非政府机关作出，国有企业并不能成为国家豁免的当然主体。国有企业不是国家豁免的主体，原则上不享有外国法院的管辖豁免，除非其被授权或代表国家行使主权权利。在本案中，依据《外国主权豁免法案》第1605节和古巴银行案判决的先例，即使收归国有或属于国家所有，伊朗出口银行依旧不属于伊朗政府财产，而是具有独立地位的法律实体，伊朗对它的管理并没有达到更高的日常控制的程度，它不属于伊朗控制下的资产，不属于弗莱特案的强制执行的对象。《外国主权豁免法案》规定的豁免主体除了国家外，还有其政治机构的代理和机关。本案的关键是企业收归国有前后是否受政府控制，是否享有独立法律实体地位，受政府控制的标准是什么，对国有企业能否进行国家豁免。基于古巴银行案与本案实质性对比，法院已经对这一问题进行了回答。而在证人出庭作证和证据开示请求这些程序性问题上，最重要的是证明政府对企业的广泛控制程度，如果提出的请求明显无法达到证明标准，那么便不会通过此项请求。

根据《外国主权豁免法案》相关规定，外国国有企业一是需要依照其本国法律设立，以自己名义起诉应诉，拥有独立财产。二是隶属于其本国的政治机关，或者多数股份或所有权属于政府机关。三是该企业只能是依据申请主权豁免资格的外国的法律建立，而不是按照美国或者第三国家法律建立。[①] 伊朗出口银行作为国有企业，其宗旨并不是作为政府的一个机构实行管理社会的职能，而是为一定的商业目的进行商品市场价值交换，美国法院通常首先肯定国有企业具有国家豁免资格，然后再通过国有企业的行为属于商业交易为由，排除国有企业在具体案件中享受的主权豁免。国有企业若在美国成为主权豁免的绝对主体的例外，原告需要承担相应的举证责任，证明《外国主权豁免法案》第1605节例外情形的存在，证明国有企业的商业活动与美国存在联系，但是此种证明很难达成。以"马里兰州弗莱特诉伊朗案"[②]为例，该案中，弗莱特认为商业活动例外的目的是促进国际社会之间的合法商业往来，并允许外国政府获得与私人公司一样的地位，其控制应适用更低的标准（即如果有证据表明外国主权者对该实体有任何利益，那么将认定该实体成为主权者的一种工具）；然而，法院认为原告有责任证明基金会无权获得单独的承认，债权人对一个明显独立的实体提出执行，必须证明被查封的财产有待执行，而弗莱特提出的证据和事实情况并没有达到此种证明程度。

（李　荣）

---

① 参见梁一新：《论国有企业主权豁免资格》，中国法学网，http://www.iolaw.org.cn/showNews.aspx?id=61518，访问日期：2021年1月22日。

② See Flatow v. Islamic Republic of Iran, 67 F. Supp. 2d 535 (D. Md. 1999).

欧帕蒂等诉苏丹共和国案[*]

一、案件背景

本案与1998年基地组织在美国驻肯尼亚和坦桑尼亚大使馆外策划的卡车爆炸相关，主要涉及美国《外国主权豁免法案》中的"恐怖主义例外"。1996年，美国国会增加了《外国主权豁免法案》的恐怖主义例外。该例外允许受害人针对从事或支持特定恐怖主义行为的国家以及被国务院认定为对恐怖主义人员提供资助的国家提起诉讼。然而，在最初颁布的时候，该例外规定上述外国国家免受惩罚性赔偿。

1998年，就在国会修订《外国主权豁免法案》两年后，基地组织袭击了美国驻肯尼亚和坦桑尼亚大使馆。许多受害者和他们的家人在詹姆斯·欧文斯（James Owens）的组织下，援引恐怖主义例外在联邦地区法院对苏丹提起诉讼，声称苏丹曾经为基地组织提供庇护和其他物质支持。在诉讼进行的过程中出现了一个问题，即国会仅仅是撤回对国家资助的恐怖主义的豁免，允许原告利用之前已经存在的诉由提起诉讼？还是国会更进一步，创设一个新的联邦法诉由来解决恐怖主义问题？最后，华盛顿特区巡回法院认定，国会仅仅撤回了豁免，而没有创设

---

* 如无特别注释，本案资料皆来自：Opati v. Republic of Sudan, 140 S. Ct. 1601 (2020)。

一个新的诉由。①

2008年，作为对此类诉讼的回应，国会通过《国防授权法案》（*National Defense Authorization Act*）再次对《外国主权豁免法案》进行了修订，在《国防授权法案》第1803条有四处修订与本案相关：

第一，《国防授权法案》第1803条第1款将国家资助的恐怖主义例外从《外国主权豁免法案》第1605节第1条第7款移至新的第1605A节。由此，根据该例外提起的诉求不再受《外国主权豁免法案》一般的禁止惩罚性赔偿的限制。

第二，《国防授权法案》第1803条第1款为恐怖主义行为创设了一个明确的联邦法诉由。根据《外国主权豁免法案》第1605A节第3条的规定，该诉由向美国公民、武装部队成员、美国联邦政府雇员或承包商及其个人代表等原告开放，并且明确允许提出惩罚性赔偿诉求。

第三，题为"先前诉讼"的《国防授权法案》第1083条第3款第2项专门处理因为先前的法律未创设此类针对国家的诉由而受到不利影响的既存诉讼。国会指示，此类诉讼将被视为根据《外国主权豁免法案》第1605A节第3条的新联邦法诉由提起的诉讼。

第四，题为"相关诉讼"的《国防授权法案》第1083条第3款第3项规定，在有限的时间内，原告可以针对先前诉讼中的同一个行为或事件提起新的诉讼，并且要求第1605A节中规定的惩罚性赔偿。

根据修订后的法律，欧文斯等原告修改了他们的诉求，将新的联邦法诉由包括在内；另有数百名受害者及其家人也对苏

---

① See Cicippio-Puleo v. Islamic Republic of Iran, 353 F.3d 1024, 1033, 359 U.S. App. D.C. 299 (2004).

丹提起了新的类似诉讼。新的原告包括美国公民、联邦政府雇员或承包商，他们可以根据《外国主权豁免法案》第1605A节第3条提供的新诉由提起诉讼；但是也有一部分在袭击中死亡或受伤的美国政府雇员或承包商的外国籍家人，他们无权援引该诉由，就援引了《外国主权豁免法案》第1605A节第1款规定的恐怖主义例外，主张苏丹不享有主权豁免，并根据州法律提起了诉讼。

在苏丹拒绝参与合并庭审后，地区法院作出了有利于原告的判决。事实认定方面，地区法院法官约翰·贝茨（John Bates）提供了详细的事实调查结果，证明苏丹在知情的情况下在两个美国大使馆附近提供安全港，供"基地"组织策划袭击、进行相关训练。地区法院还发现，苏丹给"基地"组织提供了上百份苏丹护照，以便它的特工人员不受限地越过苏丹肯尼亚边界，为肯尼亚的"基地"组织小组运送武器和钱财。损害赔偿额确定方面，由于原告遭受的人身伤害的广泛性和多样性，地区法院任命了7名特别主管辅助查明事实。经过两年多时间，特别主管对每个原告的损害情况进行了评估并提交了书面报告。基于这些报告，再加上判决作出前拖延的这些年的利息，地区法院最终判决给原告总额为102亿美元的损害赔偿，其中包括给那些在2008年法律修订后提起诉讼的原告的大约43亿美元惩罚性赔偿。

之后，苏丹决定出庭并提出上诉。除此之外，苏丹还要求撤销地区法院作出的惩罚性赔偿判决。苏丹主张，一般来说，国会只有在明确说明其意图的情况下，才能为过去的行为创造新的责任形式。而且，当2008年国会通过《国防授权法案》时，并未在法条中的任何地方明确允许针对苏丹等国家在20世纪90年代所做的事情判决其支付惩罚性赔偿。

上诉法院支持了苏丹的主张。关于根据《外国主权豁免法案》第1605A节第3条的新诉由提出的诉求，上诉法院认为，国会明确授权个人利用先前诉讼和相关诉讼条款针对过去的行为提起新的联邦法诉求，也明确允许这些原告获得补偿性赔偿。然而，上诉法院进一步认为，国会并未明确授权针对该法案生效之前的行为获得惩罚性赔偿。① 关于原告中的那些外国籍家人援引《外国主权豁免法案》第1605A节第1条根据州法律提出的诉求，上诉法院认为，基于本质相同的原因，他们也不能获得惩罚性赔偿。②

于是，原告上诉到最高法院，请求最高法院复审第一项裁决，即2008年《国防授权法案》是否允许原告根据《外国主权豁免法案》第1605A节第3条的联邦法诉由针对过去的行为提出并获得惩罚性赔偿。

二、根据《外国主权豁免法案》第1605A节第3条提起的诉讼

（一）法不溯及既往的原则

最高法院认为，立法通常仅约束其后的行为，该原则在美国的法理中根深蒂固，并且在美国建国前数百年就存在的法律原则中也有所体现。③ 它保护了至关重要的正当程序利益，确保了个人有机会在行动之前能够了解法律的内涵，在行动之后能够确知其合法行为不会在日后被再次审查。它还服务于至关重要的平等保护利益：如果立法者中的多数人可以轻易制定一部

---

① See Owens v. Republic of Sudan, 864 F. 3d 751, 814-817, 431 U.S. App. D.C. 163 (CADC 2017).

② Owens v. Republic of Sudan, at 817.

③ See Landgraf v. USI Film Products, 511 U.S. 244, 265, 114 S. Ct. 1483, 128 L. Ed. 2d 229 (1994).

新的有溯及力的法律，那么不受欢迎的群体就很容易变成被歧视的靶子，因为他们过去的行为无法改变且一目了然。[①] 无疑，这正是联邦宪法在很多方面都不鼓励立法溯及既往的原因，比如禁止事后立法，禁止剥夺公民权法案和损害合同义务的法律溯及既往，以及要求任何征收（剥夺公民利益）必须支付正当补偿等。[②]

然而，苏丹并未基于上述任何理由质疑2008年《国防授权法案》的合宪性，仅仅对法律解释提出了异议。原被告双方均承认，立法不溯及既往原则在此案中非常重要，主要争论的是这一原则应如何指导对2008年《国防授权法案》的解释。

苏丹援引了1994年的兰德格拉夫案。[③] 本案认定，在长达两个多世纪的判例中，法律解释都是基于这样一个假设：国会在立法时尊重法律无溯及力原则，仅仅将立法适用于未来的行为，并且，如果国会希望尝试制定一个有溯及力的法律，它必须对此予以明确表述。苏丹主张，2008年《国防授权法案》没有明确声明允许法院对过去的行为授予惩罚性赔偿。

原告则援引了2004年的奥特曼案。[④] 本案认定，因为外国主权豁免是一种风度与礼让的姿态，所以可以被溯及既往地撤回，并且不会引起撤销其他立法可能给正当程序与平等保护原则带来的那些风险。毕竟外国主权豁免的"主要目的""从来都是允许外国承诺未来在美国法院的诉讼豁免"。[⑤] 因此，最高法院在本案中判定，"在外国主权豁免的特有语境下……在没有相反表

---

① See Landgraf v. USI Film Products, at 266-267.

② See Landgraf v. USI Film Products, at 266.

③ See Landgraf v. USI Film Products.

④ Republic of Aus. v. Altmann, 541 U.S. 677, 124 S. Ct. 2240, 159 L. Ed. 2d 1, (2004).

⑤ Republic of Aus. v. Altmann, at 696.

述的情况下，比起仅仅因为其针对的是之前的行为就假定政治
分支的决定不适用而言，尊重政治部门的最新决定更合适"。①
原告还强调，按照该逻辑推翻法律不溯及既往的假设后，很容
易就可以将2008年《国防授权法案》理解为允许针对已经完成
的行为施加惩罚性赔偿。

苏丹反驳说，按照奥特曼案的方式溯及既往地撤回豁免权
只不过是为某法律诉求提供一个之前所没有的听证机会；但针
对先前的行为创设溯及既往的新规则却与此完全不同。如果国
会真想这样做，必须像兰德格拉夫案中所要求的那样"明确"
表述才行。基于此，苏丹进一步认为2008年《国防授权法案》
不是简单地为先前的诉求提供一个听证机会，它还创设了一个
新的诉由来管理已完成的行为，而现在申请者正试图利用这一
诉由。原告对此回应到，虽然奥特曼案本身仅仅关涉是否为先
前诉求提供了之前没有的听证机会，但是它的说理不止于此。
他们认为，本案的决定强烈暗示，不溯及既往的假设在遇到外
国主权豁免问题时，根本不适用。最高法院认为，不需要解决
双方有关法律解释假设的争议。

（二）惩罚性赔偿溯及既往授权的明确性

原告主张，即使苏丹可以主张立法不溯及既往的假设，即
国会立法仅适用于未来行为，② 国会在授权原告基于第1605A节
第3条的新联邦法诉由对过去的行为主张惩罚性赔偿时，已经表
达得十分清楚明确了。

苏丹则强调，2008年《国防授权法案》第1083条第3款本
身不包含对惩罚性赔偿的明确授权。它承认，第1083条第3款

---

① Republic of Aus. v. Altmann, at 696.

② See Landgraf, 511 U.S.

授权原告针对2008年《外国主权豁免法案》修订之前的行为根据第1605A节第3条提起诉讼；也承认，第1605A节第3条授权原告对法案颁布之前的行为主张和获得与"经济损失、抚慰金和精神损害"相关的损害赔偿。实际上，除了"惩罚性赔偿"，苏丹接受第1605A节第3条的所有其他内容适用于根据第1083条第3款对过去的行为提起的诉讼。

针对苏丹的这一观点，最高法院认为，苏丹既然接受《外国主权豁免法案》第1605A节第3条所有其他内容适用于根据第1083条第3款对过去的行为提起的诉讼，就没有理由认为只有"惩罚性赔偿"这几个字不能适用。

接下来，苏丹辩称，《外国主权豁免法案》第1605A节第3条没有用足够明确的语言对惩罚性赔偿的溯及既往进行授权，因为它使用的是含糊其辞的语言——"可以（may）"授予惩罚性赔偿。

针对苏丹的这一主张，最高法院认为，第1605A节第3条中的"'可以'一词很明显意味着自由裁量"，[①] 这一表述只是赋予地区法院自由裁量权，根据特定的案件事实决定惩罚性赔偿是否适当。并且该节中有关特殊损害赔偿类型的语言完全一致。[②] 苏丹认为该节只授予地区法院自由裁量权决定其他三种针对法律颁布前的行为提出的损害赔偿请求，却不承认第四种，这是站不住脚的。

最后，苏丹认为，或许国会的确明确授权一种基于过去行为的新诉由以及其他几种形式的损害赔偿，但是，因为溯及既往的惩罚性赔偿引发了特殊的宪法问题，所以应该适用超明确

---

① Halo Electronics, Inc. v. Pulse Electronics, Inc., 579 U.S. 136 S. Ct. 1923, 195 L. Ed. 2d 278.

② "[…] damages may include economic damages, solatium, pain and suffering, and punitive damages […]", 28 USCS § 1605A(c).

规则（Super-Clarity Rule）。

针对苏丹提出的超明确规则，法院拒绝这样的建议。的确，惩罚性赔偿不仅仅是一种补偿形式，也是一种惩罚形式，而且无疑对已完成的行为适用新的惩罚措施会引起严重的宪法问题。最高法院认为，假如诉讼方认为授权惩罚性赔偿溯及既往违宪，更好的做法是由诉讼方对法律的合宪性提出异议，而非要求法院忽视法律的明确指示。同时，法院在形成法律解释规则时，通常试图保证该规则有可操作性，符合语言习惯和期望，并提供一个稳定的背景，以便国会、下级法院以及诉讼各方可以依此制订计划并行事。但是，苏丹的建议则几乎是相反的承诺。苏丹对于"超明确"表述并未试图告诉法院，国会在授权惩罚性赔偿溯及既往时要怎么做才算比明确更明确（Clearer-Than-Clear）。这根本不是一个可执行的规则，更像为博人眼球而抛出的一个说法。

所以，最后，最高法院判定，即便它认可苏丹的观点（事实上它并不这么认为），即兰德格拉夫案中法律不溯及既往的假设，国会在授权原告基于《外国主权豁免法案》第1605A节第3条的新联邦法诉由对过去的行为提出惩罚性赔偿诉求时，也已经表达得不能再清楚明确了。毕竟通过2008年《国防授权法案》第1083条第1款，国会创设了一种新的联邦法诉由，明确允许提起与"经济损失、抚慰金、精神损害，以及惩罚性赔偿"有关的损害赔偿诉讼。这一新诉由被放在《外国主权豁免法案》第1605A节中，不适用《外国主权豁免法案》中对惩罚性赔偿的一般性禁止规定。接着，在第1083条第3款第2项和第3项中，国会又允许"先前诉讼"与"相关诉讼"中的特定原告可以依据《外国主权豁免法案》第1605A节中的新联邦法诉由提起诉讼。而这两个条款均允许针对法律生效前的行为提起新的索赔。换言之，国会采取了两个步骤，都很明显：（1）明确授权依据一种新诉由提出惩罚性赔偿诉求;(2)明确说明可以援引该新诉由针对某些已经发生过的恐怖主义行为请求救济。这两步都没有任何含糊之处,2008年《国防授权法案》也没有任何其他相冲突的解释。

三、根据《外国主权豁免法案》第1605A节 第1条提起的诉讼

在解决上述问题之后,诉讼双方均要求最高法院解决这一长期诉讼中的其他问题。

原告在附言中要求最高法院决定,在受害者的外国籍家人根据州法律援引《外国主权豁免法案》第1605A节第1条主权豁免例外提起的诉讼中,国会是否明确授权惩罚性赔偿的溯及适用。

苏丹主张,如果最高法院考虑这个问题,那就必须承认第1065A节第1条与第3条不同,没有明确讨论惩罚性赔偿问题。为公平起见,苏丹还认为,鉴于现在第1065A节第3条可能为国家资助的恐怖主义行为相关的诉讼提供了排他性诉由,最高法院也需要解决诉讼各方是否可以援引州法律的问题。

最高法院认为,它不需要解决这个问题。原告将其上诉限于根据第1605A节第3条的新联邦法诉由提起的惩罚性赔偿诉讼;而且,在此之外,双方的陈述和论点有限。所以,最高法院决定,在上诉范围有限、材料不足的情况下,最好不要触及该问题。

然而,最高法院承认,它的判决必然会引发一个问题。上诉法院拒绝受害者的外国籍家人根据州法律提出的惩罚性赔偿诉求的原因,与拒绝原告根据第1605A节第3条的新联邦法诉由提出的惩罚性赔偿诉求的原因相同。既然最高法院判定,根据

联邦法诉由提出的惩罚性赔偿可以被允许，那么上诉法院之前不允许根据州法律提出惩罚性赔偿诉求的理由就是错误的。所以，上诉法院必须重新考虑，原告在基于州法律所提起的诉讼中是否可以主张惩罚性赔偿。

最后，上诉法院的判决被撤销，本案被发回按照最高法院的意见重审。

四、案件评析

本案涉及美国主权豁免中的"恐怖主义例外"。1976年，美国出台《外国主权豁免法案》时并未规定该例外。进入20世纪80年代，恐怖主义事件不断发生，一些受害者及其家人开始在美国提起诉讼，寻求民事赔偿，但是，因为缺乏明确的诉由以及管辖权基础，这些求偿诉讼往往难以开展。于是，为了解决该问题，1988年美国颁布《反恐怖主义法案》（*Anti-Terrorism Act*），规定："任何美国公民的人身、财产或商业由于国际恐怖主义行为受到伤害时，其本人以及其继承人可以因此在美国任何地区法院提起诉讼，要求获得损失三倍的赔偿以及包括律师费在内的诉讼费。"[①] 然而，该法案并未明确被告为主权国家时的豁免问题。直到1996年，通过《反恐怖主义和有效死刑法案》（*Anti-Terrorism and Effective Death Penalty Act*）将"恐怖主义例外"增至《外国主权豁免法案》第1605节第1条第7款之中，规定可以针对实施或支持恐怖主义的国家提起诉讼，但是被告国家必须在美国国务院确定的"支持恐怖主义的国家"名单上。[②]同年，《资助恐怖主义国家行为的民事责任法案》（*Civil Liability*

---

① 18 USCS § 2333(a).

② § 221, *Antiterrorism and Effective Death Penalty Act of 1996*, 1996 Enacted S. 735, 104 Enacted S. 735, 110 Stat. 1214.

for Acts of State Sponsored Terrorism，弗莱托修正案）又规定《外国主权豁免法案》第1605节第1条第7款中的原告可以主张惩罚性赔偿。[①] 随后，2008年《国防授权法案》将"恐怖主义例外"从《外国主权豁免法案》第1605节第1条第7款移至单独的第1605A节，创设了一个新的联邦法诉由，但此时，被告国依然受美国国务院确定的"支持恐怖主义的国家"名单的限制。直到2016年《针对恐怖主义支持者的正义法案》（Justice Against Sponsors of Terrorism Act）出台，被告国家才不再局限于该名单。

美国主权豁免的"恐怖主义例外"产生和发展的历史表明，美国对恐怖主义支持或资助国的制裁愈来愈严厉，它们可能需要承担高额的惩罚性赔偿。例如，在本案中，地区法院最终就判决给原告总额为102亿美元的损害赔偿，其中包括大约43亿美元的惩罚性赔偿。然而，这些高额的赔偿往往面临着执行难的问题。尽管美国国会通过一系列立法措施，使得某些国家的财产可以被用于执行相关判决，"但是能被法院扣押和执行的外国财产相较于判决中的巨额赔偿还是太少"。[②] 所以，一些批评者认为，恐怖主义例外难以完全实现它赔偿恐怖主义行为受害者这一立法目的。

此外，上述历史也表明恐怖主义例外的适用范围不断扩大，且原先由行政部门掌握的确定"支持恐怖主义的国家"的权利转移至司法部门，由法院认定被告国家是否为恐怖主义支持国。这一方面体现了美国通过单边措施制裁恐怖主义的决心，另一方面也会为许多与恐怖主义相关的私人诉讼大开方便之门，而其中不乏一些假借恐怖主义诉由的诉讼。

[①] Civil Liability for Acts of State Sponsored Terrorism, in Omnibus Consolidated Appropriations Act, 1997, 1996 Enacted H.R. 3610, 104 Enacted H.R. 3610, 110 Stat. 3009.

[②] 王蕾凡：《美国国家豁免法中"恐怖主义例外"的立法及司法实践评析》,《环球法律评论》2017年第1期，第173页。

　　本案是美国新近关于"恐怖主义例外"的一起案件，它的判决确认了主权豁免可以撤回，2008年《国防授权法案》对惩罚性赔偿的授权可以溯及既往地适用，国会可以创设一种主权豁免例外作为新的联邦法诉由并溯及既往。此外，按照本案判决逻辑，前文所述2016年的《针对恐怖主义支持者的正义法案》亦可以溯及既往的话，"9·11"事件后对沙特阿拉伯提起的诉讼也可能会受到影响。

（李冰清）

德意志联邦共和国等诉菲利普案[*]

一、案件背景

本案与某些中世纪文物和祭祀用品（简称"中世纪文物"）有关。上述文物可以追溯到神圣罗马帝国时期，在德国历史和文化中具有独一无二的价值。魏玛共和国衰落时期，三名犹太裔法兰克福居民以其艺术品公司共同组成了一个财团，购买了"中世纪文物"。截至1931年，该财团已经将这些文物的一半出售给了欧洲和美国的博物馆以及个人，其中包括它们现在的所在地——克利夫兰艺术博物馆。

德国经济崩溃、纳粹上台以后，财团面临的境况有了巨大的改变。赫尔曼·戈林（Hermann Goering）——阿道夫·希特勒（Adolf Hitler）的副手、普鲁士总理——掌权后，对"中世纪文物"十分感兴趣。1931年，他通过政治迫害和人身威胁强迫财团将他们的文物出售给普鲁士，价格约为其价值的三分之一。之后，财团的两名成员逃离德国，另一名不久后在德国去世。

战后美国占领纳粹德国的过程中，得到了"中世纪文物"，最终将其移交给德意志联邦共和国（以下简称"德国"）。近60年来，这些珍宝为普鲁士文化遗产基金会（Stiftung Preussischer Kulturbesitz，简称"基金会"）所有，在柏林的一家博物馆展出，

---

[*] 　如无特别注释，本案资料皆来自：F.R.G. v. Philipp, 141 S. Ct. 703 (2021)。

基金会是德国政府的一个机构。

本案的被告包括两名美国公民、一名英国公民，他们是最初三名财团成员的继承人。这些继承人首先向基金会申诉，主张"中世纪文物"出售给普鲁士是违法的。但是，基金会调查后决定，交易采用的是公平市场价格，不存在强迫。

2014年，双方同意将争议提交给专门解决纳粹时期文化财产纠纷的德国咨询委员会。在听取了专家证人意见、审查了书面证据之后，该委员会也认定价格是公平的，不存在强迫。

继承人们不满该决定，在美国联邦地区法院对基金会和德国提起诉讼。他们提出了几项普通法下的财产诉求，索要2.5亿美元赔偿金。基金会和德国——合称为德国——请求驳回本案。它声称，德国根据《外国主权豁免法案》享有主权豁免。指出根据征收相关国际法，一国征收本国公民的财产不违法，所以继承人们的诉求不属于《外国主权豁免法案》中的"违反国际法而取得的财产"[①] 例外。继承人们则主张，该例外应在此处适用，因为德国购买"中世纪文物"是一种灭绝种族行为，违反了国际法。地区法院拒绝了德国的案件驳回请求。

案件上诉至哥伦比亚特区巡回上诉法院。审判庭确认了地区法院的决定，认为可以适用"违反国际法而取得的财产例外"，因为一国对本国公民实施的灭绝种族行为也违反国际法。德国要求全院联席审理（*En Banc* Review），但遭到了拒绝。尽管卡萨斯（Katsas）法官撰写了长篇而详细的异议，警告审判庭的这一裁定将为大量针对外国主权国家在其领土内实施的公共行为提起的诉讼铺平道路。于是，德国上诉至最高法院。

---

① 美国《外国主权豁免法案》第1605节第1条第3款。

二、违反国际法而取得的财产例外

1976年颁布的《外国主权豁免法案》确定了诉讼管辖豁免的基本原则，规定"除非适用特殊的例外，联邦法院在针对外国的索赔诉讼中不具有主体管辖权。"[①] 特殊的例外就包括违反国际法而取得的财产例外，即在"财产权利的获得有违国际法"[②] 的案件中，主权者不享有豁免权。

继承人们主张，他们的索赔属于违反国际法而取得的财产例外，因为强迫出售他们的财产——"中世纪文物"——构成一种灭绝种族行为，违反了国际人权法。

德国主张，该例外在此处不适用，因为相关的国际法应该是关于财产的国际法，而不是灭绝种族方面的。根据财产相关的国际法，主权国家征收其本国公民的财产属于国内管辖事项。这一"国内征收规则"（Domestic Takings Rule）表明，一国在其境内对本国公民的财产采取的行动不属于国际法管辖。

（一）国内征收规则的适用

德国主张，本案不适用违反国际法而取得的财产例外。因为相关的国际法应是关于财产的，而不是灭绝种族。根据财产相关国际法，即国内征收规则，主权国家征收其本国公民的财产属于国内管辖事项，不属于国际法管辖。

最高法院支持了德国的主张，认定《外国主权豁免法案》中的征收例外——"违反国际法而取得的财产"——意指违反征收相关的国际法，包括国内征收规则。所以，根据该规则，征

[①] Saudi Arabia v. Nelson, 507 U.S. 349, 355, 113 S. Ct. 1471, 123 L. Ed. 2d 47 (1993).

[②] 美国《外国主权豁免法案》第1605节第1条第3款。

收例外"提到的'违反国际法'不包括国家征收本国公民的财产"。① 具体理由如下所述。

第一，国内征收规则的国际法基础。国际法是"国家的法律"，处理主权国家之间的关系，而非个人之间。国内征收规则即由此衍生而来。历史上，一国征收外国人的财产，与其他对外国人造成的损害一样，"构成对该外国人所属国的损害"，② 受国际法律体系的调整。这种行为是对主权的侵犯，"因此外国人的国籍国，而非个人，可以寻求国际法上的救济"。③ 而一国征收本国公民的财产，则不会涉及国家之间的关系。

第二，美国对外政策中的国内征收规则。1938年，墨西哥对美国油田实行了国有化。之后，前美国国务卿科德尔·赫尔（Cordell Hull）向墨西哥大使发出了一份声明，明确表达了国内征收规则。赫尔承认，外国政府有权决定以此种方式对待本国公民，这是一国内政，但美国不能接受它那样对待美国公民。④

第三，国内征收规则的发展。作为一项国际法，国内征收规则不仅限制国家间的互动，还调整国家与个人，包括本国公民在内的关系。《世界人权宣言》《防止及惩治灭绝种族罪公约》作为人权法的一部分，表明一国对待其本国公民的方式亦属于国际关注事项。然而，这些人权文件并没有涉及财产权利。所以，即使考虑到国际人权法的发展，国际法庭依然继续坚持它

---

① Republic of Austria v. Altmann, 541 U.S. 677, 713, 124 S. Ct. 2240, 159 L. Ed. 2d 1 (2004) (Breyer, J., concurring).

② Curtis A. Bradley & Jack L. Goldsmith, "Customary International Law as Federal Common Law: A Critique of the Modern Position", 110 *Harvard Law Review* (1997), p. 831.

③ Curtis A. Bradley & Jack L. Goldsmith, "Customary International Law as Federal Common Law: A Critique of the Modern Position", p. 831, n. 106.

④ Letter from C. Hull to C. Nájera (July 21, 1938), reprinted in 5 Foreign Relations of the United States Diplomatic Papers 677 (1956).

们的主张——国际法调整的是征收外国人财产的行为，而非征收本国公民财产。

第四，关于国内征收规则的争议。虽然国际法这种处理财产权利的方式受到一些人的批评，但他们的观点是，所有的国家征收都不应该受国际法调整，而非仅仅国内征收。20世纪50年代以来，一批新独立的国家，尤其是拉丁美洲国家，不接受对国有化的任何外部限制。相关争议的焦点在于，任何人，因其财产受到国家的干预，是否可以通过国际法获得救济；而不在于国内征收是否属于国际法调整的范围。

第五，征收例外的历史背景。在"古巴国家银行诉萨巴蒂诺案"① 中，最高法院发现，国家征收外国人财产的权利面临很大的争议，为了回避该问题，它援引了国家行为原则。根据该原则，美国法院无权判定外国从事的公法行为的效力。但是，国会不满最高法院的这种沉默，随后通过了的《第二希肯卢珀修正案》(Second Hickenlooper Amendment)，对1964年《对外援助法案》(Foreign Assistance Act) 进行了修订。该修正案禁止美国法院在基于"国家违反国际法的征收行为而主张财产权"② 时适用国家行为原则。允许美国法院对萨巴蒂诺案决定回避的问题——基于外国征收美国人拥有的财产而提出的索赔请求——进行审判，但是它并未试图改变任何国际法规则，包括国内征收规则。12年后，在起草《外国主权豁免法案》的征收例外时，国会几乎用了与《对外援助法案》相同的语言。《外国主权豁免法案》规定，在主张对"违反国际法而取得的财产的权利"案件中，美国法院可以对外国主权者行使管辖权。

---

① Banco Nacional de Cuba v. Sabbatino, 376 U.S. 398, 436, 84 S. Ct. 923, 11 L. Ed. 2d 804.

② 美国1964年《对外援助法案》，第2370条第5款第2项。

（二）国际人权法规则的适用

首先，继承人们主张，对违反国际法而取得的财产享有的权利不仅涉及财产权相关的国际法，而且涉及各种国际法规则。他们援引了《防止及惩治灭绝种族罪公约》，该公约将"故意使该团体处于某种生活状况下，以毁灭其全部或局部的生命"[①]定义为灭绝种族行为之一。继承人们认为，强迫他们的先人出售艺术品构成了灭绝种族行为，因为对这些财产的征收是第三帝国为了毁灭犹太人而对他们施加的行为之一。

针对此观点，最高法院认为，没有必要解释财团出售财产是否属于灭绝种族行为，因为征收例外最好被解释为与征收相关的国际法，而非人权法。所以，最高法院没有根据灭绝种族相关的法律决定它对继承人们根据普通法提出的财产索赔是否具有管辖权，而是根据财产法。最高法院认定，在1976年，法律已经很明确了。根据国际法，只有一国征收外国人的财产时，征收财产才可能是非法的。而且，该规则在现代人权法出现后依然存在。国会正是在当时的法律和历史背景下起草的征收例外和它的前身——《第二希肯卢珀修正案》。

其次，继承人们承认1976年《外国主权豁免法案》颁布时，征收相关的国际法中存在国内征收规则。但是他们主张，国会在主权豁免的特殊例外中充分体现了所有国际法，而非仅仅是征收相关的国际法；而且其他领域的国际法也不会包庇主权国家对其本国公民采取的征收行为。他们的理由是，《外国主权豁免法案》征收例外的用语是"违反国际法而取得的财产（Property taken in violation of international law）"而非"违反国际法的财产取得（Property takings in violation of international law）"。它们之

---

① 《防止及惩治灭绝种族罪公约》第2条第3款。

间的不同在于，"财产取得"（Property taking）指向调整财产征收的国际法，而"取得的财产"则指向广义的国际法。

最高法院回应称，不应过度关注动名词。征收例外条款作为一个整体，强调了财产和财产相关的权利，很明显没有提及与灭绝种族相关的伤害或行为。如果该条款意在为纳粹大屠杀之类的暴行提供救济，那么应该突出表述。而且，继承人们将"违反国际法而取得"拓展到所有的侵犯人权行为，相当于强迫美国法院违反国际法，不仅违反国内征收规则，还与国际法一直以来的规定——违反人权法的行为依然享有主权豁免——不相符。国际法院在"德国诉意大利案"中认定，"国家享有的豁免权不会因为它被指控违反了国际人权法而丧失"。[①]

此外，最高法院还回顾了《外国主权豁免法案》坚持的限制豁免理论。根据该理论，国家的公法行为享有主权豁免，而私法行为不享有。《外国主权豁免法案》的绝大多数豁免例外，如"在美国境内从事的商业活动"都符合限制豁免理论。但是，最高法院也承认，征收例外允许对一些公共征收行为行使管辖权，超出了限制豁免理论。不过这正是它的独一无二之处，还没有其他国家对主权豁免采取与之相当的限制。至于它与限制豁免理论相左的原因则可从历史背景中寻求。正如国务卿赫尔的信和《第二希肯卢珀修正案》所表明的那样，美国一直以来都在寻求保护其境外公民的财产，并将其作为捍卫美国自由企业制度的一部分。

最后，最高法院认定，因为《外国主权豁免法案》很大程度上采取限制豁免立场，所以必须谨慎对待公法行为和私法行为的二分法。如果将征收例外转化为对侵犯人权行为的管辖形

---

① Jurisdictional Immunities of the State (Germany v. Italy), *I.C.J. Judgment*, 3 February 2012, p. 155. para. 139.

式，那么所有的主权行为都会受到司法审判，这将会使二分法丧失意义。所以，违反国际法而取得的财产指称之国际法仅指征收相关国际法，而不包括国际人权法。

（三）征收例外条款与其他例外条款的协调

最高法院还通过征收例外条款与其他例外条款的体系解释，论证了国际人权法规则的不可适用性。

最高法院认为，如果国会确实针对的是侵犯人权行为相关的伤害，它会用明确的语言准确表达。非商业侵权例外规定了对"因人身伤害或死亡、财产毁坏或损失而向外国寻求金钱赔偿"，但是相关行为必须"发生在美国境内"。[①] 恐怖主义例外剥夺了资助恐怖主义的国家享有的主权豁免，但是仅仅针对特定受害者对特定被告提出的特定人权诉求。[②] 如果将侵犯人权行为全部划归为侵犯财产权的行为，并适用主权豁免的征收例外，那么这些限制就没有了意义。而且，国会也不会认为，灭绝种族或其他侵犯人权行为只有伴随对财产权的侵犯时才值得解决。

此外，最高法院认为，"美国法律管治美国，而非世界。"[③]在解释《外国主权豁免法案》时，应该尽可能避免造成美国与其他国家的分歧，导致一些国家授予它们的法院管辖权，使美国卷入昂贵艰难的诉讼之中。

---

① 美国《外国主权豁免法案》第1605节第1条第5款。

② 美国《外国主权豁免法案》第1605A节第1条和第8条。

③ Kiobel v. Royal Dutch Petroleum Co., 569 U.S. 108, 115, 133 S. Ct. 1659, 185 L. Ed. 2d 671 (2013). [quoted from Microsoft Corp. v. AT&T Corp., 550 U.S. 437, 454, 127 S. Ct. 1746, 167 L. Ed. 2d 737 (2007)].

三、2016年《对外文化交流司法管辖豁免澄清法案》

继承人们援引了2016年《对外文化交流司法管辖豁免澄清法案》(2016 *Foreign Cultural Exchange Jurisdictional Immunity Clarification Act*，简称《澄清法案》)。该法案修订了《外国主权豁免法案》，解释了参加特殊的"艺术品展览活动"不是征收例外意义上的"商业活动"。[①] 基于此，继承人们主张，对征收例外的这一解释表明，国会预期可以通过征收例外裁决纳粹时期的纠纷。

最高法院则认定，征收例外可以被用来解决纳粹时期的艺术品征收纠纷，但仅限于对外国人财产的征收。而且，《澄清法案》是在狭窄的特殊领域——艺术品展览——坚持主权豁免，没有合理的理由将它解释为在所有法律领域放弃主权豁免。此外，《澄清法案》也没有对最重要的短语——"违反国际法而取得"——进行修订。

四、关于纳粹大屠杀受害者赔偿的其他法规

继承人们还援引了旨在促进对纳粹大屠杀受害者赔偿的其他法规，主张这些法规表明，国会希望美国法院审理大屠杀时期的财产索赔纠纷。这些法规包括：1998年《大屠杀受害者补救法》(*Holocaust Victims Redress Act*)，[②] 2016年《大屠杀征收艺术品返还法》(*Holocaust Expropriated Art Recovery Act of 2016*)，[③] 2017年《未受偿幸存者审判法》(*Justice for Uncompensated Survivors*

[①] 美国《外国主权豁免法案》第1605节第8条。

[②] *Holocaust Victims Redress Act*, 1998 Enacted S. 1564, 105 Enacted S. 1564, 112 Stat. 15.

[③] 114 P.L. 308, 130 Stat. 1524, 2016 Enacted H.R. 6130, 114 Enacted H.R. 6130.

Today Act of 2017)。①

最高法院未支持继承人们的这一主张。它认为，这些法规通常鼓励在法院系统之外解决大屠杀受害者的赔偿问题。德国设立了相关的替代性纠纷解决机制——咨询委员会，继承人们也利用了这一机制。再者，这些法规也与主权豁免无关。

综上，最高法院一致同意：

（1）《外国主权豁免法案》中的征收例外——"违反国际法而取得的财产"——意指违反征收相关国际法，因此，包括国内征收规则。

（2）最高法院无需处理以下两项诉求：德国的主张，州地区法院应该基于国际礼让放弃对本案的管辖；继承人们的主张，因为交易当时财团成员并非德国公民，所以出售"中世纪文物"不受国内征收规则调整。

（3）出售"中世纪文物"是否受国内征收规则调整应由上诉法院指令地区法院重审。

（4）撤销哥伦比亚特区巡回上诉法院的判决，将本案发回根据最高法院的意见重审。

五、案件评析

本案与纳粹时期的财产征收相关，涉及美国主权豁免的"违反国际法而取得的财产例外"。根据这一例外，"当违反国际法而取得的财产存在权利争议，且该财产或任何用该财产交换的财产在美国境内，与外国在美国从事的商业活动有关时；或者该财产或任何用该财产交换的财产为外国在美国从事商业活动的

---

① 115 P.L. 171, 132 Stat. 1288, 2018 Enacted S. 447, 115 Enacted S. 447.

代理机构或辅助机构所拥有时，"① 该外国不享有主权豁免。美国最高法院最后基于国内征收规则认定，出售"中世纪文物"是一国对其本国国民的财产征收行为，不违反征收相关的国际法，不属于违反国际法而取得的财产例外，德国享有主权豁免。但是，在得出结论的过程中，有几处推理值得商榷。

首先，最高法院认为，根据国际法院的"德国诉意大利案"，一国不会因为被指控违反国际人权法而丧失主权豁免；所以，如果将征收例外中的国际法界定为所有领域的国际法，尤其是国际人权法，那么就会与国际法院的判决相冲突。但是，这种对国际法院"德国诉意大利案"的解读过于武断和片面。本案只是认定，违反国际人权法不是丧失主权豁免的理由，并不意味着所有违反国际人权法的行为都应该享有主权豁免。即使最高法院认定，德国征收行为因违反国际法中的国际人权法而属于违反国际法而取得的财产例外，从而不享有主权豁免，也不会与国际法院的判决冲突。此处需要明确的是，特定行为是否与主权豁免相关，特定行为是否落入主权豁免例外是两个不同的问题。违反国际人权法的行为不会影响主权豁免的享有，但是是否属于主权豁免例外需要单独判断。

其次，最高法院通过征收例外条款与《外国主权豁免法案》其他主权豁免例外条款的体系解释认定，既然其他的例外条款有严格的限制，那么，如果将征收例外中的国际法作广义解释的话，便会使这些例外丧失意义。然而，从另一个角度思考，其他例外条款有明确的语句点明适用条件，而对征收例外条款的"国际法"并未作限制，是否说明留有广义解释的空间？

不过，尽管判决逻辑有值得推敲之处，本案判决对今后纳粹时期财产返还相关的诉讼势必会产生影响。有人认为，本案

---

① 美国《外国主权豁免法案》第 1605 节第 3 条。

最后支持授予德国主权豁免的立场给了在美国寻求纳粹大屠杀赔偿的受害者们致命一击。① 该判断有一定的可信度。本案中，虽然最高法院并未回答财产征收是否属于灭绝种族行为，但是，出于对美国对外政策的考量，对征收例外作了严格解释。这在某种程度上表明美国并不热衷于处理纳粹时期的求偿诉讼，以免本国在他国面临同样的被诉问题。而且，最高法院还援引了美国关于大屠杀受害者的其他法规，鼓励受害者通过本国的替代性纠纷解决机制求偿。这些推理论证似乎都表明，纳粹时期受害者在美国起诉求偿越来越困难。

那么，除了《外国主权豁免法案》主权豁免例外途径，这些受害者是否还有其他的求偿途径呢？有人提出，可以借助双边投资协定中规定的仲裁管辖权解决纠纷。简言之，便是将受害者在一国对其被征收财产的索赔认定为广义的投资，从而适用双边投资协定的规定。② 然而，该方法能否适用以及适用过程中可能遇到哪些问题，还有待相关实践的发展。

（李冰清）

---

① See Kathryn (Lee) Boyd, "International Arbitration and the Future of Holocaust Restitution in the Aftermath of Republic of Hungary v. Simon and Federal Republic of Germany v. Philipp", Kluwer Arbitration Blog, March 4 2021, http://arbitrationblog. kluwerarbitration.com/2021/03/04/international-arbitration-and-the-future-of-holocaust-restitution-in-the-aftermath-of-republic-of-hungary-v-simon-and-federal-republic-of-germany-v-philipp/, accessed 28 July, 2021.

② See Kathryn Lee Boyd, Thomas Watson, and Karly Valenzuela, Justice for Nazi and Communist Era Property Expropriation Through International Investment Arbitration, 41 (3) Loy. L.A., *International and Comparative Law Review* (2019), p. 683.

盖特资产有限公司诉
摩尔多瓦燃气公司案[*]

一、案件背景

摩尔多瓦人依赖俄罗斯天然气工业股份公司（Gazprom，简称"俄气"）供应的天然气，俄气是一家由俄罗斯政府持有多数股权的天然气供应公司。许多摩尔多瓦客户，尤其是德涅斯特河沿岸自治区的客户并未全额支付其天然气费用。由于该因素及其他因素，20世纪90年代初，摩尔多瓦国家和一些摩尔多瓦天然气公司累积了对俄气的巨额债务。为了解决不断增加的债务，1995年，摩尔多瓦通过将几家摩尔多瓦国有天然气输送公司私有化成立了天然气运输公司（Gazsnabtranzit，简称"气运公司"），并将该公司的多数股权给予了俄气。

但这一努力没有奏效，于是，摩尔多瓦、德涅斯特河沿岸自治区和俄气于1998年成立了摩尔多瓦燃气公司（Moldovagaz，简称"摩尔多瓦燃气"）。为了组建摩尔多瓦燃气，各方都贡献了其在气运公司的股份，这些股份总价值为1.705亿美元。此外，摩尔多瓦和德涅斯特河沿岸自治区还贡献了价值1.2亿美元

---

　　* 如无特别注释，本案资料皆来自：Gater Assets Ltd. v. AO Moldovagaz, 2 F.4th 42 (2d Cir. 2021)。

的其他天然气股份和财产，使摩尔多瓦燃气的总资本达到2.905亿美元。作为回报，俄气将欠它的未偿债务减少了6000万美元。

摩尔多瓦拥有摩尔多瓦燃气35.3%的股份，俄气拥有50%的股份，德涅斯特河沿岸自治区拥有13.4%的股份。2005年，德涅斯特河沿岸自治区授权俄气管理其在摩尔多瓦燃气的股份。因此，俄气控制着摩尔多瓦燃气63.4%的股份，并且其代表也在摩尔多瓦燃气的管理机构中占有多数席位。

1996年，气运公司与俄气签订协议，确定了1997年气运公司向摩尔多瓦输送的俄气的天然气价格和数量。该协议规定，双方由此产生的任何争议将由位于莫斯科的俄罗斯联邦工商会国际商事仲裁院（The International Commercial Arbitration Court of the Chamber of Commerce of the Russian Federation in Moscow，ICAC）仲裁。1997年，俄气和气运公司之间就协议款项发生了争议，俄气称气运公司对其欠款。俄气的最终再保险公司劳埃德保险公司（Lloyd's Underwriters）承保了据称未偿还的债务，劳埃德保险公司据此获得了代位权，然后根据仲裁条款在国际商事仲裁院对气运公司提起仲裁。1998年11月12日，国际商事仲裁院裁决气运公司支付劳埃德保险公司850万美元外加仲裁费。

1999年12月，劳埃德保险公司根据实施《承认及执行外国仲裁裁决公约》（The Convention on the Recognition and Enforcement of Foreign Arbitral Awards，简称《纽约公约》）的立法向美国纽约南区联邦地区法院提交了一份诉状，以确认其获得的对气运公司、摩尔多瓦燃气（当时已继承气运公司）和摩尔多瓦的仲裁裁决。在被告未能出庭后，地区法院于2000年7月作出缺席判决。2012年，劳埃德保险公司将该判决转让给了盖特。随着获得判决的20年时限临近，盖特根据纽约州的续期法规^① 提起诉讼，该法规允许原告通过对现有判决提起新诉讼来获得具有独立诉讼时效的续期判决。此次，摩尔多瓦燃气和摩尔多瓦出庭，并根据《联邦民事诉讼规则》第12条第2款第1项（缺乏属事管辖权）和第12条第2款第2项（缺乏属人管辖权）提出驳回盖特的续期诉讼的动议。摩尔多瓦燃气和摩尔多瓦还根据《联邦民事诉讼规则》第60条第2款第4项提出了以缺乏管辖权为由撤销地区法院2000年缺席判决的动议。

地区法院驳回了这些动议，并在其续期诉讼中作出了有利于盖特的判决。地区法院得出结论，摩尔多瓦燃气是摩尔多瓦的一个机关，因此属于《外国主权豁免法案》规定的外国国家。这意味着，只要《外国主权豁免法案》规定的主权豁免例外适用，地区法院将对关于摩尔多瓦燃气的诉讼拥有属事管辖权。地区法院还认为，摩尔多瓦燃气是摩尔多瓦的"化身"，因此，只要《外国主权豁免法案》有适当规定，法院就对摩尔多瓦燃气拥有属人管辖权。

此外，地区法院认为，摩尔多瓦和摩尔多瓦燃气均无权根据《外国主权豁免法案》享有豁免权，因为盖特的续期判决诉讼符合《外国主权豁免法案》的豁免例外，即，根据对美国生效的条约或其他国际协议，外国请求确认仲裁裁决的诉讼。最后，地区法院裁定纽约南区是续期诉讼的适当地点，因为导致续期诉讼的实质性事件发生在纽约南区，即盖特寻求续期的2000年缺席判决。

摩尔多瓦燃气和摩尔多瓦就地区法院的判决提出了上诉。经上诉审理，美国第二巡回上诉法院认为一审法院判决存在管辖权缺陷，并撤销了对两名被告的续期判决。

---

① NY CLS CPLR § 5014.

二、属人管辖权

《美国宪法第十四修正案》的正当程序条款（The Due Process Clause of the Fourteenth Amendment）保护一方在与法院地州没有最低限度接触的情况下不受州法院的属人管辖权的约束。第五修正案的正当程序条款（The Fifth Amendment's Due Process Clause）则对联邦司法权施加了类似的限制。在瓦尔德曼案（The *Waldman* case）中，法院指明，其先例清楚地确立了第十四修正案和第五修正案下正当程序分析的一致性。[①] 上诉法院认为，本案中适用的第五修正案正当程序条款仅保护"人"，并不保护主权国家，作为外国主权国家化身的实体也不能要求获得第五修正案正当程序条款的保护。

为了确定一个实体是否是外国主权国家的化身，上诉法院使用了最高法院在古巴银行案（The *Bancec* case）[②] 的裁决中规定的框架。在古巴银行案中，最高法院解释到，基本法律原则、《外国主权豁免法案》的立法历史，以及对外国主权国家的礼让和尊重的考虑，都表明应当推定外国正当设立的机构享有独立地位。这种独立地位的推定是一种强推定。尽管如此，它在以下两种情况下可能会被推翻：公司实体受到其所有者的广泛控制，以至于建立了委托代理关系；承认该机构的独立法律地位会导致欺诈或不公正。将古巴银行案的标准适用于本案，上诉法院认定，摩尔多瓦燃气不是摩尔多瓦的化身。

[①] Waldman v. Palestine Liberation Org., 835 F.3d 330 (2d Cir. 2016).

[②] First Nat'l City Bank v. Banco Para El Comercio Exterior de Cuba (Bancec), 462 U.S. 611, 628-29 (1983).

（一）摩尔多瓦未对摩尔多瓦燃气实施广泛控制

为了认定摩尔多瓦燃气是摩尔多瓦广泛控制下的化身，盖特必须证明摩尔多瓦对摩尔多瓦燃气的日常经营进行了重大和反复的控制。[①]

1. 摩尔多瓦的法规

正如地区法院强调的那样，摩尔多瓦通过其费率制定机构——国家能源监管局（National Energy Regulatory Agency, ANRE）对摩尔多瓦燃气向客户收取的天然气费定价。然而，政府经常为其国民经济重要部门的公司制定费率，尤其是公用事业公司，这并没有使这些公司成为政府的化身。

盖特主张，摩尔多瓦燃气是一个特例，因为国家能源监管局历史上设定的费率导致了摩尔多瓦燃气的运营赤字。然而，摩尔多瓦燃气在2016—2018年间实现了盈利。无论如何，将价格设定在成本以下并不一定表明主权国家已经跨越了界限，由监管者转化为该机构的化身。事实上，摩尔多瓦燃气已在摩尔多瓦法院对国家能源监管局制定的费率提出了80多次质疑，并就费率问题向国际货币基金组织、世界银行、欧洲能源共同体和欧洲人权法院提出申诉。

此外，盖特还主张，摩尔多瓦授权摩尔多瓦燃气检修和维护该国的天然气管道，并规定摩尔多瓦燃气必须如何履行该义务。但政府通常会制定维护要求和安全法规，而不会让公司成为政府的化身。

最后，盖特提出，摩尔多瓦议会在过去20年中对摩尔多瓦燃气进行了两次调查。然而，政府对企业的调查并无特别之处。尤其是，并未通过这些调查建立广泛控制。第一次调查持续了

[①]　EM Ltd. v. Banco Central de la República Argentina, 800 F.3d 91 (2d Cir. 2015).

一个月，该调查是议会对整个摩尔多瓦电力和天然气行业进行的调查的一部分。第二次调查的重点是摩尔多瓦燃气，但只持续了四个月，并且因为调查委员会无法传唤证人或任命专家而结束。因此，这些调查没有对摩尔多瓦燃气的经营产生重大影响。

2. 摩尔多瓦所持摩尔多瓦燃气少数股权的行使

摩尔多瓦还通过其所有权对摩尔多瓦燃气行使一些权力，但这些权力不足以使摩尔多瓦燃气成为摩尔多瓦的化身。摩尔多瓦燃气的治理结构如下：股东大会保留作出某些基本决定的权利，例如修改公司章程。除了这些决定外，摩尔多瓦燃气由监事会（Supervisory Council，类似于董事会）控制并由董事会管理（其职责和权力类似于高级管理人员）。摩尔多瓦为监事会任命了一些董事，但这些董事仅占监事会的少数；而俄气任命了监事会的大多数成员，且其代表占董事会的多数席位。

盖特提出，在股东大会和监事会会议上，俄气的代表不会对摩尔多瓦燃气和俄气之间的任何交易进行投票。盖特认为，这些是最关键的投票，最终决定摩尔多瓦燃气日常事务。然而，摩尔多瓦燃气的股东和监事也会作出不涉及与俄气交易的重要决定，例如，监事会投票批准摩尔多瓦燃气董事会的候选人。此外，俄气及其任命的人在可能的自我交易上发生投票冲突是一般公司法的通常结果，据此很难将摩尔多瓦燃气确定为摩尔多瓦的化身。俄气的代表无法对与其进行的交易投票，并不意味着摩尔多瓦实际上对摩尔多瓦燃气行使了大股东的权力。而且，即使拥有这种权力也并不意味着能建立广泛控制。公司法的基本原则规定，公司及其控股股东是不同的实体。如果拥有多数股权和任命董事就足够使公司成为股东的化身，那么在古巴银行案中宣布的独立地位推定将失去意义。

摩尔多瓦任命公务员在摩尔多瓦燃气监事会中行使所有权

的事实同样不能建立广泛控制。任命忠诚的董事会成员是所有权附带权力的正当行使。事实上，法院一直反对这样的论点，即，仅凭任命或罢免机构的高级职员或董事就可以推翻古巴银行案中的推定，因为行使此类权力并不等同于控制机构的日常经营。为了建立广泛控制，盖特还必须证明摩尔多瓦利用其对这些董事的影响力来干涉该机构的日常业务。盖特发现，摩尔多瓦的一项法律规定要求摩尔多瓦代表将董事会作出的任何损害国家利益的决定通知摩尔多瓦政府，然后提交关于废除或暂停该决定的具体要求。但正如地区法院指出的那样，该法律没有规定董事会必须因此同意该要求。

摩尔多瓦还提名了摩尔多瓦燃气的首席官员，即董事会主席。但是，摩尔多瓦的提名人必须得到监事会的批准，而监事会中俄气的代表占多数。无可争议的证据表明，在过去五年中，监事会至少两次阻止了摩尔多瓦的提名。因此，即使直接任命公司官员可以证明股东控制公司的日常经营，记录也不会承认摩尔多瓦对摩尔多瓦燃气行使了这种权力。此外，至少有一名前摩尔多瓦燃气主席多次与摩尔多瓦发生冲突，这进一步表明，摩尔多瓦提名主席的能力并不意味着它控制着摩尔多瓦燃气的日常经营。

3. 摩尔多瓦与摩尔多瓦燃气关系中的明显违规

盖特提出了一些事例，称摩尔多瓦介入摩尔多瓦燃气事务以至于成为了非典型股东或政府监管机构。

第一，盖特提到摩尔多瓦于2001年与俄罗斯政府签署了一项协议。该协议规定了摩尔多瓦燃气向俄气支付的天然气价格、如何支付这些款项，以及其对俄气的债务利率。摩尔多瓦燃气回应说，该协议不能证明广泛控制，因为它明确规定俄气和摩尔多瓦燃气将共同确定天然气的销售量和销售条件。摩尔多瓦燃气还认为，该协议类似于外国国家间经常签订的贸易协议。

然而，出于本案属人管辖权调查的目的，法院无需决定此类协议是否可以建立广泛控制，因为这份协议已于2006年到期。从那时起，摩尔多瓦燃气（而非摩尔多瓦）开始就这些问题与俄气进行谈判。在确定盖特提起续期诉讼时摩尔多瓦燃气是否是摩尔多瓦的化身方面，十年前终止的双边协议的证明价值有限。

第二，盖特依赖一项2014年的摩尔多瓦法律，据称，该法律指示摩尔多瓦燃气投资特定的压缩机站和管道。但是，该法律指示摩尔多瓦经济部——管理摩尔多瓦在摩尔多瓦燃气的股份的机构——来推动将这些改良资本纳入摩尔多瓦燃气的投资计划。地区法院称这是积极控制摩尔多瓦燃气日常活动的引人注目的例子，并据此得出结论，摩尔多瓦为摩尔多瓦燃气设定了具体的优先事项。然而，即使该法律可能为经济部设定了优先事项，但并未指示摩尔多瓦燃气采取任何行动。摩尔多瓦持有摩尔多瓦燃气35.3%的股份，仅仅试图推进某些投资目标并不能表明摩尔多瓦对摩尔多瓦燃气行使了任何过大的权力。地区法院和盖特都没有确定证据表明经济部强迫摩尔多瓦燃气投资这些项目。盖特没有提供任何其他此类控制的例子。此外，20年间，一个指称的定向投资实例在法律上并不足以证明对日常经营的重大和反复控制。

第三，盖特指出，摩尔多瓦已与俄气和俄罗斯政府就与摩尔多瓦燃气有关的重要问题进行了谈判，包括总统和总理在内的摩尔多瓦高级官员多次与俄气和俄罗斯官员会面来讨论这些问题，摩尔多瓦燃气董事会成员也通常会一起讨论。根据古巴银行案的警告，"作为区别并独立于主权国家的法律实体而设立的政府机构通常应被如此对待"，[①] 上诉法院不能得出结论，认

---

① First Nat'l City Bank v. Banco Para El Comercio Exterior de Cuba (Bancec), 626-27.

定政府代表一家重要的国内公用事业公司进行调解会使该公司成为政府的化身，尤其是当政府的努力与促进公司相对于其他实体的利益有关，而不是指导公司的日常经营时。此外，摩尔多瓦和俄气都是摩尔多瓦燃气的股东，因此通常会就公司事务进行谈判，这些谈判并不表明小股东摩尔多瓦比大股东俄气对摩尔多瓦燃气行使更多了权力。所以，虽然摩尔多瓦可能对摩尔多瓦燃气的事务享有特殊利益，但谈判并不能证明一种足以确立化身地位的委托代理关系的存在。

最后，盖特提出，在一次谈判中，摩尔多瓦总统声明，摩尔多瓦燃气对俄气的债务是摩尔多瓦的总债务。但是，总统之后澄清说："这不是摩尔多瓦政府的债务，而是摩尔多瓦燃气的债务。"类似地，摩尔多瓦政府2018年6月的一份新闻稿报道称，有官员在另一会议上指出，摩尔多瓦按时足额支付了天然气费用，并设法偿还了一些历史债务。这些声明反映了摩尔多瓦对摩尔多瓦燃气事务的特殊利益，甚至可以作为证据表明摩尔多瓦并不总是承认摩尔多瓦燃气的独立地位。上诉法院认为，这与"广泛控制"调查有关。但是，两个孤立的声明（其中一个被撤回）不足以建立主权国家对公司的广泛控制。古巴银行案提到，在私营企业投资不足的国家，法院一般应该尊重公用事业和行业的独立法律地位，即使它们在国家发展计划中占据优先地位。[①]

4. 未能表现出广泛控制

总而言之，盖特未能证明摩尔多瓦对摩尔多瓦燃气的日常经营进行了重大和反复的控制。因此，地区法院认定，摩尔多瓦燃气是摩尔多瓦古巴银行案"广泛控制"意义下的化身这一结论是错误的。

---

① First Nat'l City Bank v. Banco Para El Comercio Exterior de Cuba (Bancec), 625.

盖特坚称，本案事实类似于第三巡回法院最近的一起案件中的事实。在巡回法院的这起案件中，法院认定委内瑞拉广泛控制了委内瑞拉石油公司（Petróleos de Venezuela，PDVSA）。[①]该案中，有证据表明委内瑞拉积极干涉了委内瑞拉石油公司的经营，使其成为委内瑞拉的政治工具。委内瑞拉政府强迫委内瑞拉石油公司无偿或以最低价格出售石油，并下令以大幅折扣向政治盟友出售石油。它还命令该公司在与其业务无关的社会计划和项目上花费超过40亿美元。此外，委内瑞拉全资拥有委内瑞拉石油公司。然而，本案中摩尔多瓦在摩尔多瓦燃气仅拥有少数股权，并没有像委内瑞拉那样行使控制权。

综上，尽管地区法院认定摩尔多瓦广泛控制摩尔多瓦燃气，但它所依赖的大多数事实都是摩尔多瓦对其拥有的摩尔多瓦燃气的所有权权益或监管权的适当行使。虽然摩尔多瓦与摩尔多瓦燃气的关系在某些方面似乎不合法，但这些方面并不能充分证明摩尔多瓦对摩尔多瓦燃气的日常经营进行了重大且反复的控制。所以，这些事实不足以推翻摩尔多瓦燃气独立地位的有力推定。

（二）承认摩尔多瓦燃气的独立法律地位不会造成欺诈或不公正

盖特未能证明，承认摩尔多瓦燃气的独立法律地位会造成欺诈或不公正。为了证明古巴银行案中的欺诈或不公正行为，盖特需要做的不仅仅是指出不利决定会导致的不公正。[②]而且，它必须证明摩尔多瓦或摩尔多瓦燃气已经滥用公司形式来逃避

---

① Crystallex Int'l Corp. v. Bolivarian Republic of Venezuela, 932 F.3d 126, 146-49 (3d Cir. 2019).

② First Inv. Corp. of Marsh. Is. v. Fujian Mawei Shipbuilding, Ltd., 703 F.3d 742, 755 (5th Cir. 2012).

自身的义务。[①]

　　地区法院用来揭开摩尔多瓦和摩尔多瓦燃气之间面纱的事实并不能证明公司形式的滥用。地区法院强调，摩尔多瓦有时会提供资金来偿还摩尔多瓦燃气对俄气的部分债务，但不会向摩尔多瓦燃气的其他债权人偿还。[②]然而，盖特并没有援引任何权威依据来证明优先考虑某些债权人会构成对公司形式的滥用。在"阿根廷中央银行案（The *Banco Central de la República Argentina* case）"中，上诉法院认为阿根廷优先考虑国际货币基金组织而不是其他债权人不构成任何违规或欺诈，因为这是保护国际货币基金组织成员国的资金所必需的。[③]本案中，比起其他债权人，摩尔多瓦和摩尔多瓦燃气优先考虑为摩尔多瓦人提供基本商品的俄气，不构成任何违规或欺诈。

　　地区法院还指出，摩尔多瓦燃气长期资本不足，并且摩尔多瓦燃气在俄罗斯联邦工商会国际商事仲裁院最初发布其仲裁裁决时试图逃避该裁决。[④]但记录并未表明这些情况涉及对摩尔多瓦燃气公司形式的操纵。地区法院没有援引任何证据表明摩尔多瓦为了逃避债权人而对摩尔多瓦燃气出资不足，相反，证据表明摩尔多瓦燃气糟糕的财务状况是由其他情况造成的。摩尔多瓦燃气67.6亿美元的债务中有近90%（60.4亿美元）来自德涅斯特河沿岸自治区的损失，那里的客户从穿过该地区的供应管道中取走天然气并拒绝全额付款，而摩尔多瓦没有实际权力让他们付款。盖特所依赖的一份2016年的报告将摩尔多瓦燃气债务的不到3%（1.405亿美元）归因于摩尔多瓦的监管政策。

　　[①]　EM Ltd. v. Banco Central de la República Argentina, 95.

　　[②]　Gater Assets Ltd. v. AO Gazsnabtranzit (Gater II), 413 F. Supp. 3d 322-323 (S.D.N.Y. 2019).

　　[③]　EM Ltd. v. Banco Central de la República Argentina, 93 n.70, 96.

　　[④]　Gater II, 413 F. Supp. 3d 322.

鉴于俄气的多数股权，摩尔多瓦无法通过对摩尔多瓦燃气出资不足避开其债权人，因为其中最大的债权人就是俄气。

地区法院在其意见的另一部分表示，摩尔多瓦在摩尔多瓦燃气成立时未能进行充分出资。[①] 但相关记录不支持该结论，摩尔多瓦燃气的章程表明初始资本为2.905亿美元。地区法院很明显地忽视了该合同的某些部分，因为它认为这些出资没有"独立估值"[②]。但摩尔多瓦法律和摩尔多瓦燃气的章程都要求进行独立估值。此外，摩尔多瓦金融市场委员会（Commission on Financial Markets）在收到独立的出资市场估值报告之前可能不会对公司股份进行登记，但是委员会确实登记了摩尔多瓦燃气的股份。所以，地区法院仅仅因为摩尔多瓦燃气在其成立20多年后无法提供包含初始估值的文件副本，就认定它没有完成独立估值，显然是错误的。

地区法院还认为，摩尔多瓦议会2000年7月的一项法令表明，截至该日期出资尚未全额缴纳。[③] 但该法令并未表明向摩尔多瓦燃气出资有延迟，它指的是俄罗斯推迟承认债务减免后俄气本应获得的新股份。盖特试图为地区法院的结论提供进一步支持，即摩尔多瓦在摩尔多瓦燃气成立之初就出资不足，但它提供的唯一额外证据与据称的摩尔多瓦对气运公司的出资不足有关，而与摩尔多瓦燃气无关。

本案与上诉法院在下述案件中所认定的有理由撕破主权国家和相关实体之间的面纱以避免欺诈或不公正的情况不同。在"布利达斯案（The *Bridas* case）"[④] 中，第五巡回法院认定土库曼斯坦解散了一家国有石油公司，该公司违反了与原告的合资

[①] Gater II, 413 F. Supp. 3d 324.

[②] Gater II, 413 F. Supp. 3d 324.

[③] Gater II, 413 F. Supp. 3d 324.

[④] Bridas S.A.P.I.C. v. Gov't of Turkmenistan, 447 F.3d 411 (5th Cir. 2006).

合同，取而代之的是一家资本不足的国有石油公司，该公司享有新规定的豁免保护，可以逃避责任。在"肯辛顿国际有限公司诉刚果共和国案（Kensington International Ltd. v. Republic of Congo）"[①]中，刚果共和国通过如下方式与据称独立的石油公司建立了关系：（1）设计公司的公司结构以允许刚果共和国实施不必要的复杂交易和骗局，以迷惑其债权人；（2）将石油销售的所有收益转给政府，而不允许公司对交易收取一定比例的利润分成；（3）混合国有资产和公司资产。在古巴银行案中，古巴在美国法院寻求救济，同时试图通过其已解散的机构提出索赔请求以使自己免于承担责任。在"墨西哥国家石油公司案（The *Pemex* case）"[②]中，当一个实体试图争辩说，在认定属人管辖权时它是独立的公司，在诉讼中的其他问题上它应该被视为外国主权国家时，上诉法院忽略了该实体的独立地位。[③]与此不同的是，本案中的证据和诉讼历史并不能表明摩尔多瓦或摩尔多瓦燃气在摩尔多瓦燃气的公司形式方面存在不一致或滥用的情况。地区法院的结论是错误的，即，因为承认摩尔多瓦燃气的独立法律地位会造成古巴银行案意义下的欺诈或不公正，所以应该将摩尔多瓦燃气认定为摩尔多瓦的化身。

最后，地区法院关于摩尔多瓦燃气是摩尔多瓦化身的结论似乎受到了以下事实的影响：摩尔多瓦燃气的成立是为了偿还摩尔多瓦对俄气的部分债务，并满足摩尔多瓦公民的能源需求。[④]但是，主权国家可能会成立一个独立的实体来帮助其解决

---

① Kensington International Ltd. v. Republic of Congo, No. 03-CV-4578, 2007 WL 1032269 (S.D.N.Y. Mar. 30, 2007).

② Corporacion Mexicana De Mantenimiento Integral, S. De R.L. De C.V. v. Pemex-Exploracion Y Produccion, 832 F.3d 92 (2d Cir. 2016).

③ Corporacion Mexicana De Mantenimiento Integral, S. De R.L. De C.V. v. Pemex-Exploracion Y Produccion, 103.

④ Gater II, 413 F. Supp. 3d at 325.

此类问题，并且即使该实体协助主权国家实现其政策和目标，它也可以保留其独立的法律地位。[1] 法院在"塞哈斯诉阿根廷共和国案（Seijas v. Republic of Argentina）"中注意到，机构根据主权国家的政策偏好作为政府获取财政资源的手段而实施自己的行为，并不能证明该机构是主权国家的化身。[2] 只有当主权国家广泛地控制它以致于建立了委托代理关系，或者如果承认这种独立地位会造成欺诈或不公正，才能推翻对此类实体独立地位的推定。[3] 在本案中，无论是摩尔多瓦还是摩尔多瓦燃气都没有以某种方式否认摩尔多瓦燃气是独立于摩尔多瓦的公司这一地位。

上诉法院承认摩尔多瓦燃气是独立于摩尔多瓦的公司实体，这与本案中的属人管辖权问题有关。因为摩尔多瓦燃气不等同于外国主权国家，根据正当程序要求，美国法院对其行使管辖权之前它必须与美国有最低限度接触。盖特并没有指出这种接触的存在。相反，盖特请求上诉法院扩大其在"弗龙特拉案（The *Frontera* case）"中宣布的例外情况，并规定《外国主权豁免法案》定义的外国主权国家的机构和组织也不是有权获得正当程序保护的"个人"，即使这些机构和组织不是主权者的化身。

上诉法院拒绝了盖特的请求，因为外国公司显然是有权获得诉讼当事人根据正当程序享有的属人管辖权保护的"个人"。正当程序条款的管辖权保护应适用于外国公司。正当程序权利只能由个人行使，包括公司，他们是法律上的人。[4] 无论适用哪个正当程序条款，这都是正确的。因为上文中提到在"沃德曼

---

[1]　EM Ltd. v. Banco Central de la República Argentina, 94.

[2]　Seijas v. Republic of Argentina, 502 F. App'x 19, 22 (2d Cir. 2012).

[3]　First Nat'l City Bank v. Banco Para El Comercio Exterior de Cuba, 627-29.

[4]　Corporacion Mexicana De Mantenimiento Integral, S. De R.L. De C.V. v. Pemex-Exploracion Y Produccion, 103.

案（The *Waldman* case）"中，法院认为判例清楚地确立了第十四修正案和第五修正案下正当程序分析的一致性。上诉法院认为，得出摩尔多瓦燃气不是摩尔多瓦化身的结论，必然表明承认它作为外国公司的地位。它可能是一家作为外国主权国家的机构或组织的外国公司——正如《外国主权豁免法案》定义的那样，但盖特没有提供令人信服的理由以得出结论，即虽然第五修正案对"个人"一词的使用通常包括公司，但它不包括与外国主权国家有密切关系的公司；盖特也没有引用权威依据来确定公司的法人资格取决于其股东的身份。

因此，上诉法院与其两个姊妹巡回法院一致认为，未达到古巴银行案中揭开公司面纱标准的外国公司享有全部的正当程序保护，这些保护通常提供给提出属人管辖权异议的诉讼当事人，①无论该公司是否是《外国主权豁免法案》规定的外国国家机构或组织。由于摩尔多瓦燃气不满足古巴银行案的标准，因此它不是摩尔多瓦的化身，美国法院不得对摩尔多瓦燃气行使属人管辖权，除非它与相关法庭有最低限度的接触。本案中各方一致认为，摩尔多瓦燃气除了本诉讼之外，与美国没有任何接触。所以，地区法院在盖特的续期诉讼中缺乏对摩尔多瓦燃气的属人管辖权。

三、属事管辖权

在得出地区法院对摩尔多瓦燃气缺乏属人管辖权的结论后，上诉法院转向盖特对摩尔多瓦的续期索赔。

《外国主权豁免法案》是美国法院获得对外国国家的管辖权

---

① GSS Grp. Ltd. v. Nat'l Port Auth. of Liber., 822 F.3d 598, 680 (D.C. Cir. 2016); First Inv. Corp. of Marsh. Is. v. Fujian Mawei Shipbuilding, Ltd., 752-55.

的唯一依据。① 由于《外国主权豁免法案》规定，除第1605—1607节的规定外，外国国家应免受美国法院和各州法院的管辖，主权诉讼豁免是默认规则，仅受特定例外情况的约束。②

地区法院认为，盖特对摩尔多瓦的索赔属于第1605节规定的"根据外国国家订立的合格仲裁协议请求确认仲裁裁决"③这一例外情况。要使该豁免例外适用于本案，相关仲裁协议必须由摩尔多瓦订立。本案中各方一致认为，符合条件的仲裁协议是俄气和摩尔多瓦燃气的前身气运公司于1996年签订的一份合同，而摩尔多瓦从未签署过该合同，合同中也没有任何地方表明摩尔多瓦是合同的一方。尽管如此，地区法院认为，该合同是由摩尔多瓦达成的，因为根据直接利益禁止反言理论，法院可以使非签署方受仲裁协议的约束，即摩尔多瓦可以受合同仲裁条款的约束。地区法院认定，摩尔多瓦直接受益于气运公司和俄气之间的协议，因为摩尔多瓦通过促使气运公司签订合同履行了先前存在的对俄罗斯的条约义务。只要一方接受来自合同成立的任何利益，即使该利益并非源于合同本身的任何条款，直接利益禁止反言理论也可以适用。④

上诉法院在附带意见中建议，直接利益禁止反言可以根据《外国主权豁免法案》的仲裁豁免例外取消一个国家的豁免。然而，这一衡平法原则对《外国主权豁免法案》的适用性尚不明确。当国会编纂仲裁豁免例外时，它规定该例外仅适用于外国订立的协议，而只有合同的当事方可以订立协议。虽然上诉法院曾说过，法院应该使用其衡平法下的权力来阻止一方在其从

---

① Barnet v. Ministry of Culture & Sports of the Hellenic Republic, 961 F.3d 193, 199 (2d Cir. 2020).

② Barnet v. Ministry of Culture & Sports of the Hellenic Republic, 199.

③ 美国《外国主权豁免法案》，第1605节第1条第6款。

④ Gater II, 413 F. Supp. 3d, 327.

包含仲裁条款的合同中获得直接利益时否认其仲裁义务,[①] 但这并不一定意味着处于这种地位的当事人订立了基础合同。尽管如此,上诉法院认为其无需最终决定直接利益禁止反言是否可以取消外国国家在《外国主权豁免法案》下的豁免权,因为即使假设直接利益禁止反言可以在本案中适用,盖特也无法利用这样的理论。

要受直接利益禁止反言理论的约束,非签署方的受益人必须实际援引合同以获得其利益,或者合同必须明确向受益人提供利益。[②] 正如本巡回法院的地区法院所认可的那样,仅非签署方与签署方的从属关系这一事实不足以阻止非签署方避免仲裁,无论这种关系有多密切。[③] 作为禁止反言基础的直接利益的例子包括:(1)外国附属公司使用"德勤"商号的权利,该权利源自解决知识产权纠纷的协议,该特定附属公司并未签署该协议,但该协议明确授予了附属公司商号权;[④](2)已委托定制赛艇的船东利用较低的海事保险费率并在某一特定旗帜下注册船舶的权利。[⑤]

正如地区法院承认的那样,气运公司和俄气之间的协议没有赋予摩尔多瓦购买或接收天然气的权利。然而,盖特主张,且地区法院认定,摩尔多瓦通过履行其1996—1997年与俄罗斯签订的贸易协定下的义务,从气运公司和俄气之间的协议中获得了直接的实质性利益。[⑥]

---

① Am. Bureau of Shipping v. Tencara Shipyard S.P.A., 170 F.3d 349, 353 (2d Cir. 1999).

② Trina Solar US, Inc. v. Jasmin Solar Pty Ltd, 954 F.3d 567, 572 (2d Cir. 2020).

③ Life Techs. Corp. v. AB Sciex Pte. Ltd., 803 F. Supp. 2d 270, 274 (S.D.N.Y. 2011).

④ Deloitte Noraudit A/S v. Deloitte Haskins & Sells, U.S., 9 F.3d 1060, 1062, 1064 (2d Cir. 1993).

⑤ Am. Bureau of Shipping v. Tencara Shipyard S.P.A., 353.

⑥ Gater II, 413 F. Supp. 3d at 326.

记录不支持这样的结论，即根据直接利益禁止反言理论，这种所谓的利益使摩尔多瓦受到仲裁约束。气运公司和俄气之间的协议并未就贸易协定明确向摩尔多瓦提供利益。此外，贸易协定仅要求摩尔多瓦指示相关国家机构为特定数量的50多种产品（包括天然气）的跨国运输准备提案，具体的采购条款，甚至气运公司和俄气之间协议的完成，对于摩尔多瓦履行其在贸易协定项下的义务来说并不是必要的。

此外，此处的记录并未表明摩尔多瓦实际上援引了气运公司和俄气之间的协议来获取该协议可能提供的任何利益，以履行其在贸易协定下负有的对俄罗斯的义务。"天合光能案（The Trina Solar case）"拒绝了直接利益禁止反言理论，其原因是，尽管非签署方通过接收太阳能电池板确实从合同中受益，但没有证据表明非签署方援引合同来要求交付太阳能电池板，或援引签署方的义务以便寻求或获得任何利益。[1] 由于缺乏直接和确定利益的证据，虽然气运公司和俄气在1997年就针对摩尔多瓦供应天然气的争议达成了仲裁协议，但这并不妨碍摩尔多瓦在本案中享有豁免。

综上，上诉法院认为摩尔多瓦不是气运公司和俄气协议的当事方，该协议不约束摩尔多瓦使其接受仲裁，也不会取消其根据《外国主权豁免法案》第1605节第1条第6款享有的豁免。因此，地区法院对盖特针对摩尔多瓦提起的续期索赔缺乏事项管辖权。

四、案件结论

综上所述，一方面，摩尔多瓦燃气不满足古巴银行案的标

---

① Trina Solar US, Inc. v. Jasmin Solar Pty Ltd, 572-73.

准，不构成摩尔多瓦的化身，作为其机构或组织也缺乏第五修正案正当程序条款下的最低限度接触，因此法院的属人管辖权不成立；另一方面，关于《外国主权豁免法案》第1605条规定的主权豁免例外——根据主权国家订立的仲裁协议确认作出的仲裁裁决的诉讼，本案证据也无法满足直接利益禁止反言的适用条件，因此法院的属事管辖权亦不成立。

上诉法院认定，纽约南区地区法院对盖特的续期诉讼缺乏属人管辖权和属事管辖权。据此，上诉法院撤销了地区法院对续期诉讼的判决，将案件发回重审，并指示地区法院以缺乏管辖权为由驳回续期诉讼。

五、案件评析

本案涉及《外国主权豁免法案》中的执行仲裁裁决例外，聚焦于外国国有企业在《外国主权豁免法案》下法律地位以及豁免条件的判定。在本案中，一审法院纽约南区地区法院认为，摩尔多瓦燃气是摩尔多瓦的一个机关，因此属于《外国主权豁免法案》规定的外国国家，这意味着，只要《外国主权豁免法案》规定的主权豁免例外——即"根据对美国生效的条约或其他国际协议，外国请求确认仲裁裁决的诉讼"适用，地区法院将对关于摩尔多瓦燃气的诉讼拥有属事管辖权。地区法院还认为，摩尔多瓦燃气是摩尔多瓦的化身，因此只要《外国主权豁免法案》有适当规定，法院就对摩尔多瓦燃气拥有属人管辖权。

本案一审法院对此得出的结论值得商榷，因为有多项记录表明，事实与本案原告的陈述以及地区法院得出的结论并不一致，一国的国有企业并不必然受该国操控，这一点也体现在之后上诉法院的判决中。在被告上诉后，美国第二巡回上诉法院从属人管辖权和属事管辖权两方面进行了论证。

在属人管辖权方面，上诉法院为，本案中适用的第五修正案正当程序条款仅保护"人"，并不保护主权国家及其化身。为了确定一个实体是否是外国主权国家的化身，上诉法院使用了最高法院在古巴银行案判决中规定的框架。在古巴银行案中，最高法院认为外国正当设立的机构享有独立地位，这是一种强推定，只有以下两种情况下可能会被推翻：公司实体受到其所有者的广泛控制，以至于建立了委托代理关系；承认该机构的独立法律地位会导致欺诈或不公正。本案中，上诉法院将古巴银行案的标准适用于摩尔多瓦燃气法律地位的判定，认为摩尔多瓦未对摩尔多瓦燃气实施重大且反复控制以至于形成委托代理关系，且其未达到古巴银行案中揭开公司面纱的标准，最终得出结论，认定摩尔多瓦燃气不是摩尔多瓦的化身，其作为享有独立法律地位的法人，应享有全部的正当程序保护。

本案中，第二巡回上诉法院采用了第五巡回上诉法院以及哥伦比亚特区巡回上诉法院的做法，认为尽管外国主权国家及其化身不是有权获得正当程序保护的"人"，但外国主权国家的机关仍保留其作为独立法人的地位，可根据正当程序条款免于属人管辖权的适用。在说理方面，相比地区法院的判决，上诉法院结合本案的相关记录与最高法院的判例对摩尔多瓦燃气与摩尔多瓦之间的关系进行了更为详细的判定，使得判决更具说服力。

在属事管辖权方面，《外国主权豁免法案》是美国法院获得对外国国家的管辖权的唯一依据。[①] 由于《外国主权豁免法案》规定，除第1605—1607节的规定外，外国国家应免受美国法院和各州法院的管辖，主权诉讼豁免是默认规则，仅受特定

---

① Barnet v. Ministry of Culture & Sports of the Hellenic Republic, 961 F.3d 193, 199 (2d Cir. 2020).

例外情况的约束。① 地区法院认为，盖特对摩尔多瓦的索赔属于第1605条规定的"根据外国国家订立的合格仲裁协议请求确认仲裁裁决"② 这一例外，但上诉法院认为摩尔多瓦不是气运公司和俄气协议的当事方，该协议不约束摩尔多瓦使其接受仲裁，同时，地区法院认为，可以在本案适用的直接利益禁止反言理论——即"法院可以使非签署方受仲裁协议的约束"，即使满足衡平法下的适用条件，在本案中也缺乏摩尔多瓦利用气运公司和俄气之间的协议获得直接和确定利益的证据，这一原则不会取消摩尔多瓦根据《外国主权豁免法案》第1605节第1条第6款享有的豁免。因此，地区法院对盖特针对摩尔多瓦提起的续期索赔缺乏属事管辖权。

值得注意的是，虽然《外国主权豁免法案》的管辖作为长臂管辖仍颇具争议，但从目前公布的案例来看，美国法院对《外国主权豁免法案》下豁免例外的解读还是相对审慎的。同时，一国的国有企业和政府相关部门也应提高警惕，提前准备法律预案，合理运用《外国主权豁免法案》下的豁免例外，为在美涉诉作好充分的法律准备。

（夏洁）

---

① Barnet v. Ministry of Culture & Sports of the Hellenic Republic, 199.
② 美国《外国主权豁免法案》，第1605（a）（6）条。

沃克尔诉纽约银行案[*]

一、案件背景

1989年夏秋两季，作为刑事调查的一部分，化名肯·普林斯（Ken Prince）的美国海关卧底探员肯·普里布尔（Ken Pribble）联系了美国公民布罗考（Brokaw）以执行一项"诱捕"行动。普里布尔要求布罗考为美国《武器出口管制法案》所禁止的武器出口目的地寻找武器供应商。在布罗考的建议下，普里布尔通过电话联系了加拿大的卖家肯尼斯·沃克尔（Kenneth Walker），称自己是潜在武器购买者的代理人。经过一段时间，他们将1000支口径为9毫米的史密斯威森手枪运往智利，在电话交谈中，普里布尔和沃克尔讨论了供应其他武器的问题，例如意大利漫步者战斗机教练机型、M–16步枪、休伊眼镜蛇直升机和C–130军用运输机等。

卖方要求普里布尔提供相关资料用来验证购买者的真实意愿。普里布尔与纽约银行（Bank of New York Inc.）商定通过电话向其提供担保。银行职员玛丽·普拉萨德（Marie Prasad）接到了沃克尔打到她家里的电话并表示，纽约银行是两个善意的（*bona fide*）潜在企业买家的银行，而普里布尔是两家公司的授

---

　　*　如无特别注释，本案资料皆来自：Walker et al. v. Bank of New York Inc. Canada, Court of Appeal for Ontario. 31 January 1994 (Houlden, McKinlay and Labrosse JJA)。

权代表，其中一家公司在纽约银行拥有信誉良好的账户，在过去30天内平均日结存703,814美元。

普里布尔试图说服沃克尔来纽约讨论交易，但被其拒绝。最后，普里布尔成功说服沃克尔接受前往巴哈马的预付机票并在那里见面。在约定的那天，沃克尔从多伦多皮尔逊国际机场的美国航空公司柜台拿到他的预付机票，提前通过了美国海关和移民的检查，登上了飞机。直到他坐在飞机上，他才意识到要在纽约中途停留，在那之前他一直以为是一趟直飞巴哈马的航班。

在纽约拉瓜迪亚机场下飞机时，美国海关人员根据一份逮捕令，以"共谋欺骗美国和违反武器出口管制法"的罪名对沃克尔实施逮捕。一个半月后纽约东区大陪审团指控沃克尔、布罗考和另一名共谋者"密谋申请和使用虚假的出口许可证，以出口一批数量为1000个，口径为9毫米的半自动武器，违反了《武器出口管制法案》及其相关规定"。三个半月后，被告对这一指控供认不讳。认罪之后，在保证将返回纽约听取判决的前提下（但并没有），沃克尔被准许返回加拿大。此后，他基于美国政府、纽约银行及其雇员对他实施的非法拘禁、欺诈、虚假陈述等行为向他们提起损害赔偿诉讼。

美国政府、纽约银行及其雇员以加拿大1985年《国家豁免法》（*State Immunity Act*）规定的诉讼豁免为由，申请中止诉讼程序。下级法院认为，因为纽约银行与美国政府没有制度化的关系，而这种关系是一个实体成为一个外国的机关所必须的条件，所以纽约银行并不属于该法案所定义的国家机构。对此，纽约银行提起上诉。在上诉中，沃克尔认为，《国家豁免法》第6条规定了基于发生在加拿大的人身伤害提起的诉讼中的国家豁免例外，因而在本案中得以适用。但是，纽约银行认为，第6条的适用范围仅限于国家的私人行为，并不适用于此案，从整体上看，该法案旨在编纂但不改变关于国家豁免的普通法规则，并保留了管理权行为和统治权行为（主权行为）之间的区分。

二、加拿大《国家豁免法》对银行及其雇员的适用

加拿大《国家豁免法》第3条确认外国享有不受加拿大法院管辖的豁免权，本案所有上诉人均主张其享有这一豁免。为了指明享受豁免权的实体，该法第2条对"外国"进行了如下定义：

"外国代理机构"是指作为外国机关（organ of the foreign state）但独立于外国的任何法律实体。

"外国"包括：

（1）任何外国君主，或者其他外国国家元首，或者以公共身份行事的任何外国政治分支机构首脑。

（2）任何外国政府或外国政治分支机构，包括其任何部门和任何代理机构，以及

（3）外国的任何政治分支。

麦金利（McKinlay）法官认为，对"外国代理机构"的认定应该根据国内法来决定。国内法要求，相关实体要有资格根据《国家豁免法》成为外国国家的代理机构，该实体就必须与该外国国家之间存在一种持续的制度化关系。但是，没有证据表明纽约银行与美国政府有此种制度化的关系，纽约银行不是国家机关，无权享有豁免。

尽管有上述理由，但法官没有援引任何权威信息来解释该法案第2条中"外国代理机构"的定义，也没有权威信息证明该定义中涉及的所谓"实体"必须与外国有"持续的制度化关系"。纽约银行列举了一些个人或机构与外国存在这种持续关系的案

件，在这些案件中，有关法院均依据普通法或类似《国家豁免法》的规定承认这些个人或者机构享有主权豁免。然而，这些案例并不能作为权威依据来证明此种关系是《国家豁免法》意义下的"机构"所必须的条件。

将该定义适用于纽约银行及其雇员，很明显每个主体都是"法律实体"，而且均"与外国相独立"。剩下的唯一问题是，是否这里的每一个实体都是一个"外国机关"。"机关"这个词很宽泛。《牛津英语词典》将其定义为："一种行动或操作的手段，一种工具，实现某种目的或履行某种功能的人、人的身体或事物。"在本案中，涉案的银行员工并没有主动采取行动。他们应美国政府执法人员的要求采取行动，以协助他们调查可能的犯罪活动。从表面上看，在这种情况下承认美国政府及其雇员享有的主权豁免权，却不承认向他们提供援助的人员享有的豁免权，是完全不公平的。但是，正如在许多案件中所指出的那样，主权豁免原则不是一种公平原则，而是一种基于国际礼让发展起来的必要原则。然而，上诉法院认为，该法案是为了在加拿大适用而颁布的，它使用含义广泛的"机关"一词表明，议会有意保护在外国享有主权豁免的情况下应外国请求而采取行动的那些个人和机构。

三、加拿大《国家豁免法》对美国政府及其雇员的适用

虽然对"外国"的定义可能并不十分明确，但政府雇员在其受雇范围内工作时与雇主享有相同程度的诉讼豁免权。

《国家豁免法》第3条确认了外国国家不受加拿大法院管辖，但是，也规定了豁免的例外情况。第6条第1项规定的豁免例外涉及与在加拿大发生的人身伤害相关的诉讼。被上诉人认

为，该例外适用于本案，从而本案不适用主权豁免。《国家豁免法》第6条规定如下：一外国在与以下案件有关的任何诉讼中均不享有管辖豁免：发生在加拿大的（1）任何死亡或人身伤害，（2）财产的任何损害或损失。

（一）外国的公法行为和私法行为

上诉人认为，《国家豁免法》延续了普通法中区分管理权行为和统治权行为的做法，第6条的例外仅适用于外国作为私法主体而非公法主体行事的情况。然而，上诉法院认为，在普通法基础上发展起来的主权豁免的私行为例外，是为了区分国家行为究竟具备公共职能性质还是涉及商业性质的活动。商业活动例外情况载于《国家豁免法》第5条，而第6条的例外情况在普通法中不存在。上诉人引用了福雷斯特（Forest）法官在加拿大最高法院所阐述的理由："《国家豁免法》是一部旨在阐明和延续限制豁免理论，而不是改变其实质的法典。与普通法一样，该法第2条和第5条规定了所涉活动的性质和特征。"上诉人认为，《国家豁免法》作为一个整体并不旨在改变普通法，因此第6条的管辖豁免例外只适用于涉及外国政府私法行为而非公法行为导致的身体损害的案件。

上诉法院指出，引用的第二句话看似是对第一句话更广泛的表述。但很显然，法官指的是《国家豁免法》第5条具有限制豁免的性质。第6条规定的例外情况在普通法中并不适用，因此很难将这些例外情况解释为对普通法的编纂。然而，上诉法院认为没有必要就这一点作出最终决定。

（二）欺诈和非法监禁的侵权行为

上诉法院同意被告律师的观点，即第6条所涵盖的人身伤害范围不仅包括身体伤害，还可能包括精神痛苦、情绪不安和限制自由。但是，上诉法院并不认可所指称的伤害如第6条所要求的那样发生在加拿大境内。事实是，虽然沃克尔自皮尔逊国际机场登机是受到了美国海关官员的虚假诱导，但仍然出于他的自由意愿，而且在此之前他自愿通过了美国海关和移民的检查。沃克尔仅需看一眼机票就知道此次航班要在纽约停留，并且最终他在纽约被逮捕。即使假设沃克尔遭受了精神上的痛苦、情绪上的不安或者非法监禁，这些伤害也是在美国而非加拿大发生的，并不符合第6条的规定。因此，所有上诉人都享有管辖豁免。上诉法院最终决定撤销针对所有上诉人的诉讼。

四、案件评析

美国1976年通过的《外国主权豁免法案》正式确立了限制豁免的立场。加拿大1985年《国家豁免法》与《外国主权豁免法案》类似，采取了限制豁免的立场，但其豁免例外仅包括：外国放弃豁免，商业活动，死亡和财产损失，支持恐怖主义，涉及用于商业活动的货物和船只、加拿大不动产的情况等。[①]

本案的关键事实在于：作为加拿大武器卖家，沃克尔在受到美国政府官员诱骗下参与了美国法律禁止的活动，于经停纽约飞往巴哈马的飞机在纽约降落时被逮捕。

与国家豁免相关的问题是：

（1）沃克尔主观上受到美国政府官员欺骗的程度、自己自愿行动这两个因素与欺骗行为之间的关系；

（2）美国政府及其官员是否享有豁免资格；

（3）美国官员的诱骗是否合法，是否属于执法圈套（entrapment）；

[①] See *State Immunity Act*, R.S.C., 1985, c. S-18, Articles 4-8.

（4）纽约银行是否隶属于美国政府或受其控制，豁免是否适用于纽约银行及其雇员；

（5）侵权行为发生地在美国而非加拿大是否影响《国家豁免法》的适用。

与管辖权相关的问题是：沃克尔已经遵从美国法律认罪，保证返回纽约接受审判，但并没有返回，反而在加拿大提起诉讼，那么，这一行为是否符合美国和加拿大之间签订的引渡条约规定的引渡条件。

以上问题将从以下几点分析：

首先，作为移民国家，美国的海关与移民事务一直联系在一起。2003年3月《国土安全法》（*The Homeland Security Act*）启动了国防部建立以来最大的一次政府重组，[①] 国土安全部下属机构之一便是美国移民和海关执法局（U.S. Immigration and Customs Enforcement），其主要的两个部门分别是执法遣返局（Enforcement and Removal Operations，ERO）和国土安全调查局（Homeland Security Investigations，HSI），整个机构相当于小型的联邦调查局。美国海关机构的职能是边境问题执法、案件调查，特别是防范恐怖分子和恐怖武器进入美国。这也就不难理解在此之前的海关探员肯·普里布尔履行其公共职责的行为。

就本案而言，沃克尔本不愿进入美国境内，并未意图违反美国武器出口管执法的相关内容，但是普里布尔通过诱导方式，使沃克尔以"自愿主动"的形式进入到美国境内，从而构成违法行为。如果普里布尔没有主动联系沃克尔购买武器，那么很有可能沃克尔不会运输武器到智利，也不会乘坐前往巴哈马的飞机。在这个层面上，普里布尔的执法行为构成了执法圈

[①] See "History of ICE", U.S. Immigration and Customs Enforcement, http://www.ice.gov/history, accessed October 19, 2021.

套,将沃克尔定义为恐怖分子并不恰当。在该执法圈套的实施过程中,银行雇员提供了帮助。根据主权行为目的说,银行雇员虽不是政府工作人员,但她的行为具有公共目的——保护公共利益。

其次,不论属于私人还是国家所有,银行在法律意义上一般具有独立于政府的实体地位。加拿大《国家豁免法》第12条第4款规定:"外国中央银行或金融货币当局为自己持有的且不用于或不打算用于商业活动的财产免于扣押和执行。"但是,纽约银行并非是美国的中央银行。根据《国家豁免法》第2条和第3条的规定,外国在加拿大享有管辖豁免。虽然纽约银行与美国政府之间并不存在持续的制度性关系,但从法律制定上来讲,加拿大议会更倾向于保护配合政府工作的个人和机构,从而倾向于授予其豁免。从限制豁免理论角度分析,按照外国国家行为的性质将其区分为享有管辖豁免的"统治权行为"(公法行为)和不享有管辖豁免的"管理权行为"(私法行为)。本案中,法院的认定更像是赋予外国管理权行为豁免,扩大了豁免对象的范围。

1985年《国家豁免法》还有很多不确定的规定,这在很大程度上赋予了法官自由裁量权。以第6条规定的死亡和财产损失为例,其仅规定了发生在加拿大的任何死亡或人身或身体伤害,或任何财产损失或损害。但是并未具体说明:对于地点的认定是指死亡的结果地还是包括实施致其死亡行为的行为地,造成身体伤害是指侵权行为地还是结果地,结果地的时间地点是否包括在加拿大起诉地,以及伤害是否包含精神上、情绪上和限制人身自由等。本案中,法院法官同意了人身伤害含有此类伤害,并且认定本案中即使存在此类伤害也是在美国而非加拿大发生,否认这些伤害可以持续地延展至起诉地,在判例法中起着指导作用。

　　至于本案是否涉及美加引渡条约规定的情况，无论沃克尔是否为加拿大国民，是否符合本国国民不引渡原则，沃克尔涉及的违反美国武器出口管执法的行为都不属于1976年《美加双边引渡条约》① 附件中规定的犯罪行为，并没有违反加拿大法律，不符合双重犯罪原则。所以，沃克尔在返回加拿大后不会被引渡至美国。

（李荣）

---

　　① 　See *Treaty on Extradition Between the Government of Canada and the Government of the United States of America*, E101323 – CTS 1976 No. 3.

费拉尼诉德意志联邦共和国案[*]

一、案件背景

在1944年意大利部分地区被德军占领时，意大利公民路基·费拉尼（Luigi Ferrini）在阿雷佐省被德国军队抓获，随后被转移至德国。他被关押在卡拉的纳粹集中营，被迫在兵工厂工作，制造雷马（Reimagh Werke）和梅塞施密特（Messerschmitt）公司的飞机、导弹和其他战争武器，直到1945年4月才重获自由。1998年费拉尼向意大利法院提起诉讼，要求德国对其被囚禁、驱逐离境和强迫劳动进行赔偿。而德国对这一诉讼提出了管辖豁免，在初审和上诉中，法院均支持其享有管辖豁免，费拉尼向意大利最高法院（Court of Cassation）提出上诉。

二、诉讼程序

1998年9月23日，费拉尼在阿雷佐法院对德国提起诉讼，要求德国对其1944年8月4日至1945年4月20日的遭遇进行赔偿。德国认为意大利法院对本案没有管辖权，并宣布不认可费

---

[*] 如无特别注释，本案资料皆来自：Ferrini v. Federal Republic of Germany (Decision No. 5044/2004) Italy, Court of Cassation (Plenary Session). 11 March 2004 (Carbone, president).

拉尼的索赔。

2000年11月3日，阿雷佐法院作出判决，认为本案争端是由外国行使主权权力所导致，在习惯国际法规定的国家豁免原则下，不属于意大利法律体系的管辖范围，因而德国享有国家管辖豁免，本法院无权受理此案。

佛罗伦萨上诉法院以同样的理由驳回了费拉尼的上诉，并指出没有依据支持意大利法院对该争议的管辖权：1968年6月27日于布鲁塞尔签署的《关于民商事案件管辖权及判决执行的公约》(*The Convention on Jurisdiction and the Enforcement of Judgments in Civil and Commercial Matters*，简称《管辖权公约》)排除了对国家机关行使公共权力的管辖权；联合国大会通过的《世界人权宣言》(*The Universal Declaration of Human Rights*) 的实质内容并非适用于个人，而是适用于国家，并且没有直接适用性。

针对佛罗伦萨上诉法院的判决，费拉尼基于以下四个理由向意大利最高法院提起上诉。

费拉尼提出的第一个上诉理由是，先前的判决违反和不当适用了《管辖权公约》第1条、第5条第3款和第57条，否认意大利法院享有管辖权的判决未考虑《管辖权公约》规定的管辖权标准是否适用于本案，主要表现为以下几方面。

首先，本案争端发生于缔约国（德国）和定居于另一缔约国（意大利）的个人之间，根据定义，本案争端属于《管辖权公约》的范围；其次，本案的损害赔偿请求针对的是发生在意大利境内的事件；第三，根据意大利和德国法律，针对公共行政部门的损害赔偿请求属于"民事"诉讼；第四，《管辖权公约》的规定应当优先于包括国家豁免原则在内的习惯国际法规范；第五，根据《管辖权公约》第5条第3款的规定，"在刑事或准刑事方面"，居住在缔约国一方的居民可以在损害事件发生国的法院起诉，即使后者并非该方当事人的住所地。

然而，最高法院认为，费拉尼的上述质疑并不成立。根据欧盟理事会在2000年12月22日作出的第44/01号决议，《管辖权公约》已成为除丹麦外所有欧盟成员国的国内法，其不适用于公共行政机构主持的涉及行使国家主权的行为所引起的争议，这一点欧洲法院已多次明确。只有基于非公共行政部门"行使主权"的行为提出的损害赔偿请求才具有"民事"属性（并落入《管辖权公约》管辖范围之内）。

上述理由同样可用于解释费拉尼的第三个上诉理由，即费拉尼主张此前的判决违反了《管辖权公约》附加议定书的第2条和第3条。他认为国内法院应当将本案提交给欧洲法院以明确对德国提出的损害赔偿请求是否属于《管辖权公约》调整的范围。意大利最高法院认为，即使国内法院有义务将案件移交给欧洲法院，但这一义务并不是绝对的。事实上，在本案中，上诉法院没有移交义务，因为其不是终审法院，不受《欧共体条约》（*The EC Treaty*）第234条最后一段所规定的原则的约束。此外，为确保在所有成员国中正确和统一地适用共同体法律，即使是终审法院也可以在结论适当且确定无疑时选择不将法律解释问题提交欧洲法院审议。

对于费拉尼提出的第二个和第四个上诉理由，最高法院指出这两个理由是密切相关的。费拉尼认为此前的判决违反了《意大利宪法》第10条和第24条。他主张国家豁免原则是习惯国际法一般原则，在违反强行法的情况下也能适用，更具体地说，在侵犯人的尊严和不可侵犯的权利的情况下国家豁免也可以适用。对此，意大利最高法院认为，与上诉人的主张相反，根据《意大利宪法》第10条第1款，各国有义务不对其他国家行使管辖权，这是一项习惯国际法规范。当然，这一曾经绝对的原则的范围正逐渐变得更有限。

因此，意大利最高法院得出结论，费拉尼的上诉主张均不成立。

三、国家豁免原则的适用

意大利最高法院从不同于费拉尼上诉理由的角度重新审视了国家豁免原则的适用。

在此前的判决中，意大利最高法院曾考察过美国军机基于《北约条约》（The NATO Treaty）在意大利领土上进行的与防卫有关的培训活动对居民的身体健康和安全构成的"风险"。该案中，法院指出，考虑到与"公法领域"的关系和旨在"实现国家制度目标"的事实，民事管辖豁免限于"立即和直接体现"外国主权的活动，并且认为这些活动"对基本人权"造成的"潜在负面影响"不符合管辖豁免"例外的性质和范围"。法院称，它只会宣布这些活动在上述情况下可能有害，但不会否认这些活动的主权性质，这超出了领土国家的管辖权范围。因为由武装部队进行的国防军事演习"体现了国家的基本公共目标"，所以属于一种"本质上无可争辩的主权行为"。

1995年12月15日，爱尔兰最高法院对麦克尔希尼案（The *McElhinney* case）作出的判决似乎也采纳了同样的观点。该案是一名爱尔兰公民在爱尔兰法院就一名在爱尔兰和北爱尔兰边界当值的英国士兵对其造成的"创伤后休克症"损害对英国提起的法律诉讼。在跨越边界时，麦克尔希尼的车撞倒了这名士兵，而士兵在越界追赶他的时候开枪射击，其中在爱尔兰境内开了三枪。追赶上他之后，士兵用枪指着他并扣动了扳机，但是枪卡壳了。法院认为，英国可享有管辖豁免，该名士兵是在行使控制边界活动所固有的权力，而这些权力属于英国行使主权的范畴。2001年11月21日，欧洲人权法院（The European Court of

Human Rights）在麦克尔希尼案的判决中确认了这一原则。

但本案所考虑的问题与此完全不同。费拉尼提出的观点的前提是，虽然德国实施的行为可能是该国主权权力的一种表现，但这一点并非当然成立，因为这些行为是在战时实施的。实际上，不同于前面所述的情形，在本案中必须解决的问题是，在一国的行为已经构成习惯国际法所规定的国际罪行以至于其损害的普遍价值超越了个别国家利益时，该国能否享有豁免。

然而，这种行为可能发生在战时引发了一项先决事项（preliminary matter）。在2002年6月5日作出的第8175号决定中，意大利最高法院全体会议指出，国家在进行战时敌对行动时所实施的相当于"政治"职能的行为，在"不可能采取安全行动，但行动的范围可以确定"的情况下，免于管辖。适用这一原则得出的结论是：法院无权管辖针对国务委员会主席和意大利国防部长提出的损害赔偿请求——请求赔偿北约对南斯拉夫进行空袭的过程中导致的非军事目标破坏以及随后造成的几名平民丧生。虽然在公共当局的最高指示下进行此类活动的做法是无可非议的，但这并不能阻止对活动过程中可能犯下的罪行进行调查。根据《意大利宪法》第10条第1款所载的纳入原则（principle of adaptation），那些"普遍公认"的将人的自由和尊严作为基本权利加以维护的国际法，以及"普遍公认"的将严重威胁这些权利的完整性的行为归类为"国际犯罪"的国际法自动成为意大利法律的组成部分。因此，对于犯罪行为或可非难行为造成的损害，它们显然构成合法的管辖权基础。因此，法院认为上述决议中所载的原则不适用于本案。

在本案中，构成上诉人的损害赔偿请求的基础事实是，他被捕和被驱逐去德国进行"非自愿体力劳动"。1946年12月11日，联合国大会决议"确认了"《纽伦堡国际军事法庭宪章》（*The Charter of The International Military Tribunal at Nuremberg*,

简称《纽伦堡宪章》）和纽伦堡国际军事法庭（简称"纽伦堡法庭"）判决所载的国际法原则，将以强迫劳动为目的的驱逐出境列为"战争罪"。1945年8月8日在伦敦签署的《纽伦堡宪章》明确规定，"遣返奴役"属于"战争罪"。纽伦堡法庭在1946年9月30日作出的判决中强调，这种行为"公然"违反了1907年10月18日在海牙签署的《陆战法规和惯例章程》（*The Convention Respecting the Laws and Customs of War on Land*）第52条，该条规定，"为了占领军的需要"只能向平民人口中的"居民"征收"劳役"，排除了为任何其他目的征收劳役的可能性。纽伦堡审判中被告的律师对这一规定的适用性提出质疑，他们试图依靠《陆战法规和惯例章程》第2条，指出有些交战国并不是缔约国。但是，这一反对意见被法庭驳回，认为早在1939年，相关规则就已经得到所有"文明国家"的承认和接受，成为习惯国际法。

以下文件确认了将以强迫劳动为目的的驱逐出境归类为"国际犯罪"：1950年6月联合国国际法委员会通过的国际法原则之六；1993年5月，联合国安理会第927/93号决议通过的《前南斯拉夫问题国际刑事法庭规约》第2条和第5条；1994年11月8日联合国安理会第955/94号决议通过的《卢旺达问题国际刑事法庭规约》第3条；1998年7月17日，由139个国家（其中120个国家批准）在罗马签署的《国际刑事法院规约》（2002年7月1日生效）第7条和第8条。

因此，除了上述提到的纽伦堡法庭判决所申明的情况以外，本案涉及的是一个普遍适用于国际社会所有国家的习惯法规范。

德国也认识到这种罪行的严重性，并承担这方面的道德和政治责任。其与受益于这种"强迫"劳役的德国公司合作成立了一个"记忆、责任和未来"（Memory, Responsibility and Future）基金会，致力于对实际发生的事项保持关注，并为受害者提供赔偿，优先处理特定索赔而非优先确定"合格索赔人"所在地。

德国相关法律还包括另一个重要方面，即索赔人的案件所依据的事实不能仅仅是孤立的事件，还必须与德国在那个时期坚定奉行的精准战略相符。

在沃约蒂亚案（Prefettura do Voiotia v. Federal Republic of Germany）中，希腊公民对德国提起索赔，希腊最高法院否认德国能够对二战占领希腊领土期间严重侵犯希腊领土上人民的人权的行为（以报复的方式处决约200名与军事行动没有直接或间接联系的人）享有民事管辖豁免权。

希腊最高法院的主要依据是1972年5月16日缔结的《关于国家豁免的欧洲公约》（The European Convention on State Immunity，简称《巴塞尔公约》）第11条，该条规定，在请求损害赔偿的诉讼中，如果造成伤害或毁损的事实发生在法院地国的领域内，则缔约国不得主张免于另一缔约国法院的管辖。在沃约蒂亚案判决中，该规则甚至适用于在行使主权的活动中所犯下的非法行为，并且被描述为一种具有习惯法性质的原则。因此，该原则即使是在像希腊这样尚未签署该公约的国家也是有效的。然而，在类似情况下援引该规定也并非是决定性的，法院承认，可以根据《巴塞尔公约》第31条提出反对意见，该条规定，上述原则不适用于在武装冲突情况下可能发生的事件。但是，法院指出，违反旨在保护基本人权的强制性规范意味着放弃国际法赋予的利益和特权，这一观点可以反驳上述反对意见。所以，法院指出，应该认为德国犯下这些罪行，就意味着它默示放弃了其豁免权。

然而，意大利最高法院认为，该案的情况下并不能假设德国一定有明确意图放弃豁免权。这种性质的放弃不能以抽象的推测来解释，必须以具体确定的事实为依据，且该事实能够表明确定的"放弃"意图。一个犯有严重侵权行为的国家不可能打算放弃管辖豁免特权，毕竟这种特权使其不容易被定罪。希腊最高法院判决书所依据的论据显然没有说服力，因此，必须对它的结论加以辨别。

国际罪行"威胁全体人类，并破坏和平的国际关系的基础"，该点已经一再得到法院的确认。[①] 这些罪行严重侵犯受到保护的、不允许克减的基本人权，对这些人权进行保护的规范是国际秩序的核心，优先于包括国家豁免在内的所有惯例和习惯规范。因此，这些权利被认为是不可侵犯的，并且根据普遍管辖原则所有国家都有权制止侵犯此类权利的行为，而不论相关行为在何处发生。在某些情况下，各国甚至有义务制止此类行为。因此，普遍管辖原则也适用于此类罪行引起的民事诉讼。这进一步表明，即使在国家方面，必须对这种严重侵犯人权的行为作出与其他非法行为不同甚至更严厉的回应。与该趋势一致，那些没有参与非法行为的国家有义务不承认造成该非法行为的情况的合法性。《国家责任草案宣言》(*The Draft Declaration on the International Responsibility of States*)"禁止"各国协助违法行为的延续，并规定各国"有义务"使用一切合法手段制止非法活动。

承认造成这种不当行为的国家享有管辖豁免与上述规范分析形成冲突，并且将会阻碍对于保护此类权利必不可少的原则与规范的实行。毫无疑问，当存在两个具有同等约束力但相互冲突的法律规范时，优先考虑具有较高地位的规范是解决矛盾的方案。阿德萨尼案(The *Al-Adsani* case)的少数人反对意见强调（8对9），在这种情况下，犯罪国不应享有管辖豁免权。夫伦季亚案(The *Furundzija* case)判决中也有相似表述，其将受害者"向法院提起针对外国国家的民事赔偿请求"列为违反这类规范的国家间法律后果之一。

---

① 参见1993年10月13日匈牙利宪法法院第53号判决。

以没有任何国际法规范明确规定这种对国家豁免原则的减损为由提出的反对意见无效。尊重人类不可侵犯的权利已成为国际法律秩序的一项基本原则，它必然在其他传统的国际法核心原则中得到体现，特别是国家的"主权平等"原则。一国有权在其他国家享有民事管辖豁免权正是这一原则的体现。事实上，法律规范从来不是相互独立的，它们相辅相成，并且在适用中相互制约。毫无疑问，类似的标准亦适用于解释习惯规范，这些解释与基于条约的规范一样构成了法律体系的一部分。因此，只有在法律规范的整体语境下才能够正确地进行解释。

意大利最高法院承认，各国的确享有对因国际罪行而引起的损害赔偿请求的管辖豁免权，但是，相关案件均涉及的是在法院地国之外的国家所为的非法行为。[①] 因此，意大利最高法院认为，上述案件处理的情况与本案的情况不同。本案的特点是，犯罪行为在法院地国开始实施，并且该犯罪行为被视为国际罪行。所以，上述判决的内容不会使已经得出的结论无效。实际上，这些判决的内容可以概括为：只有明确的规范性条款才能减损国家豁免原则的适用。然而，无论重复多少次提及，意大利最高法院都无法同意该观点。

除重申前述观点外，通过区分统治行为（*jure imperii*）和管理行为（*jure gestionis*）的方式已不再是确定是否对非法行为进行损害赔偿的唯一方式，毕竟这种区分方法的不足之处已经充分展现。阿德萨尼案和侯尚·布扎尔案（The *Houshang Bouzari* case）都涉及警察对狱中罪犯实施的酷刑，因而被认为是与行使主权权力的行为相关。但是，在这两个案子中，由于非法行为

---

① 对阿德萨尼和侯尚·布扎尔（Houshang Bouzari）的判决除外。参见1999年3月24日上议院 R v. Bow Street Metropolitan Magistrate & others, ex parte Pinochet 案。哈顿法官在发表的附带意见中认为，虽然智利被认为对皮诺切特政权犯下的罪行负有国际责任，但仍能在英国法庭上要求豁免任何损害赔偿。

并未发生在法院地国，法院最终都承认国家享有管辖豁免。

在实践中，根据英国和加拿大的规范，外国能否因为享有民事管辖豁免而拒绝对造成的人身伤害或财产损害进行赔偿，要根据替代性检验方法来进行判断。英国1978年《国家豁免法》（*The State Immunity Act*，以下简称"SIA"）第5条规定，在涉及针对"由英国的作为或不作为所造成的损害"的索赔时，豁免并不构成抗辩。加拿大的《国家豁免法》第6条也拒绝外国对"在加拿大发生的"损害的损害赔偿请求享有豁免权。此外，以下渊源中也包含同样的原则：一是1976年6月11日生效、目前已得到包括英国在内的八个国家的批准的《巴塞尔公约》；二是并非上述各公约签署国的其他国家的国内立法，除加拿大外，还包括美国《外国主权豁免法案》第1605节第5条、南非1981年《外国豁免法》（*The Foreign States Immunity Act*）第3部分，以及澳大利亚1985年《外国豁免法》（*The Foreign States Immunity Act*），三是联合国国际法委员会起草的《联合国国家及其财产管辖豁免公约草案》（*The Draft Convention on the Jurisdictional Immunities of States and their Property*）第12条。

与欧洲人权法院在2001年11月21日麦克尔希尼案的判决中所述相反，排除主权豁免的相关规范并不仅限于与外国行使主权无关的行为。国际法委员会对《联合国国家及其财产管辖豁免公约草案》所做的解释性报告确认第12条涉及的是"本质上""可保险"的损害，例如道路交通事故。但是，正如卡弗利施（Caflisch）、卡布拉尔（Cabral）、巴雷托（Barreto）和瓦伊奇（Vajic）法官在反对意见中说明的，该规定被应用到一个非常广泛的背景中，对国家豁免原则的减损甚至被扩展到"故意"伤害，包括杀人和政治暗杀在内的犯罪行为造成的伤害。这更加说明一国行为是统治行为还是管理行为，并不能决定索赔是基于"对人的身体完整性的攻击"还是基于"身体"的损失或损害。正如被告律师承认的那样，限制豁免理论正在被推翻。此外，根据沃约蒂亚案判决，同样的检验标准已经成为了习惯规范。鉴于此，可以肯定，基于有害行为的性质区分是否享有豁免已经不再被认为是普遍适用的规范。

通过区分统治行为与管理行为以确定国家是否需对非法行为进行赔偿的判断标准正在逐渐消失，在美国《外国主权豁免法案》中，除了第1605节规定的国家管辖豁免例外情况之外，又特别排除了对基于"酷刑、谋杀、空中破坏和劫持人质"造成的死亡或人身伤害提出的损害索赔的管辖豁免权。但是该项例外的适用范围有限，只对被美国国务院列为"恐怖主义资助国"的国家有效。因此，在欢迎此类新标准的同时，尚有部分人持有保留意见。他们认为，这样的单方面决定剥夺了某些国家在国际社会享有的某些特权，因而其不符合国家主权平等原则，即所有国家在法律上是平等的，并能够在完全平等的条件下进行相互来往，同时享有其主权所固有的一切权利。①

从上述规范中不难发现，现在在特别严重的犯罪活动中，保护基本人权已经被赋予了优先地位，即保护基本人权优先于通过承认外国管辖豁免保护国家利益。当注意到这一原则已经成为许多司法判决的基础时，这就变得更有意义了。至2001年年底，美国法院已经宣布了至少12项针对外国的判决，其中三个案件早于本案程序提起之日——1998年9月23日。在1998年2月26日与12月15日，美国纽约地区法院和第二巡回上诉法院分别适用相同原则确认了美国法院对英国诉利比亚的洛克比空难案（The *Lockerbie bomb* case）的管辖权。

显然，在国际罪行方面并不能援引外国国家机构的职能豁

---

① 参见1970年10月24日《关于各国依联合国宪章建立友好关系及合作之国际法原则之宣言》。

免,《国际刑事法院规约》第27条重申了《纽伦堡国际军事法庭规约》《前南斯拉夫问题国际刑事法庭规约》和《卢旺达问题刑事法庭规约》中已经存在的原则。司法实践中相关判决的结论也表明，国家不能利用国家豁免对犯下的国际罪行进行辩护。通说认为，职能豁免构成国家豁免的一个分支，其存在是为了防止通过对开展国家活动的个人提起诉讼而使得国家豁免制度落空。但是，如果职能豁免不适用于被控诉的行为构成国际罪行的情况，那么在相同情况下，国家也没有正当理由获得豁免。

所以，意大利最高法院认为，上述一切都表明，在本案中，德国无权享有管辖豁免，意大利享有对本案的管辖权。在规范意义上，本案程序开始之日就如此。引起法院注意的是，本案指控是基于发生在意大利的事件。但是，因为这类行动属于国际罪行，所以其管辖权实际上将依据普遍管辖权原则确定。

最终，意大利最高法院确认了意大利法院享有对本案的管辖权。判决被推翻，发回阿雷佐法院重审。

四、意大利最高法院的判决要点

综上所述，意大利最高法院对本案的判决要点如下：

（1）在战时进行军事行动是国家"政治"职能的一种表现，但由于无法事先确定安全行动的范围和程度，从而也不受司法审查，然而这并不妨碍对活动过程中可能犯下的罪行和对这些罪行负责的人进行司法调查。根据《意大利宪法》第10条第1款规定的纳入原则，那些普遍公认用于"维护个人自由和尊严等基本人权的国际法规范"，以及将对这些权利的保护构成严重威胁的活动定性为"国际犯罪"活动的国际法规范，均自动成为意大利法律的组成部分。

（2）费拉尼对德国提出损害赔偿请求依据的事实构成"以

强迫劳动为目的的驱逐出境",这种行为已经被《纽伦堡宪章》第6条第2款定义为战争罪。实际上,二战以前所有"文明国家"都已经承认了这种罪行,因为1907年《海牙公约》和1929年《日内瓦公约》的相关条款被认为是1939年以前的战时法律和惯例的宣告。《前南斯拉夫问题国际刑事法庭规约》《卢旺达问题国际刑事法庭规约》《国际刑事法院罗马规约》都确认了以强迫劳动为目的的驱逐出境是一种国际罪行。

(3)在2000年5月4日的判决中,希腊最高法院拒绝就德国在二战期间对希腊公民犯下的严重侵犯人权的行为提出的民事赔偿给予德国豁免权。[①] 其主要依据的是1972年《巴塞尔公约》第11条,该条排除了缔约国因在法院地国领土上实施造成人身伤害或财产损失的行为后而被诉时享有豁免权的可能性。尽管该公约第31条保留了对缔约国武装部队在其他缔约国领土上的行为的豁免权,但希腊最高法院认为,违反旨在保护基本人权的强行法意味着有关国家已经放弃其豁免权。然而,意大利最高法院不同意这种看法,认为在没有证据明确证明这一意图时,不能认为德国默示放弃其豁免权。

(4)国内法院和国际法庭一再申明,国际罪行是严重侵犯基本人权的行为,这些权利不允许克减,对其保护优先于包括国家豁免相关规范在内的所有其他条约和习惯国际法规范。尽管国际法规范没有对这种国家豁免原则的减损作出明确规定,且国内法院和国际法庭的几项司法判决重申了国家有权在因犯下国际罪行而引起的损害赔偿诉讼中享有豁免,但是,这些案件的情况与本案并不相同,因为它们涉及的非法行为并未发生在法院地国境内。

---

① 上诉法院似乎忽视了以下事实:特别最高法院(有权就国际法问题作出裁决)在2002年9月作出的裁决中推翻了希腊最高法院这项裁决。

（5）最高法院不认同该观点——只有明确的规范性条文才能作为减损国家豁免原则适用的理由。正如欧洲人权法院在"麦克尔希尼案"判决的反对意见中所指出的那样，对国家豁免原则的减损扩大适用于由于政治原因实施的谋杀和攻击等犯罪行为以及故意伤害案件，而且传统上对统治权行为和管理权行为的区分在这样的案件中并无意义。实际上，通过与特别严重的刑事犯罪相关的国际法实践，可以确认保护基本人权的优先地位高于通过承认国家豁免保护国家利益。

（6）司法实践现已承认，国家官员享有的职能豁免不再是对国际罪行行使管辖权的障碍。在被指控的行为构成国际罪行的类似情况下，国家也不应享有豁免。

五、案件评析

"费拉尼案"成为意大利公民在意大利境内起诉德国进行索赔的依据。本案的主要争议点包括：在德国被认定为犯有具有统治权行为性质的"国际罪行"时，它是否享有国家豁免；意大利法院对德国在二战期间在意大利境内作出的侵犯人权的行为是否具有管辖权，行使管辖权的依据为何；德国的"国际罪行"是否或在何种程度上"放弃了豁免权"。意大利最高法院认定，因为当一国的行为构成国际罪行时，应该根据普遍管辖原则确定管辖权，而不应该享有管辖豁免，所以，意大利法院对德国在二战中对其公民造成的损害具有管辖权。

首先，1972年《巴塞尔公约》以多边条约的形式确认了限制豁免理论，区分了国家的公法行为和私法行为。然而，虽然该公约反映了国家豁免的发展趋势，但在本案中是否适用于德国仍需考虑。《巴塞尔公约》第11条规定："如果造成人身伤害或损害的事实发生在该法院地国领土境内，且此种伤害或损害的造成者在此事实发生时位于该领土内，那么缔约国不得在涉及人身伤害或有形财产损害的相关救济诉讼中要求另一缔约国给予管辖豁免。"① 这一条款直接规定了一国在法院地国境内造成人身伤害或财产损失时不能享有管辖豁免。本案中，法院引用希腊最高法院沃约蒂亚案作为对二战中的行为进行国际索赔的先例，将《巴塞尔公约》第11条的规定适用于在行使统治权的活动中犯下的非法行为，并认为这已经成为了具有习惯法性质的一条原则。然而，笔者认为，该观点并不合适。国际社会若要产生一项国际习惯，需要一般实践的存在并承认此一般实践具有法律拘束力，这一一般实践通常是对某一具体事务作出的长期的、反复的行为和不行为。很显然，在本案中，将希腊最高法院在沃约蒂亚案中作出的表述解读为具有习惯性质是不恰当的。

《巴塞尔公约》第31条规定："本公约的任何规定均不影响缔约国就其武装部队在另一缔约国领土上所作的或不作的或与之有关的任何事情所享有的任何豁免或特权。"这一条款表明，缔约国武装部队对在另一国领土上所作出的行为享有豁免权，而且该豁免权优先于本公约规定的其他情况，包括上述条款规定的造成人身伤害或财产损失的情况。但是，这一条款所表述的武装部队的作为和不作为，是否包括战争状态下或武装冲突下的行为，并没有具体说明。从公约条文的字面意思解释，可以包含此种情况，但从公约的目的、宗旨和上下文角度解释，本条款的适用范围应当是针对和平时期的武装活动，并不包含战时状态。就其解释而言，"它不适用于在武装冲突情况下可能发生的事件"，有待进一步确定。至于法院推定德国放弃了豁免

---

① *European Convention on State Immunity* (ETS No. 074) and *Protocol* (ETS No. 074A).

权也是不恰当的，正如前述分析，"放弃"必须要以具体的、明确的事实为依据，不能以抽象的方式来推测其"放弃"意图。

其次，就国际强行法和国际罪行而言，随着国际法的发展，国际强行法成为公认的维护国际社会的不得减损的具有最高法律效力的准则，进而，公认的国际刑法中的核心罪行规定具有了国际强行法的不得损抑性质，相应的侵犯人类的基本权利、尊严和自由的国际犯罪行为也被国际社会所指责。其中最重要的问题就是，基本人权是否优于国家利益，国家能否对其犯下的国际罪行享有豁免权，或者说豁免权能否优于国际强行法。法院将本案与麦克尔希尼案进行了比较，将德国所犯下的罪行界定为损害了普遍价值以至于超越了个别国家利益的国际罪行，而除本案外，保护人权优于国家利益正在成为国际社会接受的趋势。本案中，上诉人认为即使违反国际强行法，但也适用国家豁免原则这一论点本身就值得讨论。正如前述分析，国际强行法在国际社会具有最高法律效力，仅能由以后有相同性质的强制性规范进行更改，除此之外不得损抑；而且，以大多数国家认可的国家平等原则、平等者之间无管辖权原则为基础的国家豁免已经成为一项国际习惯，并且只有明确的规范性条款才有理由对其进行减损。

再次，《意大利宪法》第10条第1款根据纳入原则将意大利宪法置于国际法原则之下，但这并不意味着所有国际法制度性规定的效力必然高于意大利宪法，也不意味着在关于保障人的自由和尊严的国际法规范、与侵犯这些权利的"国际罪行"相关的国际法规范自动构成意大利法律组成部分的情形下，这些国际法规范自动适用于本案。

至于佛罗伦萨上诉法院驳回费拉尼对1968年《管辖权公约》提出的质疑是有一定依据的。《管辖权公约》第1条第1款规定："无论法院或法庭的性质如何，本公约均适用于民商事事务。"

第二节（特别管辖权）第5条规定："居住在缔约国一方的人可以在另一缔约国被起诉…… 3. 在与侵权、过失或准过失有关的事项上，可以在损害发生地法院起诉。4. 就基于引起刑事诉讼的行为的损害或赔偿的民事索赔，在该法院根据自身法律具有受理民事诉讼的管辖权范围内可以审理诉讼。……"[1] 公约已经对适用范围作出明确规定，仅限民商事案件。而一国国民基于统治权行为导致的侵权向他国提起的索赔案本质上属于国家机关就其行为作出的赔偿，并不同于管理权导致的私法上的行为。

（李　荣）

---

① *1968 Brussels Convention on Jurisdiction and the Enforcement of Judgments in Civil and Commercial Matters* [Consolidated version CF 498Y0126(01)].

第二编
国际法院与国家豁免

德国诉意大利管辖豁免案[*]

一、案件背景

1940年6月，意大利作为德国的同盟国加入第二次世界大战。1943年9月，随着墨索里尼在意大利失去了统治权力，意大利向同盟国投降，并于次月向德国宣战。然而，在1943年10月到二战结束，德国军队占领了意大利领土的大部分，并对当地人民施以暴行，包括屠杀平民和驱逐大量平民从事强迫劳动。除此之外，德国军队还在意大利境内和欧洲其他国家俘虏了几十万意大利武装部队人员。这些囚犯中的大多数被剥夺了战俘地位，并被驱逐到德国和德国占领区被强迫劳动。

1947年2月10日，在第二次世界大战后，同盟国集团和意大利签署了《和平协议》，特别规定了与意大利战争的法律与经济后果。《和平协议》第77条规定如下：

1. 从本条约生效之日起，意大利人和意大利国民在德国的财产不再被视为敌方财产，所有基于此待遇的限制性措施均应予取消。

2. 1943年9月3日之后被德国军队或当局以武力或

---

* 如无特别注释，本案资料皆来自：Jurisdictional Immunities of the State (Germany v. Italy: Greece intervening), Judgment, *I.C.J. Reports 2012*, p. 99。

胁迫方式从意大利领土转移到德国的意大利人和意大利人的可认定财产，符合条件的应当被归还。

3. 意大利在德国的财产归还与赔偿应当按照占领德国的列强决定的方式进行。

4. 在不损害这些以及占领德国的列强对意大利和意大利国民作出的任何其他处置的原则下，意大利官方代表自己和意大利国民放弃了1945年5月8日对德国政府和德国国民提出的一切未决索赔，但因1939年9月1日之前订立的合同和承担的其他义务以及已获得的权利而产生的索赔除外。这份放弃索赔声明应视为包括债务、所有与战争期间达成的安排有关的政府间的索赔，以及所有关于战争期间产生的损失和损害的索赔。

1953年，德意志联邦共和国颁布了《联邦赔偿法案》，用以对二战时期纳粹的受害者进行赔偿。但是，意大利国民根据该法案提出的许多索赔均未成功，要么是因为根据法案的规定索赔人不被视为纳粹迫害的受害者，要么是因为索赔人不符合该法案所要求的在德国的住所或永久居住权。1965年，该法案出台修正案，重新定义了赔偿对象的范围，涵盖了因国籍或非德国族裔群体成员身份而受到迫害的人的索赔，同时要求受害者在1953年10月1日之时拥有难民身份。即使在1965年修正案出台后，仍然有许多意大利受害者并不符合赔偿资格，因为他们在1953年10月1日之时并没有难民身份。由于最初通过的和1965年修订的《联邦赔偿法案》的具体条款，外国国籍的受害者提出的索赔通常都被德国法院予以驳回。

1961年6月2日，德国与意大利缔结了两项协定。第一项协定于1963年9月16日生效，涉及"解决某些与财产有关的经济和金融问题"。根据该协定第1条的规定，德国就"经济性质的未决事项"向意大利支付了赔偿。协定第2条规定如下："（1）意大利政府宣布意大利共和国或意大利自然人或法人向德意志联邦共和国或德国自然人或法人提出的一切未决索赔，以其基于1939年9月1日至1945年5月8日期间产生的权利和情况为限。（2）意大利政府应当赔偿德意志联邦共和国和德国自然人或法人对意大利自然人或法人就上述索赔可能采取的任何可能的司法程序或其他法律行为。"

第二项协定于1963年7月31日生效，涉及"对遭受纳粹主义迫害的意大利国民的赔偿"。根据该协定，德意志联邦共和国承诺向这些受迫害的意大利国民支付赔偿。根据该协定第1条，德国同意向意大利支付4000万马克，"用于赔偿因种族、信仰或意识形态原因而受到纳粹主义的迫害，并因这些迫害而丧失自由或健康受损的意大利国民，以及因这些迫害而死亡的人的家属的利益"。该协定第3条规定如下："在不损害意大利国民根据德国赔偿立法享有的任何权利的前提下，第1条规定的赔款应构成德意志联邦共和国与意大利共和国之间对本条约所涉及的所有问题的终局解决。"

2000年8月2日，德国通过了一项联邦法律（简称"2000年联邦法"），设立了一个"追忆、责任和未来基金会"，用以向遭受强迫劳动和"纳粹主义时期的其他不公正对待"的个人提供赔偿。根据2000年联邦法，基金会并不直接向符合条件的个人提供资金，而是向包括日内瓦国际移民组织在内的"伙伴组织"提供资金。2000年联邦法第11条对获得赔偿的权利作出了某些限制。这一规定意味着将那些具有战俘身份的人排除在获得赔偿的范围之外，除非是那些曾被拘禁在集中营或者属于其他德国规定的具体情况的战俘才能得到赔偿金。这一条款的官方评注（随法律草案一起提供）中给出的理由是，战俘"根据国际法规则，可由拘留国投入劳动"。

如上所述，数以千计的前意大利军事囚犯被德国剥夺了战俘地位，他们根据2000年联邦法申请赔偿。2001年，德国当局认为，根据国际法规则，德国不能单方面将意大利军事囚犯的身份从战俘改为民工。因此，根据德国当局的说法，意大利军事囚犯从未失去战俘身份，因此他们被排除在2000年联邦法律规定的获赔之列。在此基础上，意大利军方囚犯提出的绝大多数赔偿要求遭到拒绝。

前意大利军事囚犯试图质疑这一决定，并在德国法院寻求补救，但没有成功。在许多判决中，德国法院裁定，根据2000年联邦法律，有关个人无权获得赔偿，因为他们曾是战俘。2004年6月28日，德国宪法法院的一个分庭裁定，2000年联邦法第11条第3款排除了对战俘的赔偿，没有违反德国宪法保障的法律面前人人平等的权利，并且国际公法没有规定个人获得强迫劳动补偿的权利。

2004年12月20日，一群前意大利军事囚犯向欧洲人权法院提交了针对德国的申请。2007年9月4日，该法院的一个分庭宣布，根据《保护人权与基本自由公约》及其议定书的规定，该申请"不符合属事管辖"的规定，因此被宣布不可受理。①

1998年9月23日，一位名为路基·费拉尼（Luigi Ferrini）的意大利公民向本国的阿雷佐法院提起对德国的诉讼，理由是其于1944年8月被德国部队逮捕，并被遣送至德国的一家军工厂，被迫进行劳动，直至战争结束。2000年11月3日，阿雷佐法院作出判决，认为其无权受理以德国为被告的案件，因为德国作为主权国家，享有国家管辖豁免。费拉尼上诉至佛罗伦萨上诉法院，该法院以同样的理由驳回上诉。费拉尼遂又上诉至

---

① Associazione Nazionale Reduciand 275 Others v. Germany, decision of September 2007, application No. 45563/04.

最高法院，最高法院于2004年3月11日作出判决，认为意大利法院具有对该案的管辖权，因为如果一国的行为构成国际罪行，则其不享有国家豁免。[①] 这样，案件又被发回至阿雷佐法院，2007年4月12日，该法院判决，尽管法院具有该案的管辖权，然而赔偿请求却已超过了诉讼时效。2011年2月7日佛罗伦萨法院在上诉程序中推翻了阿雷佐法院的判决，在其作出的最终判决中称，德国应对费拉尼进行赔偿。还指出，国家豁免不是绝对的。如果一国所为的行为构成了国际罪行的话，则不得援引管辖豁免。受"费拉尼案"的鼓舞，此后，意大利的都灵、斯齐亚卡等地区法院又受理了一些要求德国为二战中的暴行造成的损害加以赔偿的案件。[②]

1944年6月10日，在德国占领希腊期间，德国武装部队在希腊的迪斯多摩村进行大屠杀（The *Distomo* case，以下简称"迪斯多摩大屠杀案"），其中涉及许多平民。1995年，大屠杀受害者亲属开始对德国提起诉讼，要求对生命和财产损失进行赔偿。1997年9月25日，希腊利瓦迪亚初审法院作出了针对德国的缺席判决（并于1997年10月30日在法庭上宣读），认为德国应当给大屠杀受害者继承人赔付损害赔偿金。2000年5月4日，希腊最高法院驳回了德国对该判决的上诉。[③] 根据《希腊民事程序规则》（*The Greek Code of Civil Procedure*）第923条的规定，执行对一外国国家的判决，需要获得司法部部长的授权。然该案未获得司法部部长的授权，所以，判决在希腊一直无法得到执行。

---

① Ferrini v.Federal Republic of Germany, decision No. 5044/2004 [Rivista di diritto internazionale, Vol. 87, 2004, p.539; *International Law Reports (ILR)*, Vol. 128, p.658].

② Rivista di diritto internazionale, Vol. 87, 2004, p.539; *International Law Reports (ILR)*, Vol. 128, p.658.

③ Prefecture of Voiotia v. Federal Republic of Germany, case No.11/2000 (ILR, Vol. 129, p.513).

迪斯多摩大屠杀案的原告在欧洲人权法院对希腊和德国提起诉讼，指控德国和希腊拒绝遵守利瓦迪亚初审法院1997年9月25日的裁决（对德国）和不允许执行该裁决（对希腊），违反了《保护人权和基本自由公约》第6条第1款和该公约第一号议定书第1条的规定。欧洲人权法院在其2002年12月12日的裁决中，提及国家豁免规则，裁定原告的申请不可受理。①

希腊索赔人向德国法院提起诉讼，以便在德国执行希腊利瓦迪亚初审法院1997年9月25日作出的判决，该判决于2000年5月4日得到希腊最高法院确认。德国联邦最高法院在2003年6月26日的判决中认为，希腊的这些司法判决不能在德国法律秩序中得到承认，因为这些判决的作出违反了德国的国家豁免权。②

于是，希腊索赔人试图在意大利获得判决的执行。佛罗伦萨上诉法院于2005年5月2日作出判决，认为希腊最高法院的判决可以在意大利进行执行。③2008年5月6日。意大利最高法院确认了佛罗伦萨上诉法院的判决。④2007年6月7日，希腊的原告按照佛罗伦萨上诉法院的判决，在意大利土地登记处科莫省办公室登记了对韦格尼别墅（Villa Vigoni）的合法抵押，韦格尼别墅是德国政府所拥有的位于意大利的科莫湖边的一处别墅，这座别墅被用作"德意文化交流中心"。

继1995年对迪斯多摩大屠杀案提起诉讼之后，希腊国民向希腊法院提起了另一起针对德国的案件，被称为"马格洛斯案

① *Kalogeropoulou and Others v. Greece and Germany,* application No.59021/00, decision of 12 December 2002, *ECHR Reports 2002-X,* p.417; ILR, Vol.129, p.537.

② Greek Citizens v. Federal Republic of Germany, case No. III ZR 245/98, Neue Juristische Wochenschrift (NJW), 2003, p. 3488; ILR, Vol. 129, p. 556.

③ *Foroitaliano,* Vol.133, 2008, I, p.1308.

④ Rivista di diritto internazionale, Vol.92,2009, p.594.

（The *Margellos* case）"，涉及对1944年德国军队在希腊丽都里奇村犯下的行为提出赔偿要求。2001年，希腊最高法院将此案移交特别最高法院，根据希腊《宪法》第100条，最高法院对"解决关于确定公认普遍国际法规则的争议"拥有管辖权，请最高法院决定国家豁免规则是否涵盖马格洛斯案中提到的行为。最高特别法院在2002年9月17日的裁决中认定，根据当前国际法的发展，德国享有国家豁免权，因此对此案不予受理。[①]

二、案件争议焦点和法院管辖权

德国要求法院实质上认定，意大利没有尊重德国根据国际法所享有的国家管辖豁免：允许在意大利法院对德国提出民事索赔，要求对德国在第二次世界大战期间违反国际人道主义法的行为造成的伤害进行赔偿；对位于意大利境内的德国国家财产韦格尼别墅采取了限制性措施；宣布希腊民事法院根据与导致向意大利法院提出索赔的行为类似的行为对德国作出的裁决可在意大利执行。意大利则认为德国的主张没有事实根据，因此请求法院驳回德国的诉讼请求，但对德国提交的有关其对韦格尼别墅采取限制措施的呈件除外。在这一点上，意大利向法院表示，它不反对法院命令其停止上述措施。同时意大利就"关于德国军队严重违反国际人道法的行为对意大利受害者的赔偿问题"提交了反诉；法院在2010年7月6日的命令中驳回了这一诉求，理由是该事项不属于法院的管辖范围，因此根据《国际法院规约》第80条第1款对此不予受理。

法院回顾了德国的主张，认为其是根据《欧洲和平解决争端公约》（*European Convention for the Peaceful Settlement of*

---

①   Margellos v. Federal Republic of Germany, case No. 6/2002, ILR, Vol. 129, p.525.

Disputes）第1条提出的，其中规定："缔约各方应把它们之间产生的关于国际法的一切法律争端，尤其是以下述为对象的争端提请国际法院判决：（a）条约的解释；（b）国际法上的任何问题；（c）任何构成违反国际义务的事实，如果这种事实已存在的话；（d）关于违反国际义务而产生的赔偿的性质或范围。"

法院注意到，该公约第27条第1款对公约的适用作出了时间限制，规定本公约条款不适用于"与本公约在争端当事各国之间生效以前事实和情况的争端"。法院在这方面指出，该公约于1961年4月18日在德国和意大利之间生效。

法院注意到，德国提交的诉讼请求符合上述第1条"国际法律争端"的含义范围，并且在提交诉状之日，两国都是该公约的缔约方，因此法院认为，上述第27条中规定时间限制的条款不适用于德国的诉讼请求。事实上，引起法院争议的"事实或情况"是由意大利拒绝给予德国所要求的管辖豁免的司法裁决和对属于德国的财产进行限制措施构成的。然而，法院注意到，这些裁决和措施是在2004—2011年期间通过的，远在《欧洲和平解决争端公约》在双方之间生效之后。因此，法院对该争端有管辖权。

法院注意到，虽然双方对上述分析没有异议，但另一方面，在意大利提出的一些论点中，双方就法院的管辖权范围进行了辩论，这些论点涉及德国不履行向德国在1943—1945年所犯罪行的意大利和希腊受害者提供赔偿的义务。在这方面，法院指出，虽然法院在2010年7月6日的命令中裁定意大利的反诉不可受理，因此不再需要就德国是否对德国所犯罪行的意大利受害者负有赔偿责任的问题作出裁决，但是法院仍然要决定一国未完全向受害者履行赔偿责任是否会影响到该国在外国法院管辖豁免权的存在和适用范围；如果答案是肯定的，那么第二个问题便是，在本案的特定情况下，特别是考虑到德国在赔偿问题上的作为，意大利法院是否有充分的理由否定德国的豁免权。

三、在意大利索赔人提起的诉讼中指称
德国的管辖豁免受到侵犯

法院首先审议了德国第一份呈件提出的问题，即意大利法院对意大利受害者提起的索赔要求行使管辖权的行为是否违反了尊重德国管辖豁免的义务。

（一）法院审理的问题

法院首先指出，意大利法院的诉讼程序起源于德国武装部队和德国其他机关的行为，法院区分了三类案件：第一类涉及作为报复政策一部分的在被占领土上大规模杀害平民的情况，以1944年6月29日德国武装部队"赫尔曼·戈林"师在瓦尔迪基亚纳州奇维泰拉、科尼亚和圣潘克拉齐奥进行的大屠杀为例；第二类涉及平民人口，他们与路基·费拉尼先生一样，被从意大利驱逐到德国从事实质上的奴役劳动的平民人口；第三类案件涉及意大利武装部队成员，他们被剥夺了战俘地位以及该地位所带来的、他们有权享受的保护，他们同样被当作强迫劳动者使用。

法院认为，毫无疑问，这一行为严重违反了1943—1945年适用的国际武装冲突法，但它认为，没有必要决定这些行为是否非法，这一点没有争议，而是决定在有关这些行为引起的赔偿要求的诉讼中，意大利法院是否有义务给予德国豁免。在这种情况下，法院指出，关于豁免受国际法管辖，而不仅仅是礼让问题，缔约各方在相当程度上已达成一致。它指出，在双方之间，享有豁免的权利只能来自于习惯国际法。因此，法院必须根据《国际法院规约》第38条第1款第2项确定是否存在赋予

国家豁免权的"国际惯例，作为通例之证明而经接受为法律者"，如有，则该豁免的范围和程度是什么。

法院指出，尽管过去关于国家豁免的起源和确定豁免的基本原则一直有很多争论，但国际法委员会在1980年得出结论认为，国家豁免规则已被"作为习惯国际法的一般规则，扎根于各国的现行实践中"。法院认为，该结论是根据国家的广泛实践得出的，并由国家立法记录、司法实践以及各国对《联合国国家及其财产管辖豁免公约》（简称《联合国公约》）的评论所证实。它认为，实践表明，无论国家是否主张国家豁免权，国家都有权享有国际法中的豁免权，其他国家也都有义务尊重该国享有的豁免权。

法院认为，双方就国家豁免作为习惯国际法的一部分的有效性和重要性达成了广泛共识。但是，双方在国家豁免的范围和程度方面有分歧。尽管两国都承认对于国家的主权行为，国家享有绝对豁免，但对于豁免是否适用于国家武装部队（以及与武装部队合作的国家其他机关）在进行武装冲突过程中实施的行为，双方存在分歧。德国认为豁免是适用的，国家就统治权行为所享有的豁免没有相关的限制。意大利则认为，德国在意大利法院审理的案件中无权享有豁免，原因有二：第一，国家统治行为的豁免权不延伸到造成死亡、人身伤害或财产损害的侵权或不法行为。第二，无论行为发生在哪里，德国均无权享有豁免权，因为德国所实施的行为是对国际强行法规则的最严重的违反，没有其他补救措施。法院依次讨论了意大利的每个主张。

（二）意大利的第一个主张：领土侵权原则

法院认为，在本诉讼程序中，它不需要解决习惯国际法中是否存在适用于一般统治权行为的国家豁免的"侵权行为例外"

问题。法院面前的问题仅限于外国武装部队和与这些武装部队合作的其他国家机关在法院地国领土上进行武装冲突的行为。

法院首先审查了《关于国家豁免的欧洲公约》（简称《巴塞尔公约》）第11条和《联合国公约》第12条是否为意大利的主张提供了任何支持，即国家不再有权对上述类型的行为享有豁免。它解释说，由于这两项公约都没有在本案当事方之间生效，它们的相关性仅在于其条款及其通过和实施的过程阐明了习惯国际法的内容。

《巴塞尔公约》第11条广义地规定了领土侵权原则：

> 如果造成伤害或损害的事实发生在法院地国的领土上，而且伤害或损害的实施者在这些事实发生时在该领土上，则缔约国不能要求豁免另一缔约国法院在涉及人身伤害或有形财产损害补救的诉讼中的管辖权。

不过，法院指出，必须根据第31条来理解这一规定，该条规定：

> 本公约的任何规定均不影响缔约国对其武装部队在另一缔约国领土上所做的或未做的任何事情所享有的豁免或特权。

法院认为，第31条将与外国武装部队行为有关的所有诉讼排除在公约范围之外，无论这些部队是否经法院地国同意而在法院地国境内存在，也无论其行为是在和平时期还是在武装冲突情况下发生。法院认为，第31条作为一个"保留条款"生效，其结果是，一国对其武装部队行为的豁免完全不在《公约》范围内，必须参照国际习惯法来确定。然而，法院认为，其结果是，在《公约》第11条中纳入"领土侵权原则"不能被视为支持国家对其武装部队的侵权行为不享有豁免权的主张。

法院指出，与《巴塞尔公约》不同，《联合国公约》中没有明确规定将武装部队的行为排除在其范围之外。然而，国际法委员会对第121条案文的评注指出，该条款不适用于"涉及武装冲突的情况"。法院还注意到，没有国家对这一解释提出质疑，迄今批准《联合国公约》的国家中有两个国家以相同的措辞发表声明，说明它们的理解是，《公约》不适用于军事活动，包括武装冲突期间武装部队的活动以及一国军队在执行公务时进行的活动。法院的结论是，不能认为在《公约》中列入第12条①就能为以下主张提供任何支持，即，习惯国际法否认国家对法院地国的武装部队和相关机构在武装冲突中在法院地国境内实施的造成死亡、人身伤害或财产损害的行为享有侵权诉讼豁免。

关于以国家立法形式出现的国家实践，法院注意到，在双方提到的专门就国家豁免问题进行立法的十个国家中，有九个国家通过了大意如下的规定：对于在法院地国领土上发生的造成死亡、人身伤害或财产损害的侵权行为，国家无权享有豁免。法院认为，这些法规中有两项规定将与外国武装部队的行为有关的诉讼排除在其适用范围之外。法院进一步指出，虽然双方提到的其他七个国家都没有在其立法中对武装部队的行为作出规定，但法院没有被要求在涉及在武装冲突中采取行动的外国武装部队和相关国家机关的案件中适用该立法。

法院接下来要讨论的是国家实践，其形式是国家法院关于

---

① 《联合国国家及其财产管辖豁免公约》第12条规定："除有关国家间另有协议外，一国在对主张由可归因于该国的作为或不作为引起的死亡或人身伤害、或有形财产的损害或灭失要求金钱赔偿的诉讼中，如果该作为或不作为全部或部分发生在法院地国领土内，而且作为或不作为的行为人在作为或不作为发生时处于法院地国领土内，则不得向另一国原应管辖的法院援引管辖豁免。"

与武装部队行为有关的国家豁免的判决。法院认为，国家实践支持该主张，即，国家统治行为的豁免继续延伸到针对武装部队及一国其他机关在武装冲突行为中造成的死亡、人身伤害和财产损失的行为的民事诉讼，即使相关行为发生在法院所在国领土上。法院注意到，这种实践伴随着法律确信，正如各国采取的立场和一些国家法院的判例所表明的那样，它们认为习惯国际法要求豁免，几乎没有国家的实践支持在这种情形下剥夺国家享有的豁免权。它认为，几乎完全没有相反的判例也很重要，各国在国际法委员会关于国家豁免的工作和联合国公约的通过方面没有任何声明，或者就法院所能发现的而言，在任何其他情况下都没有声称习惯国际法在这种情况下不要求豁免。

鉴于上述情况，法院得出结论，习惯国际法仍然要求在一国对据称其武装部队和其他国家机关在进行武装冲突过程中在另一国领土上实施的侵权行为的诉讼给予一国豁免权。它补充说，该结论得到了欧洲人权法院的判决的证实。因此，法院认为，基于领土侵权原则，意大利法院拒绝给予德国豁免权的决定是不合理的。

（三）意大利的第二个主张：在意大利法院审理的索赔事项和情况

法院注意到，意大利的第二个主张不像第一个主张，要求适用于向意大利法院提起的所有诉求，而是根据诉求中的特定行为的特殊性质和提出这些诉求的具体情况，认定拒绝给予豁免是合理的。这一主张有三方面的内容：首先，意大利认为，引起索赔的行为严重违反了适用于武装冲突行为的国际法原则，构成了战争罪和危害人类罪。第二，意大利认为，由此违反的国际法规则是强制性规范（强行法）。第三，意大利争辩说，索赔者已被剥夺了所有其他形式的补救措施，作为最后的手段，意大利法院行使管辖权是必要的。法院依次审议了这些方面，同时认识到，在口头的法律程序中，意大利辩称，由于这三个方面的综合考量，其法院有权拒绝给予德国豁免权。

1. 侵犯行为的严重性

法院注意到，第一部分的依据是，当一国严重违反武装冲突法时，国际法不应给予该国豁免权，或至少限制其豁免权的主张。法院回顾，在本案中，法院已经明确指出，德国武装部队和德国其他机关的行动引起了意大利法院的诉讼，这些行动严重违反了武装冲突法，构成了国际法规定的犯罪。因此，法院认为，问题在于这一事实是否剥夺了德国的豁免权。

法院首先询问，习惯国际法是否已经发展到国家在严重违反人权法或武装冲突法的情况下无权享有豁免的程度。在审查了国家和国际惯例后，法院得出结论认为，根据目前的习惯国际法，一国不会因为被指控严重违反国际人权法或国际武装冲突法而被剥夺豁免权。在得出这一结论时，法院强调，它所处理的只是国家本身对其他国家法院管辖权的豁免问题；豁免是否可以适用于针对国家官员的刑事诉讼，以及在何种程度上适用的问题，在本案中没有争议。

2. 国际强行法与国家豁免规则之间的关系

法院接下来讨论意大利主张中的第二部分，即强调德国在1943—1945年期间所违反的规则的强行法地位。法院指出，这一主张的前提是，构成武装冲突法一部分的强行法规则与给予德国的管辖豁免之间存在着冲突。意大利认为，由于强行法规则总是优先于任何不一致的国际法规则，并且由于给予一国在另一国法院的管辖豁免规则不具有强行法的地位，国家管辖豁免规则必须让位。

法院认为，强行法的一项或多项规则与要求一国给予另一国豁免的习惯法规则之间没有冲突。为此，假设禁止在被占领土上谋杀平民、将平民居民驱逐为奴工和将战俘驱逐为奴工的武装冲突法规则是强行法规则，法院认为这些规则与国家豁免规则之间没有冲突。这两套规则涉及不同的事项。国家豁免规则是程序性的，仅限于确定一个国家的法院是否可以对另一个国家行使管辖权。它们不涉及提起诉讼的行为是合法还是非法的问题。这就是为什么将当代国家豁免法适用于有关1943—1945年发生的事件的诉讼，并不违反法律不应追溯适用于确定合法性和责任问题的原则。

法院认为，在本案中，违反禁止谋杀、驱逐和奴役规则的行为发生在1943—1945年期间。有关方面都公开承认这些行为的非法性。适用国家豁免规则来确定意大利法院是否有管辖权审理由这些违法行为引起的索偿，不得与所违反的规则发生任何冲突。法院补充说，有关强行法取代国家豁免法的效力的论点已被国家法院驳回。法院指出，作为本诉讼的主体的意大利法院的判决是各国法院唯一接受意大利论证依据的理由的裁决。此外，法院还注意到，关于国家豁免的任何国家立法在指称违反强行法的案件中都没有有限豁免。

法院的结论是，即使假定意大利法院的诉讼涉及违反强行法规则，有关国家豁免的习惯国际法的适用也没有受到影响。

3. 最后的救济手段

法院指出，意大利主张的第三点也是最后一点是，意大利法院有理由拒绝给德国原本应享有的豁免权，是因为意大利已穷尽所有救济方法为受害者争取赔偿，但均以失败告终。

法院认为，它不能接受意大利的主张，即德国对意大利受害者的赔偿条款中存在缺陷，使意大利法院有权剥夺德国的管辖豁免权。国家根据习惯国际法的实践表明，没有依据可以证明国际法使一国享有豁免的权利取决于是否存在有效救济的替代手段。无论是相关国家立法还是司法实践中，都没有任何证据表明享有豁免权的前提条件是这样的。同样的，在《欧洲条约》和《联合国公约》中均未包含任何此类条件。此外，法院不得不认识到，如果存在这样的适用条件，那么在司法实践中将会异常困难，尤其是在本案的情况下，因为索赔已经成为政府间广泛讨论的主题。

因此，法院驳回了意大利关于可以以此为由拒绝德国豁免的主张。

4. 意大利主张情形的综合考量

法院认为，在口头审理过程中，意大利代理人坚持认为，必须将意大利第二个论点的三个方面一并审议；正是由于侵犯行为的严重性、违反规则的性质以及缺乏其他补救手段的累积后果，意大利法院才有理由拒绝对德国给予管辖豁免。

法院指出，它已经确定，意大利的第二项主张的三个方面本身都不能成为意大利法院的辩护理由。法院认为，如果把它们放在一起，也不会产生这种效果。法院认为，就基于情况的综合影响的主张应理解为是指国家法院应平衡各种不同的因素，一方面评估可能证明其行使管辖权的各种情况的各自权重；另一方面，出于保护豁免权的利益考虑，那么这种做法将无视国家豁免权的本质。

（四）结论

法院认为，意大利法院拒绝德国根据习惯国际法享有的豁免权的行为，构成意大利对德国所承担义务的违反。

四、对意大利境内的德国财产采取限制措施

法院回顾，2006年6月13日，佛罗伦萨上诉法院作出一项裁决，认定希腊利瓦迪亚一审法院的判决可在意大利执行。希

腊受害者以此要求德国向其支付遭受纳粹迫害的损害赔偿，并且于2007年6月7日在意大利土地登记处科莫省办公室登记了对韦格尼别墅的法律要求。法院还回顾说，德国辩称，意大利采取的针对韦格尼别墅的限制措施违反了德国根据国际法享有的执行豁免权，而意大利没有试图证明这一措施的合理性。法院注意到，考虑到本案还在法院的审理中，针对别墅的抵押登记被暂缓执行。但是意大利还没有正式承认对韦格尼别墅采取限制措施违反了其国际义务，并且也没有终止该措施的影响。

法院认为，各国对其位于外国领土上的财产享有的执行豁免权远比在外国法院享有的管辖豁免权要更加完全。即使经过合法的程序作出了对外国不利的判决，并且在外国不能要求管辖豁免的情况下，也不能理所应当地对位于法院地国或第三国领土上的、判决所针对的外国财产进行强制执行。同样，一国在外国法院放弃了其管辖豁免权，但并不意味着该国也一并放弃了对其位于外国领土内财产的执行豁免权。法院认为，在本案中，根据习惯国际法规则中的执行豁免和管辖豁免（严格意义上理解为一国有权不成为另一国法院司法程序的主体）的区别，法院可以就意大利对韦格尼别墅的抵押登记是否构成对德国执行豁免权的限制措施的问题作出裁决，而无需判定希腊法院作出的、旨在执行该措施的要求德国金钱损害赔偿的裁决是否成立。

根据《联合国公约》第19条，鉴于该条反映了该事项的习惯法，法院认定，在对属于外国的财产采取任何限制措施之前，至少必须满足一个条件：有关财产必须用于不从事政府非商业目的的活动，或财产拥有国已明确同意采取限制措施，或该国已将有关财产分配，以满足司法索赔。然而，法院的结论是，在本案中，作为争议限制措施标的的财产显然被用于完全非商业的政府目的，因此被用于属于德国主权职能的目的。韦格尼别墅实际上是一个旨在促进德国和意大利之间文化交流的文化中心的所在地。法院补充说，德国也没有以任何方式明确同意采取有关的法律指控等措施，也没有分配韦格尼别墅来满足对它的司法索赔。在这种情况下，法院认为，登记韦格尼别墅的法定押记构成意大利违反其尊重德国的豁免权的义务。

五、意大利法院承认与执行希腊法院针对德国的民事判决

法院注意到，德国在第三份呈件中控诉说，意大利法院宣布希腊法院在1944年德国武装部队实施的迪斯托莫大屠杀诉讼中对德国作出的判决可在意大利执行的决定也侵犯了其管辖豁免。

法院认为，相关的问题是意大利法院在通过判决许可程序时是否确实尊重德国的司法管辖豁免权，而不是希腊法院在判决中是否尊重德国的管辖豁免权。法院认为，当法院受理针对第三国的外国判决豁免申请时（如本案），法院本身也被要求对有关第三国行使管辖权。虽然豁免程序的目的不是对争端的案情作出裁决，而只是使现有的判决可以在对案情作出裁决的法院以外的国家境内执行，但事实仍然是，在批准或拒绝豁免时，法院行使管辖权，导致外国判决被赋予与在被请求国根据案情作出的判决相应的效力。因此，向该法院提起的诉讼必须被视为是针对作为外国判决主体的第三国进行的。根据法院的意见，受理对第三国作出的外国判决的豁免申请的法院必须问自己，考虑到作出该判决的案件的性质，被告国是否在提起豁免程序的国家的法院享有管辖豁免。换言之，法院必须自问，如果它自己处理的争端案情与外国判决的主题相同，它是否有义务根据国际法给予被告国豁免权。法院的结论是，根据这一推

理，意大利法院宣布希腊法院对德国作出的裁决可在意大利执行，这就侵犯了后者的豁免权。法院认为，为了作出这样的决定，没有必要就希腊法院本身是否侵犯了德国的豁免权问题作出裁决，而这个问题并不在法院面前，而且法院也无法作出裁决。因此，法院得出结论，意大利法院宣布希腊法院在迪斯托莫大屠杀引起的诉讼中针对德国的判决在意大利可强制执行的判决，构成意大利违反其尊重德国司法豁免权的义务。

六、德国的最终陈述与救济方式

法院支持德国的前三项的请求，这些请求依次要求法院宣布，意大利允许对德国在1943—1945年之间违反国际人道主义法的行为提起民事诉讼是违反了德国根据国际法所享有的管辖豁免权；意大利还通过对维戈尼别墅采取执法措施，侵犯了德国的国家豁免权；最后，意大利宣布基于上述类似事件的希腊判决可在境内强制执行也侵犯了德国的国家豁免权。

关于德国的第四项意见，法院认为没有必要在执行条款中明确声明意大利的国际责任。

关于德国的第五项意见，其中要求法院裁定意大利自行采取任何方式，以确保其法院和其他司法机关侵犯德国主权豁免权的所有决定不予执行，法院首先回顾说，国际不法行为如果还在继续，则对国际不法行为负有责任的国家有义务停止该行为。即使该行为已经结束，负有责任的国家也有义务以赔偿的方式将其恢复至该不法行为发生之前的状态，前提是恢复原状不是不可能的，并且恢复原状不会给该国造成与补偿所得利益不成比例的负担。法院认为，仍然继续地侵犯德国司法管辖权的决定和措施必须停止生效，并且这些决定和措施已经产生的影响必须予以撤销，以恢复到不法行为作出之前的状态。法院补充说，没有人指称或证明在本案中恢复原状是根本不可能的，也没有人说恢复原状将给意大利带来与从恢复原状中获得的利益不成比例的负担。另一方面，它指出，意大利有权选择它认为最适合实现所需结果的方式或者其他具有同等效果的方式。

但是，法院不支持德国的第六项意见，在该意见中，德国要求法院命令意大利采取一切措施，以确保将来意大利法院不会根据其第一份意见中所述的事件（即在1943—1945年之间德国违反国际人道主义法的行为）对德国采取法律行动。正如其在以往案件中所指出的那样，法院回顾说，作为一般规则，没有理由假定其行为或举动已被法院宣布为不法行为的国家今后会重复该行为或举动，因为必须推定其善意。因此，尽管法院可以命令实施国际不法行为的国家向受害国提供不重犯的保证，或采取具体措施以确保不重复不法行为，但只有在有特殊情况证明有理由这样做时才可以这样做，法院必须逐案评估。但是，在本案中，法院没有理由认为存在这种情况的可能性。

七、执行部分

判决如下：法院

（1）以12票对3票，

意大利允许对德国二战1943—1945年期间违法国际人权法的民事诉讼侵犯了德国联邦政府在国际法中享有的国家豁免权；

（2）以14票对1票，

意大利对德国财产韦格尼别墅采取强制措施侵犯了德国联邦政府在国际法中享有的国家豁免权；

（3）以14票对1票，

意大利承认希腊最高法院对于德国纳粹违法国际人权法所作出的判决在其域内有效侵犯了德国联邦政府在国际法中享有

的国家豁免权；

（4）以14票对1票，

意大利必须采取颁布有效的法令或者其他措施来确保德国联邦政府在国际法中享有的国家豁免权；

（5）一致，

驳回德意志联邦共和国的其他诉讼请求。

八、案件评析

国际法院在"德国诉意大利案"的判决确立了主权豁免与强行法的新标准，即强行法与国家豁免权之间不存在任何冲突。"这一争议取决于强行法和一国给予另一国豁免的习惯法规则之间是否存在冲突。在法院看来，二者之间是不存在任何冲突的。强行法与国家豁免规范两个不同范围。国家豁免规则是规范程序事项的，……不决定提起诉讼的行为的合法性问题。"[①] 在本案中，国际法院还指出，即使德国的行为违反国际法，但是，国家能否享有豁免权是个程序性问题，只有在确定一国法院拥有管辖权之后，才能判断导致诉讼的行为是否严重违反国际法。另外，从习惯国际法看，习惯国际法赋予了一国在军事战争中因军队或其他部门在另一国领域内导致侵权的行为享有豁免权，习惯国际法未发展到一国因其违反国际人权法或者军事法时就不享有国家豁免权。国家享有的豁免权不因行为的严重性或者行为所违反的规则的强制性质而改变。

不过，国际法院的判决也有一些值得商榷之处。比如，法官尤素福在异议意见中写道，"法院没能解决案件的中心问题，

---

① Jurisdictional Immunities of the State (Germany v. Italy: Greece Intervening), *I.C.J.*, 2012.2.3, para.93.

即德国严重违反国际人道法的行为给受害人带来极大的苦难，但受害人却无法获得补偿，在这种情况下，意大利以最后救济的方式在其法院中受理了这样的案件，并未赋予德国豁免，这样的行为是否就是违法呢？但是法院根本没有考虑意大利的最后救济的抗辩理由，这是不正确的。……这些年来，国家豁免的范围一直在变化，这是因为国际法开始逐渐从以国家中心向以保护人权为中心转变。事实上，国家豁免理论本身已经像是瑞士奶酪一样，到处都是漏洞。而且，国家的实践也不统一，所以用那种常规的调查不同国家的司法实践的方法在本案中意义不大。国际法院挑选了那些有利于自身的案例加以适用，而舍弃了其他的案例，这样的做法是不全面的。既然国家豁免的原则和实践都不是恒久不变的，那必须就对整个案件加以总体的考虑和合法性的评价。而且，国家豁免演变的过程往往是一国或数国的司法实践中开始出现的国家豁免的新的例外，继而其他国家效仿，最后变为主流"。

（杨桐宇）

某些伊朗资产案[*]

一、案件背景

1955年8月15日，伊朗和美国签署了《友好、经济关系和领事权利条约》（*Treaty of Amity, Economic Relations, and Consular Rights*，简称《友好条约》），条约自1957年6月16日生效。在伊朗于1979年年初发生革命，并于当年11月4日占领德黑兰的美国大使馆后，两国于1980年断绝了外交关系。

1983年10月，美国在黎巴嫩贝鲁特的海军陆战队军营发生爆炸，参与多国维和部队行动的241位美国军人丧生。美国指控伊朗应为此次爆炸和随后的恐怖主义及违反国际法行为负责，伊朗否认了上述指控。1984年，美国指定伊朗为"支持恐怖主义国家"（State sponsor of terrorism），此后一直维持该指定。

1996年，美国修改了《外国主权豁免法案》，从而使得被指定为"支持恐怖主义国家"的国家在涉及指控实施酷刑、法外杀人、破坏航空器、劫持人质，或为上述行为提供物质资助的案件中，在美国法院不享有豁免；同时还规定了在此类案件的执行方面的豁免例外。^①此后，有人开始在美国法院提起针对伊

---

* 如无特别注释，本案资料皆来自：Certain Iranian Assets (Islamic Republic of Iran v. United States of America), Preliminary Objections, Judgment, *I.C.J. Reports 2019*, p. 7.

① 参见美国《外国主权豁免法案》第1605节第1条。

朗的诉讼，指控伊朗支持（包括资金支持）的某些活动造成了死伤，要求伊朗赔偿由此带来的损失。伊朗拒绝在这些诉讼中出庭，称美国的立法违反了有关国家豁免的国际法。

2002年，美国通过了《恐怖主义风险保险法》(*Terrorism Risk Insurance Act*, TRIA)，该法为1996年《外国主权豁免法案》修正案后通过的判决确立了执行措施。作为一般规则，《恐怖主义风险保险法》第201节规定，因恐怖主义行为或根据《外国主权豁免法案》第1605节第1条第7款而获得的判决的任一案件中，此前被美国政府冻结的"恐怖主义方"(terrorist party，包括"支持恐怖主义国家"）的资产——包括该恐怖主义方的任何机构或工具的被冻结的资产——应得被执行。

2008年，美国进一步修改了《外国主权豁免法案》，扩大了可被执行财产的种类，特别是包括了伊朗国家拥有的实体的所有财产，而不论该项财产是否此前被美国政府所冻结，也不论伊朗对上述实体的控制程度。[①]

2012年，美国总统发布第13599号行政命令，冻结了伊朗政府在美国境内的或被任何美国人（包括其海外分支）掌管或控制的所有资产，包括伊朗中央银行和伊朗所拥有或控制的金融机构的资产。当年，美国通过了《伊朗威胁减少和叙利亚人权法》(*Iran Threat Reduction and Syria Human Rights Act*)，该法的第502节使得伊朗中央银行的资产可用来执行皮特森案[②]（The *Peterson* case）中针对伊朗的缺席判决。伊朗中央银行在美国法院对该条款的效力提起诉讼，但美国最高法院最终认可了条款

---

① 参见美国《外国主权豁免法案》第1605节第7款。
② 皮特森案是因1983年美国在黎巴嫩的海军陆战队军营爆炸而引发的对伊朗的诉讼案件。

的合宪性。①

在美国采取上述措施后，在美国法院作出了很多针对伊朗和某些情况下针对伊朗国有实体的缺席判决和实质赔偿裁定，而且伊朗和包括伊朗中央银行在内的伊朗国有实体的资产也在美国或其他国家面临执行程序，或甚至已被执行。

2016年6月14日，伊朗政府向国际法院提交了针对美国有关指控美国违反《友好条约》的请求书。2019年2月13日，国际法院作出了初步反对意见判决。

二、管辖权

伊朗援引《友好条约》第21条第2款作为本案的管辖权基础，该款内容为："缔约方之间关于本条约解释或适用的任何争端，如不能通过外交途径得到满意的解决，则应提交国际法院，除非缔约方同意通过其他和平方法解决争端。"

法院指出，毋庸置疑的是，《友好条约》至伊朗2016年6月14日提交请求书时对双方有效，虽然美国于2018年10月3日废除该条约，但不对法院对本案的管辖权产生影响。另外，《友好条约》第21条第2款的部分条件已经得到满足：伊朗与美国间产生了争议；无法通过外交途径解决争议；两国未协商同意通过其他和平方法解决争端。两国产生分歧的问题是，伊朗所指控的美国采取的措施是否属于《友好条约》的解释与适用。

伊朗在请求书中称，美国采取的一系列措施对伊朗和某些伊朗公司控制和享有其财产（包括在海外的财产，特别是在美国境内的财产）的能力造成了严重的不利影响。伊朗指控称，

---

① 参见：Bank Markazi v. Peterson et al., U.S. Supreme Court, 20 April 2016, *Supreme Court Reporter*, Vol. 136, 2016。

由于未能承认伊朗中央银行和其他伊朗公司的独立法律人格，美国违反了《友好条约》第3条第1款；由于否认了许多公司他们本应享有的豁免，美国违反了《友好条约》第3条第2款、第11条第4款；美国对上述公司不公正、不平等的对待违反了《友好条约》第4条第1款；由于未能对上述公司和财产提供最持久的保护和安全，美国也违反了《友好条约》第4条第1款；由于未能尊重上述公司获取和处置财产的权利，美国违反了《友好条约》第5条第1款；美国对金融转移的限制措施影响了两国领土之间的贸易自由，违反了《友好条约》第7条第1款、第10条第1款。

美国称，伊朗并不是要寻求解决涉及《友好条约》条款的法律争端，而是试图使法院卷入"更广范围的战略争议"（a broader strategic dispute）。美国还指出，美国采取的被伊朗指控的措施不能离开其背景，即伊朗对美国及其国民持续采取违反国际法的行为，并因此使美伊关系恶化。

法院指出，提交给其的申请中的特定争端常常产生于各方之间更大范围的分歧。在这种情况下，法院必须首先确定伊朗所指控的行为是否属于《友好条约》条款的范围，以及，作为后果，法院是否对该争端具有根据《友好条约》第21条第2款所享有的属事管辖权。

（一）对管辖权的第一项反对意见

美国所提出的第一项反对意见是要求法院判定，根据《友好条约》第20条第1款第3项和第4项，有关美国对伊朗政府或伊朗金融机构采取财产和利益的冻结措施（由第13599号行政命令和执行该命令的监管条款所界定）违反《友好条约》的指控不属于法院管辖权的范围。

《友好条约》第20条第1款第3项和第4项条的内容是：

1. 本条约不排除以下措施的采用：

…………

（3）调整武器、弹药和战争武器的生产或交易，或目的为直接或间接为军事机构提供的其他物质的交易；

（4）缔约方为承担维护或重建国际和平与安全的义务所必须的，或为保护其重要安全利益所必须的。

美国称，第13599号行政命令就是控制第20条第1款第3项所列物质的交易的措施。而且美国指出，其该项反对意见纯粹是初步性质的，法院不应对实质问题进行检视。而伊朗则指出第20条第1款第3项和第4项是有关实质问题的辩护。

法院指出，根据其此前对"石油平台案"①（The *Oil Platforms case*）的初步反对意见判决和"违反1955《友好、经济关系和领事权利条约》的指控案"②（Alleged Violations of the 1955 *Treaty of Amity, Economic Relations, and Consular Rights*）的临时措施命令，《友好条约》不包括明确将某些事项排除出其管辖范围的条款。在其对"针对尼加拉瓜的军事和准军事活动案"（Military and Paramilitary Activities In and Against Nicaragua）的判决中，法院认为《友好条约》的第20条第1款第4项在本案中并不限制其管辖范围，而是为当事方提供了一个可能的对实质问题的辩护理由。③据此，法院认为，本案不应偏离此前判决中的认定。

---

① Oil Platforms (Islamic Republic of Iran v. United States of America) (Preliminary Objection), Judgment, *I.C.J. Reports 1996* (II).

② Alleged Violations of the 1955 Treaty of Amity, Economic Relations, and Consular Rights (Islamic Republic of Iran v. United States of America) (Provisional Measures), Order of 3 October 2018.

③ Military and Paramilitary Activities In and Against Nicaragua (Nicaragua v. United States of America), Merits, Judgment, *I.C.J. Reports 1986*.

而且法院认为这一结论也应适用于《友好条约》的第20条第1款第3项，鉴于没有理由将其与第20条第1款第4项区分开来。因此，法院最终认定《友好条约》的第20条第1款第3项和第4项不限制其管辖范围，而只是为当事方提供了实质问题的辩护理由，从而驳回了美国的第一项反对意见。

（二）对管辖权的第二项反对意见

美国所提出的第二项反对意见是要求法院判定，驳回根据《友好条约》的任何条款提起的针对美国未能赋予伊朗政府、伊朗中央银行或伊朗国有实体管辖豁免和/或执行豁免的任何请求。

美国指出，从《友好条约》的文本和背景来看，其未赋予缔约国本身或其国家实体以豁免。而条约的目的和宗旨也显示其并不旨在解决上述问题，而是处理两国间的贸易和领事关系问题，这也为缔约历史和缔约国的嗣后实践所确认。伊朗虽同意《友好条约》未明确、直接规定豁免问题，但却指出，为使法院全面裁断伊朗有关《友好条约》诸多条款被违反的指控，一般国际法对国家和特定国家实体的豁免的赋予是必要前提。为此，伊朗援引了《友好条约》中的两类条款，第一类是提及一般国际法或豁免法的，包括第4条第2款和第11条第4款；第二类是虽然没有明确提及豁免法或习惯国际法，但是据伊朗称必然涉及豁免问题的，包括第3条第2款、第4条第1款和第10条第1款。

1.《友好条约》第4条第2款

该款内容为："缔约方的国民和公司的财产，包括财产的利息，都应在另一缔约方的领土上得到最大程度的持续的保护和安全，应不低于国际法的要求。除为公共目的外，上述财产不应被征收，也不应在未得到及时、公平赔偿的情况下被征收。

赔偿应可有效兑现，并与被征收财产的价值相当；在征收决定和赔偿之前，应预作充分准备。"伊朗认为"国际法的要求"包括有关国家豁免的规则，因为若美国侵犯了伊朗及其国家实体的豁免，则其无法得到"持续的保护和安全"。

法院认为，伊朗的解释不符合条约的宗旨与目的。条约是为了调整两国间的经济和领事关系，豁免不是其调整范围。条款中的"国际法"指的是一国对另一国国民、公司的最低待遇标准。而且，对第4条第2款的解释应以整个第4条为上下文，第4条条款体现了其目的是保障参与贸易活动的自然人和法人的权利和最低标准保护，于国家豁免无涉。

2.《友好条约》第11条第4款

该款内容为："缔约方公有或控制的企业，包括公司、协会、政府机构和工具，若在另一缔约方领土上参加贸易、工业、航运或其他经济活动，则不可为其自身或其财产援引或享有豁免，不免于私有或控制的企业承受的税收、诉讼、判决执行和其他义务。"

伊朗称，该条款只在缔约方企业属公有或控制并参与商业或工业活动时才不享有豁免，从此推断国家实体从事主权行为时的豁免应不受条款规定影响。对此美国予以否认，美国称，该条款只为了防止公有企业的不正当竞争，使其不可逃避私有企业应承担的责任。

法院认为，伊朗对该条款进行了反向解释（a contrario reading）。虽然反向解释曾为法院和常设国际法院所采用，但在本案中，根据《友好条约》的宗旨和目的，该条款仅与经济活动有关，是为了保障同一市场主体的公平竞争，不涉及主权行为，因此伊朗的反向解释不能被接受。

3.《友好条约》第3条第2款

该款内容为："缔约方的国民和公司在另一缔约方的领土上

应在所由管辖范围内有向法院和行政机构起诉的自由，无论是为了辩护，或为了主张其权利，以使其获得及时、非歧视的救济。这一权利在任何情况下不能低于另一缔约方或第三国国民和公司所适用的条件。在另一缔约国未开展活动的公司也享有此种权利，而无须进行注册或归化。"

伊朗称，美国法院拒绝伊朗实体所提出的国家豁免的理由违反了该条款的规定。美国则称该条款未赋予任何实体权利或保障，不能保证某些实体不被起诉或财产不被执行。

法院不认为《友好条约》第3条第2款所保障的权利与国家豁免有任何关系。该条款既完全未提及国家豁免，亦未反致一般国际法规则。而且，该条款并非旨在保障缔约方公司在另一方法院的程序权利，而是保障公司有向法院起诉的可能性。无论从该条款文字的一般意义、上下文，还是从《友好条约》的宗旨和目的来看，都不能体现或暗示伊朗所主张的权利。

4.《友好条约》第4条第1款

该款内容为："缔约方应在任何时候为另一缔约方的国民和公司及其财产和企业提供公平和公正待遇；应不采取将有损其法律权利和利益的不合理或歧视性措施；应保证根据可适用的法律其合法的合同权利能得到有效的执行。"

伊朗称，美国所采取的措施违反了"提供公平和公正待遇"和"不采取不合理或歧视性措施"的义务。美国则指出，该条款是"友好、通商和航行"条约的典型条款，旨在使一国国民和公司在另一国从事商业性质的私营或专业行为时获得一定的保护，而不涉及参与主权行为的实体。

法院指出，与《友好条约》的第4条第1款的理由一致，第4条第1款不包括尊重国家豁免的内容，也不包括某些实体可根据习惯国际法主张豁免的内容，因此，伊朗围绕该条款针对国家豁免的请求不属于属事管辖的范围，从而不属于法院管辖权范围。

5.《友好条约》第10条第1款

该款内容为："两缔约方领土之间应实现贸易和航行自由。"

伊朗称，法院裁断美国是否尊重了"贸易自由"的管辖权暗含了确定习惯国际法上的国家豁免是否被尊重的管辖权。美国则称，"贸易自由"只涉及实际的贸易活动，而与国家豁免无关。

法院在"石油平台案"的初步反对意见判决中对该条款中的"贸易自由"的范围进行了确定。[①] 法院在判决中的结论是，"贸易"包括总体上的贸易活动，而不仅限于买卖活动。但是，即便如此，也不能把毫无关联性的问题并入"贸易"的范畴内。法院不认为伊朗所指控的对国家豁免的违反行为妨害了贸易自由，而指出其完全是另一类问题。因此，国家豁免问题不属于第10条第1款的范围。

综上，法院认为伊朗所提出的违反习惯国际法所保障的主权豁免的主张不涉及《友好条约》的解释或适用问题，因此，不属于条约第21条第2款的范围。因此，针对伊朗所提出的违反国家豁免的主张，法院不具有管辖权。美国所提出的第二项初步反对意见得到法院支持。

（三）对管辖权的第三项反对意见

美国所提出的第三项反对意见是要求法院判定，有关对伊朗政府和伊朗中央银行的待遇违反《友好条约》第3、4或5条的指控不属于法院管辖权的范围。

美国称，伊朗中央银行不是《友好条约》第3、4、5条意义

---

① Oil Platforms (Islamic Republic of Iran v. the United States of America) (Preliminary Objection), Judgment, *I.C.J. Reports 1996* (II), p. 803.

上的"公司"(company),因为该银行只承担公共职能,而不参与商业活动。美国认为《友好条约》第3、4、5条所指的公司只限在竞争性市场上参与商业活动的实体。美国称,根据伊朗1960年的《货币和银行法》(*Monetary and Banking Act*),伊朗中央银行完全受伊朗政府控制,并被赋予公共职能。因而,对待伊朗中央银行的问题不属于《友好条约》第3、4、5条的范围,法院因此不具有管辖权。

伊朗称,伊朗中央银行是《友好条约》第3、4、5条意义上的"公司",因其包括了拥有法律人格的所有实体,而不论其活动、资本结构,也不论其是否参与利润赚取活动。伊朗中央银行根据《货币和银行法》拥有法律人格,且其可开展专业活动,能赚取利润并向国家缴税,也可像其他法人一样缔结合同、买卖商品等。而且,伊朗指出,美国的这一项初步反对意见并不具有初步性质,因为法院若判断该问题则须考虑实体问题。

首先,法院认为,虽然第三项初步反对意见在字面上指向"对伊朗政府或伊朗中央银行的待遇",但是其所面对的问题仅是伊朗中央银行是否是《友好条约》意义上的"公司",并因此能够主张《友好条约》第3、4、5条赋予"公司"的权利和保护。

《友好条约》第3、4、5条赋予一缔约方的"自然人"(nationals)和"公司"以特定权利和保护,另一缔约方必须尊重。本案中对于"自然人"没有分歧。对于"公司",《友好条约》第3条第1款规定,"在本条约中,'公司'指的是集团(corporations)、合伙(partnerships)、公司(companies)、以及其他联合体(associations),不论是否是有限责任,也不论是否为获得金钱利润。"

双方对于以下两个方面没有分歧:第一,一个实体只有在具备法律人格的条件下才可被定义为条约意义上的"公司";第二,由一国完全或部分控制的实体可以构成条约意义上的"公司"。第3条第1款规定的"公司"不分公私。法院由此得出两项结论：第一，美国不能否认伊朗中央银行由《货币与银行法》获得法律人格；第二，伊朗中央银行完全由伊朗国家所有，国家能对银行的活动进行指挥与控制的事实本身不能使其被排除出第3条第1款所规定的"公司"。

目前存在争议的是，伊朗中央银行是否因其活动的性质不能被定义为第3条第1款规定的"公司"。在这方面，法院不接受伊朗所提出的一个特定实体的活动性质不影响其能否被界定为"公司"的主张。法院认为此种解释不符合第3条第1款定义的上下文，以及《友好条约》的宗旨和目的。法院在第二项初步反对意见的分析中指出，所提出的条款构成了第3条第1款的上下文，这些条款体现了条约旨在保护参与商业性质活动的自然人和法人，条约的宗旨与目的亦体现该点。法院由此判定完全开展主权活动、与国家主权职能相关的实体不能被定义为《友好条约》意义上的"公司"，也因此不能享有第3、4、5条的权利和保护。

当然，这一结论不能排除那些既开展商业性质活动，也开展主权活动的实体。在这种情况下，既然是所开展活动的商业性质确定了某一实体的定义，那么相关的实体若能构成条约意义上的"公司"，则必须参与商业性质的活动，即使不构成其主要业务。

法院因此必须解决的问题是伊朗中央银行活动的性质，即伊朗声称美国采取的措施侵犯了伊朗中央银行根据第3、4、5条的权利时，伊朗中央银行在美国领土内从事的活动的性质。伊朗虽然主张活动的商业性质与是否构成"公司"有关，但是却没能证明伊朗中央银行的活动的商业性质；美国则称，像其他中央银行一样，伊朗中央银行只开展公共职能的活动。

法院指出，伊朗提交了《货币与银行法》的英文翻译本，该法包含了伊朗中央银行的章程。《货币与银行法》中的部分条款界定了伊朗中央银行所开展活动的类型，但是具体细节未经当事方在法院前讨论。

根据《国际法院规则》第79条第9款，当法院被请求对初步反对意见作出决定时，法院必须采取判决的形式，或者支持反对意见，或者驳回，或者宣布意见不完全具有初步性质。在本案中，法院认为其不具备判断伊朗中央银行在相关时期所开展活动性质的必要事实材料，由于这些基本都是事实性质，且与本案实质问题密切关联，法院认为只有在当事方在此后提供了足够的论证以后，才能对第三项反对意见作出判决。

综上，法院对美国所提出的三项初步反对意见的判决是：驳回第一项、支持第二项、判定第三项不完全具有初步性质。

三、可受理性

美国对伊朗请求书的可受理性提出了两项反对意见：第一，伊朗在本案中依赖《友好条约》建立法院的管辖权是滥用程序（abuse of process）；第二，伊朗的"不干净的手"（unclean hands）使法院不能受理该案。

（一）滥用程序

美国称，鉴于当前的特殊背景，法院应该拒绝根据《友好条约》建立管辖权。美国指出，《友好条约》所据以建立的基本条件，也就是两国之间的友好、通商和领事关系，已经不复存在。而且伊朗试图根据条约建立法院的管辖权并不是为了保护条约所保障的利益，而是为了使法院卷入更大范围的战略争议。另外，伊朗颠覆了条约的目的，其有关国家豁免的请求就是试图重写条约。并且，伊朗的请求也不符合法院的司法职能，因为法院的实质判决将建立在虚构（fiction）之上。

法院指出，根据其在"豁免与形式程序案"中的判决，只有在特殊情况下，法院才能根据滥用程序的理由否决一项有坚实基础的管辖权主张。因此，必须存在清楚的证据证明原告的行为构成了滥用程序。[①]

鉴于《友好条约》在伊朗提交请求书时有效，且条约的第21条提供了管辖权依据，法院也认为本案中不具有应拒绝伊朗有关滥用程序请求的特殊情况。因而，法院驳回了美国对可受理性的第一项初步反对意见。

（二）"不干净的手"

美国称，伊朗支持和资助恐怖主义，以及在核不扩散、弹道导弹、武器买卖和反恐义务方面的颠覆性行动等使其具有"不干净的手"。伊朗则不认为其在上述方面违反国际义务。

法院指出，美国并未指称伊朗违反了作为请求书基础的《友好条约》。法院根据此前判决认为，即使原告的行为不是无可指摘，也不足以使法院根据"不干净的手"理论支持被告的反对意见。[②]法院的这一判断不影响美国对伊朗违反国际义务的主张。最终，法院驳回了美国对可受理性的第二项初步反对意见。

---

① Immunities and Criminal Proceedings (Equatorial Guinea v. France) (Preliminary Objections), Judgment of 6 June 2018, para. 150.

② Avena and Other Mexican Nationals (Mexico v. United States of America), Judgment, *I.C.J. Reports 2004* (I), p. 38, para. 47; Maritime Delimitation in the Indian Ocean (Somalia v. Kenya) (Preliminary Objections), Judgment, *I.C.J. Reports 2017*, p. 52, para. 142.

四、执行部分

（1）法院一致同意驳回美国对管辖权的第一项初步反对意见；

（2）以11票对4票，支持美国对管辖权的第二项初步反对意见；

（3）以11票对4票，宣布美国对管辖权的第三项初步反对意见不完全具有初步性质；

（4）一致同意驳回美国对可受理性的初步反对意见；

（5）一致同意认定其伊朗的请求书具有管辖权，且具有可受理性。

五、案件评析

本案涉及美国《外国主权豁免法案》的恐怖主义例外，该例外被称为"反恐立法皇冠上的明珠"，"因为它直指国际恐怖主义的根源：作为政策问题的政府支持"[①]。恐怖主义例外是1996年的《反恐怖主义活动和有效死刑法》所增补的，旨在通过国内法院审判外国国家支持恐怖主义的行为，以达到吓阻其他国家支持恐怖主义活动的情况。2000年的《弗莱特修正案》（*Flatow Amendment*）又使外国国家对支持恐怖主义的行为可能要承担惩罚性损害赔偿的责任，最后使相关判决的结果几乎是"天文数字"。此后，为解决判决执行难问题，美国国会采取了一系列立法措施，使得某些国家的财产可以被用于执行相关判决。2016年的《针对恐怖主义支持者的正义法案》（*Justice*

---

① A. Gerson, Holding Terrorist States Accountable, *Washington Times*, June 4, 1996.

Against Sponsors of Terrorism Act，JASTA）进一步扩大了恐怖主义例外的范围，使所有国家都可能基于发生在美国的恐怖主义活动或发生在美国以外的侵权行为而被美国法院审判。

美国一系列立法活动对伊朗的影响很大，伊朗在美国面临着众多诉讼，财产也有被执行的风险，"皮特森案"即为例证。该案中，依据"恐怖主义例外"胜诉的受害者试图对伊朗中央银行在纽约一个证券账号内的17.5亿美元债券实施强制措施，该债券是伊朗中央银行外汇储备的一部分。在执行未决时，美国国会通过一项法案，要求联邦地区法院扣押该17.5亿美元债券，用于赔偿伊朗所支持的恐怖主义事件的受害者。伊朗中央银行上诉至美国最高法院，认为国会通过专项立法直接影响一个未决案件违反了美国宪法规定的三权分立原则。[①] 后来，伊朗又因此案根据《友好条约》向国际法院提起诉讼，即"皮特森案"为本案的导火索。

本案也是美国和伊朗以《友好条约》第21条第2款为管辖权依据向法院提起的第四起案件，鉴于美国宣布退出《友好条约》，也将是最后一起案件。本案的初步反对意见程序中的关键问题是美国拒绝赋予伊朗中央银行以国家豁免而引发的争端是否属于《友好条约》的范围，从而使法院对该争端具有属事管辖权。

法院在本案中对管辖权的第三项反对意见的判决值得商榷。一方面，在伊朗中央银行是否构成《友好条约》第3条第1款所称"公司"的问题上，法院对相关条款的解释似乎背离了第3条第1款的文本含义，因为该条款并未规定"公司"应开展商业活动，即活动的性质不是"公司"的判断标准；另一方面，法院

---

① 王蕾凡：《美国国家豁免法中"恐怖主义例外"的立法及司法实践评析》，《环球法律评论》2017年第1期，172页。

宣布因不具备足够事实证据而将该问题留待实质问题阶段解决的态度不够严谨。事实上，法院已经掌握了与该问题相关的事实证据，双方也对该问题进行了讨论，而且在实践中国家曾经反对法院动辄将问题留待实质问题阶段解决。因此，本案的初步反对意见判决不无遗憾。

对于本案的实质问题，即美国以反恐为理由取消其他国家的豁免权，很多国家指责这样的立法和实践违反了国家豁免的原则，正如沙特阿拉伯外交部长阿德尔·朱拜尔（Adel bin Ahmed Al-Jubeir）所称，"（美国）国会所做的一切是在无视国家豁免的原则，并要将国际法的世界变成丛林世界"。① 不过，法院对实质问题的判决只能限定于《友好条约》的解释和适用方面，所以对于美国的恐怖主义例外问题无法作出全面审视和判定。

（王　佳）

---

① "Geneva-Saudi Minister Confirms Warning On Proposed U.S. Law On 9/11", May 2, 2016, https://www.vosizneias.com/237570/2016/05/02/geneva-saudi-minister-confirms-warning-on-proposed-u-s-law-on-911/, accessed May 7, 2020.

第三编
欧洲人权法院与国家豁免

阿德萨尼诉英国案[*]

一、案件背景

本案的申请人是苏莱曼·阿德萨尼（Sulaiman AL-ADSANI，以下简称"阿德萨尼"），他于1961年在英国出生，拥有英国和科威特双重国籍。

阿德萨尼曾经作为科威特空军一员参加了海湾战争；伊拉克入侵科威特后，他作为抵抗运动的成员留了下来。在此期间，他得到了一些色情录像带，这些色情录像带与一名酋长（Sheik Jaber Al-Sabah Al-Saud Al-Sabah，以下简称"贾巴尔酋长"）有关。贾巴尔酋长据说在科威特十分有影响力。之后这些录像带被广泛传播，阿德萨尼被认为对这种公开曝光负有责任。

大约在1991年5月2日，贾巴尔酋长进入阿德萨尼家，殴打了他，并持枪胁迫他上了一辆政府的吉普车，将他押到了科威特国家安全监狱。在监狱里，阿德萨尼被错误地囚禁了几天，并遭到警卫反复殴打。1991年5月5日，被强迫签署不实认罪书后，他得到了释放。

1991年5月7日，贾巴尔酋长和另外两名酋长用枪威胁阿德萨尼上了一辆政府的汽车，将他带到了宫殿。在那里，阿德

---

[*] 如无特别注释，本案资料皆来自：AL-ADSANI v. The United Kingdom (dec) [GC], No. 35763/97, *ECHR*, 1 March 2001; AL-ADSANI v. The United Kingdom [GC], No. 35763/97, *ECHR*, 21 November 2001。

萨尼受到了非人道的惩罚。然后，阿德萨尼被拖入一间小房子，贾巴尔酋长在房子里点燃了泼满汽油的床垫，导致其被严重烧伤。后来，阿德萨尼被送到了科威特的医院。

1991年5月17日，阿德萨尼乘飞机到达英国，住院治疗了六个星期，烧伤面积占全身表面积的25%，导致他的外表看起来十分异常。他还遭受了严重的心理伤害，回英国后就被诊断为创伤后精神紧张性障碍。而且，阿德萨尼称，他一回到英国就收到了威胁，威胁他不许采取行动，不许公开自己的处境。他认为，这进一步加重了自己所遭受的伤害。

1992年8月29日，阿德萨尼在英国针对上述三名酋长提起了损害赔偿诉讼。1992年12月15日，他获得了缺席判决。

然后，阿德萨尼又提起了另外一系列针对科威特政府和三名酋长的民事诉讼，要求他们赔偿下列行为给他造成的身体损害和精神伤害：1991年5月在科威特对他的虐待（已经构成了酷刑），1991年5月17日他回到英国后对他的生命健康造成的威胁。

1993年7月8日，英国高等法院的一名暂委法官单方面允许阿德萨尼向各被告人送达了相关诉讼文件。这一决定于1993年8月2日在审判庭得到确认，但是，阿德萨尼没有得到许可向科威特政府送达诉讼文件。

之后，阿德萨尼向英国上诉法院重新提交了一份申请。1994年1月21日，上诉法院单方面审理了该申请，并作出判决。根据《最高法院规则》（*The Rules of the Supreme Court*）第11号命令，法院认为，根据申请人的主张，有三个因素指向政府对科威特事件的责任。阿德萨尼被带到国家监狱，1991年5月2日和7日使用了政府交通工具，以及至少在第一次，他受到了政府雇员的虐待。法院还注意到，根据医学专家的鉴定，阿德萨尼在科威特受到的身体伤害导致他在英国期间精神健康严重受损。因此法院认定，阿德萨尼的索赔是建立在侵权行为基础上的，并且损害是在管辖范围内的，这就足以满足《最高法院规则》11号命令第1条第3款下的要求。此外，阿德萨尼针对1991年5月17日之后受到的威胁提出的精神损害赔偿请求也在管辖范围内。

关于豁免，法院认为，阿德萨尼提出了一个很好的论据，即根据1978年英国《国家豁免法》第1条第1款，对于违反国际公法、可适当称为酷刑的行为，不应给予主权豁免。在这方面，法院特别提到了美国上诉法院的一项裁决，即菲拉蒂加诉佩纳-伊拉拉案（Filartiga v. Pena-Irala）。① 此外，法院认为，申请人提出了一个很好的论据，即他在联合王国收到的一些威胁是由科威特政府发出的或得到政府的支持。因此，《国家豁免法》第5条也起了作用。鉴于上述情况，法院决定准许申请人向科威特政府发出诉讼。

科威特政府在收到诉讼书后，要求下令撤销对其提出的索赔，并主张根据《国家豁免法》，阿德萨尼不能对科威特政府提起侵权诉讼。

1995年3月15日，英国高等法院对该申请进行了部分审查，并作出判决。法院认为，它不能根据第11号命令审查该问题，应由申请人在权衡各种可能性后表明，科威特政府无权利用《国家豁免法》赋予的豁免权。法院进一步认为，在这个阶段，它只能依靠申请人所指控的事实。法院指出，出于完全恰当的理由，科威特政府方面没有试图质疑这些事实，因此，不能假定政府准备接受申请人的说法。

法院准备暂时接受科威特政府对符合国际法规定的酷刑的行为负有替代责任。然而，法院认为，国际法只能用于弥补法

---

① Filartiga v. Pena-Irala 630 F.2d 876(1980).

规解释中的缺陷。当法规的条款很明确时，法规必须优先于国际法。《国家豁免法》的明确赋予主权国家在管辖范围外的行为以豁免权，并且通过对例外情况的明确规定，作为一个结构问题排除了隐含的例外情况。因此，《国家豁免法》第1条第1款中没有为酷刑行为提供默示例外的空间。此外，法院在权衡各种可能性后，不认为科威特政府应对1991年5月17日之后对申请人的威胁负责。因此，1978年法令第5条的例外情况不能适用。鉴于上述情况，法院认为，申请人不能对科威特政府提出索赔。申请人提出了上诉。1996年11月27日，英国上议院驳回了阿德萨尼的上诉。

之后，阿德萨尼试图通过外交途径从科威特当局获得赔偿，但未获成功。

于是，阿德萨尼向欧洲人权法院（European Court of Human Rights）提出申诉，主张：

第一，英国法院给予科威特国家豁免，违反了《欧洲人权公约》（*Convention for the Protection of Human Rights and Fundamental Freedoms*）第3条，侵犯了他免受酷刑的权利。

第二，在诉讼中给予科威特政府国家豁免侵犯了他诉诸法院的权利，违反了《欧洲人权公约》第6条第1款和第13条。

二、可受理性

阿德萨尼主张，酷刑是不合法行为，因此，官方政府实施的酷刑行为不享有国家豁免。《国家豁免法》第1节规定的国家豁免不符合国际法，对诉诸法院的权利进行了不成比例的限制。

英国主张，不能将《欧洲人权公约》第6条第1款解释为强迫缔约国拒绝给予非缔约国国家豁免，也不能解释为强迫缔约国对非缔约国进行管辖。这样会给批准《欧洲人权公约》《关于国家豁免的欧洲公约》（*European Convention on State Immunity*，简称《巴塞尔公约》）的国家施加无法协调的义务。

欧洲人权法院认为，阿德萨尼提出的申诉涉及复杂的事实和法律问题，应视案情作出决定。因此，不能认为该申请属于欧洲人权法院第35条第3款意义内明显无根据的申诉，也没有其他理由宣布其不具有可受理性。所以，阿德萨尼的申诉具有可受理性。

三、实体申诉

（一）《欧洲人权公约》第3条

《欧洲人权公约》第3条规定如下：

> 不得对任何人施以酷刑或者是使其受到非人道的或者是有损人格的待遇或者是惩罚。

《欧洲人权公约》第1条规定如下：

> 缔约方应当保证在它们管辖之下的每个人获得本公约第一章所确定的权利和自由。

《欧洲人权公约》第13条规定如下：

> 在依照本公约规定所享有的权利和自由受到侵犯时，任何人有权向有关国家机构请求有效的救济，即使上述侵权行为是由担任公职的人所实施的。

阿德萨尼主张，将《欧洲人权公约》第3条与第1、13条结合起来理解，英国应该协助它的公民获得针对他国实施的酷刑的有效救济。但是，在民事诉讼程序中，英国给予了科威特国家豁免，未履行《欧洲人权公约》第3条规定的义务。

英国主张，阿德萨尼关于《欧洲人权公约》第3条的申诉不成立，理由如下：（1）酷刑行为发生在英国管辖范围之外；（2）《欧洲人权公约》第1条和第3条规定的积极义务仅限于防止酷刑，不包括提供损害赔偿；（3）给予科威特国家豁免没有违反《欧洲人权公约》项下的义务。

欧洲人权法院认为，缔约国根据《欧洲人权公约》第1条承担的义务仅限于"确保"（法文文本为"renaître"）其"管辖范围内的人享有所列权利和自由"。[①] 诚然，《欧洲人权公约》第1条和第3条对缔约国规定了一些积极义务，旨在防止酷刑和其他形式的虐待并提供补救。因此，在A诉英国案（A. v. The United Kingdom）中，[②] 法院认为，根据这两项规定，各国必须采取某些措施，确保其管辖范围内的个人不受酷刑或不人道或有辱人格的待遇或处罚。在阿克索伊诉土耳其案（Aksoy v. Turkey）中，确定《欧洲人权公约》第13条与第3条一起规定国家有义务对酷刑事件进行彻底和有效的调查，[③] 而在 Assenov and Others v. Bulgaria案中，法院认为，如果一个人提出可论证的主张，即他受到警察或国家其他这类人员非法和违反第3条的严重虐待，将该条款与《欧洲人权公约》第1条规定的国家"确保其管辖范围内的每个人享有……所规定的权利和自由"的一般义务结合起

---

① See Soering v. the United Kingdom, Judgment of 7 July 1989, Series A No. 161, pp. 33-34, § 86.

② A. v. the United Kingdom, Judgment of 23 September 1998, *Reports of Judgments and Decisions 1998-VI*, p. 2699, § 22.

③ Aksoy v. Turkey, Judgment of 18 December 1996, *Reports 1996-VI*, p. 2287, § 98.

来阅读，其隐含地要求应进行有效的官方调查。[1] 但是，所有这些缔约国义务仅适用于发生在其管辖范围之内实施的酷刑行为。

法院确认，《欧洲人权公约》第3条仅在有限的情形下有域外效力。即，有实质证据表明一缔约国将一个人驱逐出境将会使他在接收国面临非人道的或者有损人格的待遇或惩罚的实际风险时，该缔约国才需要根据《欧洲人权公约》承担国家责任。不过，判决书强调，在这种情况下，只要可能引起公约规定的任何责任，都将由驱逐国承担，因为它采取的行动直接导致个人遭受被禁止的虐待。[2]

法院查明，阿德萨尼没有主张酷刑发生在英国管辖范围内，也没有主张英国当局与酷刑的发生之间存在因果关系。所以在这种情况下，英国没有责任向阿德萨尼提供针对科威特政府实施的酷刑行为的救济。

所以，法院认定，本案中，英国没有违反《欧洲人权公约》第3条。

（二）《欧洲人权公约》第6条第1款

《欧洲人权公约》第6条第1款规定如下：

> 在确定某人的公民权利和义务或者在决定对某人确定任何刑事罪名时，人人有权在合理的时间内受到依法设立的独立而公正的法院的公平且公开的审讯。判决应当公开宣布。但是，基于对民主社会中的道德、公共秩序或者国家安全的利益，以及对民主社会中的少年的利益或者是保护当事人的私生活权利的考虑，或者是法院

---

[1] Assenov and Others v. Bulgaria, Judgment of 28 October 1998, *Reports 1998-VIII*, p. 3290, § 102.

[2] op. cit., pp. 35-36, § 91.

认为，在特殊情况下，如果公开审讯将损害公平利益的话，可以拒绝记者和公众参与旁听全部或者部分审讯。

阿德萨尼认为，英国法院驳回他对科威特政府的损害赔偿请求侵犯了他获得关于相关诉求的司法审判的权利，这构成了对《欧洲人权公约》第6条第1款的违反。

英国主张，《欧洲人权公约》第6条第1款不适用于本案；即使适用，对诉诸法院的权利的任何干预都符合其规定。

1.《欧洲人权公约》第6条第1款的可适用性

英国主张，基于下列理由，《欧洲人权公约》第6条第1款不适用于本案。首先，阿德萨尼没有在国内法院提出任何指控，主张科威特应该对1991年5月7日发生的造成他被严重烧伤的事件负责，因此，英国认为，他不能向欧洲人权法院主张针对这些行为的诉诸法院的权利。其次，英国认为，《欧洲人权公约》第6条不能适用于国家管辖范围之外的行为，由于国际法要求在本案中给予豁免，因此本案事实不属于国家法院的管辖范围，因此也不属于第6条的管辖范围。最后，本案涉及一项清晰的、绝对的、连贯的英国排他性法律。根据奥斯曼规则（*The Osman Test*）①，本案不属于《欧洲人权公约》第6条调整的范围。

阿德萨尼承认，他虽然没有在1995年3月15日的庭审中要求科威特对1991年5月7日的事件负责，但他强调，他在上诉法院明确表示，如果他关于国家豁免的诉求被驳回，他将寻求修改他的申诉书，将这些事件加入到科威特应负责的事件中。而且，他认为，在这种情况下，他将被允许进行修改。至于管辖权问题，阿德萨尼主张，按照英国法律，酷刑是一种民事不法

---

① Osman v. the United Kingdom, Judgment of 28 October 1998, *Reports 1998-VIII*, pp. 3166-67, § 138.

行为，英国在特定情形下对发生在国外的民事不法行为有管辖权。国内法院接受了对他对个别被告的索赔的管辖权。他对科威特国的索赔并没有因为其性质而败诉，而是因为被告的身份而败诉。因此，在其看来，《欧洲人权公约》第6条适用于本案。

欧洲人权法院认为《欧洲人权公约》第6条第1款适用于本案。首先，法院重申其一贯的判例法，即，第6条第1款本身并不保证缔约国实体法中"公民权利和义务"的任何特定内容，但是明确了关于公民权利和义务的争议应该得到国内法的承认。① 个人的公民权利主张能否可诉不仅取决于国内法确定的相关权利的实质内容，还取决于国内法规定的可能阻碍向法院提起潜在诉讼的程序性障碍。在后一种情况下，第6条第1款可能适用。如果一个国家能够不顾《欧洲人权公约》执行机构的限制将一整类民事诉求排除于法院管辖权之外，赋予大型团体或类别的人以民事责任豁免权，这就不符合民主社会的法治或第6条第1款的基本原则，即民事索赔必须能够提交给法官裁决。②

其次，阿德萨尼提出的诉讼程序是为了寻求人身损害赔偿，这是英国法中的一个知名诉因。它指出，对一个国家的诉讼并不是一开始就被禁止的：如果被告国放弃豁免权，诉讼将进入听证和判决阶段。授予豁免权不应被视为对实质性权利的限定，而应被视为对国家法院确定权利的权力的程序性限制。

2.《欧洲人权公约》第6条第1款的解释适用

英国主张，对阿德萨尼诉诸法院的权利的限制目的合法，而且是相称的。首先，《国家豁免法》规定，英国境内发生的作为或不作为行为导致的死亡或人身伤害不适用国家豁免。这反

---

① See Z and Others v. the United Kingdom [GC], No. 29392/95, § 87, *ECHR 2001-V*, and the authorities cited therein.

② Fayed v. the United Kingdom, Judgment of 21 September 1994, Series A No. 294-B, pp. 49-50, § 65.

映了《巴塞尔公约》的内容，该公约明确规定了普遍适用的国际公法原则，而且没有证据表明关于国家豁免的习惯国际法发生了变化。《欧洲人权公约》第6条第1款不能被解释为迫使一个缔约国拒绝给予非缔约国豁免权并对其主张管辖权。这样的结论有悖于国际法，会给同时批准《欧洲人权公约》和《巴塞尔公约》的国家带来不可调和的义务。

其次，阿德萨尼可以通过外交途径或者国家间索赔的等传统救济手段获得针对此类不法行为造成损害的赔偿，所以，给予科威特国家豁免给阿德萨尼诉诸法院的权利造成的限制符合比例原则。

阿德萨尼主张，对其诉诸法院的权利的限制并不符合合法目的，而且是不相称的。首先，禁止酷刑已经成为了一项强行法规范，酷刑属于国际罪行。在这种情况下，在民事诉讼中允许主权豁免是没有合理依据的，因为豁免在由相同事实引起的刑事诉讼中不会成为辩护理由。其次，除了在英国法院对科威特提起诉讼，不存在其他可获得的有效救济途径。因为他曾经尝试通过外交途径求偿，但是英国政府拒绝了他的请求。而且，虽然他获得了针对贾巴尔酋长的缺席判决，但判决无法执行，因为该酋长在英国境内没有可供执行的财产。

欧洲人权法院认为，《欧洲人权公约》第6条所规定的公正、公开、及时这些程序性保证，均以保护诉诸法院的权利为前提。[①] 所以，诉诸法院的权利是第6条固有的一部分，符合支撑公约的法治原则和防止权力恣意滥用原则。因此，《欧洲人权公约》第6条第1款要求缔约国确保个人有权向法院提起与他的公民权利和义务相关的诉讼。然而，诉诸法院的权利不是绝对的，

---

① Golder v. the United Kingdom, Judgment of 21 February 1975, Series A No. 18, pp. 13-18, §§ 28-36.

可能受到某些限制。这些限制是通过暗示允许的，因为诉诸法院的权利就其性质而言需要国家的监管。在这方面，缔约国享有一定的判断余地，但关于遵守公约要求的最终决定权在于法院。法院必须确信，所适用的限制不会以这种方式或在这种程度上限制或减少留给个人的机会，从而损害权利的本质。此外，限制必须追求合法目的，而且目的和所用手段之间合比例。①

　　法院必须首先审查该限制是否追求合法目的。在这方面，法院指出，英国根据《国家豁免法》给予科威特国家豁免不构成对阿德萨尼诉诸法院的权利的不合理限制。首先，国家豁免作为一个国际法概念，是从"平等者之间无管辖权"原则发展而来的。根据该原则，一国不受另一国的管辖。法院认为，在民事诉讼中给予一国主权豁免是为了实现遵守国际法的合法目的，即通过尊重另一国的主权来促进国家间的礼让和良好关系。其次，尽管禁止酷刑是一项强行法规范，但是本案并不涉及酷刑相关的个人刑事责任，而是涉及酷刑相关的民事损害赔偿诉讼中的国家豁免问题。根据目前的国际法律文件、司法判例或者其他相关材料，并不能得出这一结论——如果被诉行为构成酷刑，则一国在另一国法院的民事诉讼中不再享有国家豁免。而且，关于禁止酷刑的重要国际法律文件（《世界人权宣言》第5条、《公民权利和政治权利国际公约》第7条、《禁止酷刑和其他残忍、不人道或有辱人格的待遇或处罚公约》第2条和第4条）并没有提及民事诉讼或者国家豁免问题。

　　再次，虽然在最近关于国家豁免的国家立法和实践中，经常有这样的主张：如果一国违反了具有强行法性质的人权规范，造成了死亡或人身伤害，那么该国就不再享有国家豁免，尤其是在实施酷刑的情况下。但是在大部分案件中，国家豁免的申

---

① Waite and Kennedy v. Germany, [GC], No. 26083/94, § 59, *ECHR 1999-I*.

请都会得到支持。

而且，国际法委员会工作组接着指出，自这些决定以来，支持国家不得就侵犯人权行为提出豁免的论点的事态出现以下发展：第一，美国在《外国主权豁免法案》修正案中通过的豁免例外，美国法院在两个案件中适用了这一例外；第二，在皮诺切特案中，英国上议院强调了在国家官员严重侵犯人权方面的豁免限制。然而，本法院认为，这些进展中的任何一项都没有为其提供坚实的依据，使其能够得出结论，在酷刑行为索赔的民事责任方面不再享有国家的属人豁免，更不用说在1996年上诉法院对本案作出判决时不享有这种豁免了。此外，关于《外国主权豁免法案》的修正，一方面，它需要修正的事实就说明了当前的一般国际法规则仍然要求给予官方酷刑行为国家豁免。另一方面，该修正案的范围是有限的：违法国家必须被指定为支持恐怖主义行为的国家，而且索赔人必须是美国国民。而且，即使根据《外国主权豁免法案》作出了判决，执行时外国财产也享有豁免，除非符合法定的例外情况，例如，相关财产被用于商业活动。

至于皮诺切特案，法院注意到，上议院的大多数人认为，在联合国公约之后甚至之前，禁止官方酷刑的国际禁令具有强制法或强制性规范的性质，一个酷刑公约国的酷刑者不享有另一个国家的刑事管辖豁免。但是，正如国际法委员会工作组本身所承认的那样，该案涉及一位前国家元首的刑事管辖属事豁免，而这位前国家元首在事发时身处英国境内。正如该案的判决书所表明的那样，上议院的结论丝毫不影响外国主权国家对此类行为的民事管辖的属人豁免。所以，法院认定，尽管禁止酷刑的重要地位日益得到承认，但并不因此认为国际法已接受这样的主张，即国家无权对在法院地国以外实施的被指称的酷刑提出民事赔偿要求而享有豁免。《国家豁免法》规定，除非损害发生在英国境内，否则国家在人身伤害索赔方面享有豁免权。该规定与国际法一致。因此，英国根据该法案给予科威特国家豁免不是对阿德萨尼诉诸法院的权利的不合理限制。

综上，欧洲人权法院得出结论，英国没有违反《欧洲人权公约》第6条第1款。

四、案件评析

本案涉及国家豁免与《欧洲人权公约》规定的诉诸法院的权利的冲突问题，第一次使欧洲人权法院在外国主权国家豁免下考虑成员国在《欧洲人权公约》下的义务。[①] 本案与同一年审结的"麦克尔希尼诉爱尔兰案（McElhinney v. Ireland）"、"福格蒂诉英国案（Fogarty v. the United Kingdom）"，下一年审结的"卡罗盖洛波乌罗斯等诉希腊和德国案（Kalogeropoulou and Others v. Greece and Germany）"一起，构成了欧洲人权法院司法实践中具有里程碑意义的案件，通过这一系列案件，欧洲人权法院对国家豁免与诉诸法院的权利之间的关系作出了一系列的阐述与解释。

与上述其他类似案件相比，本案的特殊性在于阿德萨尼在英国法院起诉的行为涉及对公认的国际强行法——禁止酷刑——的违反，国家豁免与诉诸法院的权利的冲突具体体现为国家豁免与国际强行法的冲突。这也是本案争议性较大、最终仅以9比8的微弱优势作出最终判决的主要原因。

本案中，欧洲人权法院的最终判决认定，虽然禁止酷刑是公认的国际强行法规范，但是目前的国际法并未承认，违反国

---

① 参见杨玲:《欧洲的国家豁免立法与实践——兼及对中国相关立场与实践的反思》,《欧洲研究》2011年第5期，第146页。

际强行法会导致国家豁免的丧失。并通过分析一系列国家豁免实践来论证了以上结论，如美国《外国主权豁免法案》和英国上议院的"皮诺切特案"。

与此相反，持反对意见的法官则认为，禁止酷刑是国际强行法规范，国家豁免是一般国际法规范，无论在效力还是适用上国际强行法规范都具有优先性，因此违反国际强行法规范的行为不应享有国家豁免。

实际上，国家豁免与强行法的冲突归根结底为主权与人权的冲突。国家豁免源于国家主权原则，从"绝对豁免"到"相对豁免"体现了"主权绝对原则"到"主权相对原则"的转变。而强行法则受早期自然法学派的影响，并在1969年《维也纳条约法公约》第53条中得到确认。但是，关于强行法的标准和内容，一直存在争议，国际司法机构的判决中也倾向于回避提及该概念。不过，公认的强行法规范，如禁止酷刑，毫无疑问体现了人权价值和追求，蕴含国家保护人权的义务。当一国对人权的保护因为另一国以主权为由主张豁免而受到阻碍时，如何平衡个人的人权和他国的主权就成为核心问题。所以，从根源上看，国家豁免与强行法的冲突，是国际法发展过程中个人主体地位逐渐显现、人权价值得到普遍承认、国家主权绝对化受到质疑产生的结果。

虽然人权的普遍性对国家豁免产生了影响，但是该影响程度如何并未清晰化。仅从本案来看，尽管多数意见支持国家豁免，但是也有反对意见，且二者不相上下。这在一定程度上反映了该问题的争议性。

（李冰清）

麦克尔希尼诉爱尔兰案[*]

一、案件背景

　　本案的申请人是约翰·麦克尔希尼（John McElhinney），爱尔兰公民，是一名警察（Garda）。1991年3月4日夜间11点，下班期间，麦克尔希尼驾驶一辆拖有货车的私家车（在下文的警察报告中被称作"吉普车"），载着两名乘客，从北爱尔兰驶向爱尔兰，经过德里郡一家英国永久车辆检查站时，突然撞向了检查站的路障。该检查站由一名武装英国下士把守。英国政府称，该下士要求他停车，但是他没有。麦克尔希尼称，他停下了，然后下士挥手示意他可以走了。不过无论如何，结果是下士被汽车所拖的货车撞到了。然后，他被甩到了拖行装置上。麦克尔希尼主张，他没有意识到下士在拖车上，就一直行驶到了爱尔兰。但是，根据1991年4月爱尔兰警察的事故调查报告，下士开了6枪，一枪击中了汽车的排气管，另一枪穿过后挡风玻璃从汽车顶穿出去了。英国政府称，至少有几枪是在北爱尔兰境内开的。麦克尔希尼称，他听到了枪声，以为是恐怖袭击，就一直前行到了一家警察局，然后在距离边境大约2英里的爱尔兰多尼戈尔郡慕夫村停车。根据警察报告所述，目击者称，当

---

　　[*]　如无特别注释，本案资料皆来自：McElhinney v. Ireland [GC], no 31253/96, *ECHR*, 21 November 2001。

时下士十分恐慌，命令麦克尔希尼下车并举起手来面墙站着。
麦克尔希尼称，他转过头来想要向下士解释，自己是一名警察，
但是，他转过来后下士就朝他开了两枪，只不过枪卡壳了。然
后，爱尔兰警察赶到，并以酒后驾驶为名逮捕了麦克尔希尼。
但是麦克尔希尼拒绝提供血样和尿样供检测。于是，他就因拒
绝提供这些样本被起诉和定罪了。虽然他没有受到纪律处分，
但是被调到了另一个区。

　　1993 年 6 月 29 日，麦克尔希尼针对那名下士和英国北爱尔
兰事务大臣向爱尔兰高等法院提起诉讼，主张该下士用上了膛
的枪指着他并扣动扳机是对他的不当攻击，要求损害赔偿。

　　1994 年 1 月 13 日，麦克尔希尼申请以英国国防大臣代替英
国北爱尔兰事务大臣为第二被告。

　　1994 年 1 月 21 日，英国北爱尔兰事务大臣主张国家豁免，
申请撤销传唤。

　　1994 年 4 月 15 日，爱尔兰高等法院一名法官作出决定，认
为麦克尔希尼无权在爱尔兰法院针对他国政府的一名成员提起
诉讼，给予了英国北爱尔兰事务大臣国家豁免。

　　然后，麦克尔希尼提起上诉。他主张，第一，法院管辖范
围内发生的侵权行为所造成的人身损害赔偿请求不适用国家豁
免原则；第二，英国法院根据 1978 年《国家豁免法》不会给予
爱尔兰国家豁免，所以根据互惠原则，爱尔兰也不应该给予英
国国家豁免；即使适用国家豁免原则，在他享有的受宪法保护
的身体完整权受到侵犯时，该原则也应该让步。

　　1995 年 12 月 15 日，爱尔兰最高法院驳回了麦克尔希尼的上
诉。认为，国际公法原则并未规定，国家豁免原则不适用于外
国公务员或代理人主权范围内的活动所导致的侵权行为造成的
人身伤害。而且，互惠原则与此案无关，国家豁免原则没有否
定麦克尔希尼的宪法权利。

被诉的那名下士没有回应麦克尔希尼的主张。麦克尔希尼没有采取任何行动迫使该下士提交辩护词，也没有申请在被告缺席情况下对他作出有利判决。

1996年4月16日，麦克尔希尼针对爱尔兰和英国向欧洲人权委员会提起申诉，1998年11月1日《欧洲人权公约第十一议定书》（*Protocol No. 11 to the Convention for the Protection of Human Rights and Fundamental Freedoms*）生效后该申诉被转交欧洲人权法院。

麦克尔希尼在申诉中主张：

第一，他因为英国士兵在爱尔兰领土上的袭击行为遭受了损害，但是，英国政府和爱尔兰法院适用国家豁免原则，侵犯了他获得该损害赔偿请求的司法判决的权利，这违反了《欧洲人权公约》第6条第1款、第5条和13条。

第二，如果一个人因为爱尔兰士兵在英国所犯的袭击行为在英国法院提起诉讼，英国法院不会给予爱尔兰国家豁免。而本案中，爱尔兰给予了英国国家豁免，这与《欧洲人权公约》第14条不一致。

二、可受理性

（一）援引《欧洲人权公约》第5条和13条的申诉的可受理性

《欧洲人权公约》第5条保障的是每个人的自由和人身安全。《欧洲人权公约》第13条规定如下：

> 在依照本公约规定所享有的权利和自由受到侵犯时，任何人有权向有关国家机构请求有效的救济，即使上述侵权行为是由担任公职的人所实施的。

麦克尔希尼主张，因为他不能在爱尔兰法院因人身攻击起诉英国政府，所以他根据《欧洲人权公约》第5条和13条享有的权利受到了侵犯。

爱尔兰政府主张，英国士兵和英国政府侵犯了麦克尔希尼根据《欧洲人权公约》第5条享有的权利，与爱尔兰无关。而且，麦克尔希尼可以通过在英国法院起诉那名士兵和英国政府来获得《欧洲人权公约》第13条规定的有效救济。

欧洲人权法院认为，麦克尔希尼的申诉与《欧洲人权公约》第5条涉及的缔约国逮捕、"人身安全"无关。而且，即使假设国内救济已用尽，本案中也没有与违反《欧洲人权公约》第5条相关的事实，麦克尔希尼也就无权就《欧洲人权公约》第13条规定的个人自由和人身安全获得救济。

所以，法院决定，申诉人根据《欧洲人权公约》第5条和13条提出的申诉明显无根据，不予受理。

（二）援引《欧洲人权公约》第6条第1款和第14条的申诉的可受理性

《欧洲人权公约》第6条第1款规定如下：

在决定某人的公民权利和义务或者在决定对某人确定任何刑事罪名时，任何人有理由在合理的时间内受到依法设立的独立而公正的法院的公平且公开的审讯。判决应当公开宣布。但是，基于对民主社会中的道德、公共秩序或者国家安全的利益，以及对民主社会中的少年的利益或者是保护当事人的私生活权利的考虑，或者是法院认为，在特殊情况下，如果公开审讯将损害公平利益的话，可以拒绝记者和公众参与旁听全部或者部分审讯。

《欧洲人权公约》第14条规定如下：

> 对本公约所规定的任何权利和自由的享有应当得到保障，不应因任何理由比如性别、种族、肤色、语言、宗教、政治或其他观点、民族或社会出身、与某一少数民族的联系、财产、出生或其他情况等而受到歧视。

麦克尔希尼主张，第一，他提起诉讼的法院应该是爱尔兰法院，即侵权行为发生地法院。在北爱尔兰法院提起诉讼的话，英国政府肯定会利用行为发生地原则提出抗辩。第二，《欧洲人权公约》第6条第1款适用于本案。因为适用国家豁免是为了尊重国内管辖权，仅仅是一种程序性障碍，与实体法律责任无关。第三，适用国家豁免对他诉诸法院的权利的限制目的不合法。因为国际公法领域已经不存在英国主张的此类国家豁免。1995年以来，大部分国家已经承认，法院地国发生的人身伤害不适用国家豁免。而且，《关于国家豁免的欧洲公约》（简称《巴塞尔公约》）第31条只适用于一缔约国武装部队经另一缔约国同意驻扎在其领土内的情况。而本案并不涉及准军事行动，也没有证据表明如果爱尔兰法院不给予英国国家豁免的话，两国关系就会恶化。第四，爱尔兰法院对麦克尔希尼诉诸法院的权利的限制不符合比例原则。因为类似情况下英国不一定会给予爱尔兰国家豁免。第五，麦克尔希尼认为他没有其他救济途径可用。那位下士也可能享有国家豁免，而且也没有爱尔兰法律规定，损害赔偿诉讼因国家豁免被驳回后还可以受到赔偿。最后，考虑到《欧洲人权公约》第14条规定的禁止歧视，互惠原则是《巴塞尔公约》的核心。

爱尔兰主张，第一，麦克尔希尼没有穷尽国内救济。他应该在北爱尔兰针对下士对他的枪击提起诉讼，而不是在爱尔兰仅仅针对开枪的尝试提起诉讼。第二,《欧洲人权公约》第6条第1款不适用于本案。根据爱尔兰法律,个人无权针对外国武装力量所犯之侵权行为在爱尔兰提起诉讼。所以,本案中,国家豁免原则的适用实质上影响了麦克尔希尼主张的权利,不仅仅是一种程序障碍。第三,爱尔兰法院对麦克尔希尼诉诸法院的权利进行限制是为了遵守公认的国际法原则并促进国家间的友好关系、相互尊重以及彼此理解,目的合法。第四,麦克尔希尼有获得赔偿的替代手段。最后,根据国际法,爱尔兰法院不能因为英国法律不给予外国国家豁免就利用互惠原则拒绝英国政府的国家豁免请求。

针对爱尔兰提出的麦克尔希尼未穷尽国内救济的主张,法院认为,麦克尔希尼已经穷尽了国内救济。因为穷尽国内救济是为了给被告国预防或纠正针对它的侵权指控的机会。本案中,麦克尔希尼已经在爱尔兰最高法院提起诉讼,不能因为麦克尔希尼没有在英国法院提起诉讼,就主张不符合《欧洲人权公约》第35条第1款用尽国内救济的条件。

针对爱尔兰提出的以下主张——本案不涉及国内法规定的权利;因为还有在英国起诉这一替代措施,所以对麦克尔希尼诉诸法院的权利的限制符合比例原则——法院认为,这与《欧洲人权公约》第6条第1款和第14条相关申诉的实体内容联系密切,涉及复杂的法律和事实问题。

所以,法院决定,麦克尔希尼关于诉诸法院的权利、受到歧视的申诉具有可受理性。

三、实体问题

(一)《欧洲人权公约》第6条第1款的可适用性

麦克尔希尼主张,《欧洲人权公约》第6条第1款适用于本案。因为，根据爱尔兰法律，他有权获得赔偿。主权豁免是由于国内管辖权而不是实体法律责任设立的一种例外，仅仅是一种程序障碍。

爱尔兰主张，《欧洲人权公约》第6条第1款不适用于本案。因为，根据爱尔兰法律，个人无权针对外国武装力量所犯之侵权行为在爱尔兰提起诉讼。本案中，国家豁免原则的适用实质上影响了麦克尔希尼主张的权利，不仅仅是一种程序障碍。

法院认为，《欧洲人权公约》第6条第1款适用于本案。原因如下：

首先，《欧洲人权公约》第6条第1款虽然没有赋予任何人任何公民权利，也没有施加给任何人任何义务，但是明确了关于公民权利和义务的争议应该得到国内法的承认。个人的公民权利主张能否可诉不仅取决于国内法确定的相关权利的实质内容，还取决于国内法规定的可能阻碍向法院提起诉讼的那些程序性障碍。这些程序性障碍的设置需要符合《欧洲人权公约》第6条第1款。如果一个国家能够不顾《欧洲人权公约》执行机构的限制将一整类民事诉求排除于法院管辖权之外，或者豁免某群体或某类人的民事责任，那么就会与法治原则或者《欧洲人权公约》第6条第1款的基本原则相冲突。[①]

其次，本案中，麦克尔希尼提起的是针对人身攻击、侵权、过失和失职的损害赔偿诉讼，这在爱尔兰法律中有明确规定。国家豁免原则的适用并不是对麦克尔希尼享有的获得损害赔偿的权利的否定，而是对国内法院行使管辖权的一种程序障碍。因为，如果国家放弃了豁免，诉讼便可以进行直至判决。

所以，法院认定，适用国家豁免原则是否给麦克尔希尼请

---

① Fayed v. the United Kingdom, Judgment of 21 September 1994, Series A No. 294-B, pp. 49-50, § 65.

求法院对相关民事争议进行审判的权利造成了不利影响，需要根据《欧洲人权公约》第6条第1款进行判断。

（二）《欧洲人权公约》第6条第1款的解释适用

麦克尔希尼主张，首先，英国政府主张的豁免在国际公法上不再存在。1995年以来，大部分国家已经改变了它们对国家豁免的态度，允许针对法院所在地国发生的人身伤害提起诉讼。例如，英国、美国、加拿大、澳大利亚的国家立法，针对法院地国领土发生的人身伤亡损害，没有广泛地给予国家豁免。这一立场也反映在了国际法委员会《联合国国家及其财产管辖豁免条款草案》第12条以及《巴塞尔公约》第11条中。其次，爱尔兰法院对麦克尔希尼诉诸法院的权利的限制目的不合法。因为没有证据表明，如果爱尔兰法院不给予英国国家豁免的话，两国关系就会恶化。再次，爱尔兰法院对麦克尔希尼诉诸法院的权利的限制不符合比例原则。因为类似情况下英国不一定会给予爱尔兰国家豁免。最后，麦克尔希尼不认为他还有其他救济途径。那位下士也可能享有国家豁免，而且爱尔兰没有法律规定，损害赔偿诉讼因国家豁免被驳回后还可以受到赔偿。至于在北爱尔兰起诉，针对英国士兵在爱尔兰领土上进行的攻击提起损害赔偿诉讼，有管辖权的法院是侵权行为地法院，即爱尔兰法院，而不是北爱尔兰法院。

爱尔兰主张，首先，爱尔兰法院的判例法表明，国家的公法行为适用国家豁免原则，但国家的私法或商业行为属于国家豁免原则的例外。近年来，其他欧洲国家的法院也接受了这一例外。而且，仅有少数国家批准《巴塞尔公约》的事实也表明，很多国家并不愿意接受该公约中规定的所有国家豁免例外。其次，爱尔兰法院对麦克尔希尼诉诸法院的权利进行限制是为了遵守公认的国际法原则并促进国家间的友好关系、相互尊重以及彼此理解，目的合法。最后，麦克尔希尼有替代手段可以获得赔偿。他应该在北爱尔兰针对下士对他的枪击提起诉讼，而不是在爱尔兰仅仅针对开枪的尝试提起诉讼。

法院认为，《欧洲人权公约》第6条所规定的公正、公开、迅速这些程序保证，均以保护诉诸法院的权利为前提。[①]所以，诉诸法院的权利是第6条固有的一部分，符合支撑《欧洲人权公约》的法治原则和防止权力恣意滥用原则。然而，诉诸法院的权利不是绝对的，可能受到某些限制。虽然由法院最终决定限制是否符合《欧洲人权公约》的要求，但是缔约国在设置限制方面拥有裁量余地。对该权利的限制不能限制或者减损个人拥有的权利的核心内容。此外，限制必须追求合法目的，而且目的和所用手段之间成比例。[②]

本案中，爱尔兰法院给予英国国家豁免，是对麦克尔希尼诉诸法院的权利的限制。但是，该限制是正当的。

首先，法院认定，该限制是为了实现合法目的。国家豁免作为一个国际法概念，衍生于"平等者之间无管辖权"原则。在民事诉讼程序中给予一国国家豁免符合国际法，有利于促进国家间的友好关系，推行国际礼让，目的合法。

其次，法院认定，原则上，缔约国适用国际公法公认的国家豁免不能被视为对《欧洲人权公约》第6条第1款规定的诉诸法院的权利造成不成比例的限制。因为诉诸法院的权利是获得公正审判权的固有组成部分，所以与获得公正审判权类似，诉诸法院的权利也会有一些固有的限制。国际社会广泛接受的一个限制就是国家豁免原则。

再次，法院认定，虽然在国际法和比较法领域，近年来有

---

① Golder v. the United Kingdom, Judgment of 21 February 1975, Series A No. 18, pp. 13-18, §§ 28-36.

② Waite and Kennedy v. Germany, [GC], No. 26083/94, § 59, *ECHR 1999-I*.

一种趋势，将法院地发生的作为或不作为行为导致的人身伤害作为国家豁免原则的例外，但是这种趋势远远不到普遍的程度。此外，该人身伤害主要指的是"可保险"的人身伤害，例如道路交通事故造成的损害；而不是与国家主权本质紧密联系的行为造成的损害，例如外国领土上一名士兵的行为。因为这种行为可能涉及敏感的问题，可能会影响国家间的外交关系和国家安全。所以，爱尔兰关于国家豁免的法律规定与国际法一致。

最后，法院认定，本案背景下，麦克尔希尼可以在北爱尔兰针对英国国防大臣提起诉讼。从之前麦克尔希尼和英国的双方代表通信中可以发现，英国政府的律师曾称，在北爱尔兰提起诉讼没有任何障碍；麦克尔希尼的律师则回应，他们更愿意在爱尔兰提起诉讼，没有提到在北爱尔兰进行诉讼的任何障碍。麦克尔希尼无法在北爱尔兰针对英国提起诉讼的主张不具有可受理性，因为没有穷尽国内救济。

综上，法院判决，爱尔兰法院支持英国国家豁免申请的决定，没有超越国家在限制个人诉诸法院的权利方面的自由裁量余地。

所以，爱尔兰没有违反《欧洲人权公约》第6条第1款。

四、案件评析

值得注意的是，欧洲人权法院在本案判决中承认了近年来国际法领域关于国家豁免的一种趋势——将法院地发生的作为或不作为行为导致的人身伤害作为国家豁免原则的例外，即国家豁免的人身侵权例外。这种例外从理论上来说，是为了寻求国家主权和个人人权的平衡，针对关乎人身安全的权利，"防止国家以管辖豁免权为借口，阻碍个人权利之法律保护的实现"①。然而，正如欧洲人权法院所主张的那样，国家豁免的人身侵权例外要受到一定的限制。至于限制为何，各国的立法、国际条约的规定以及国际司法机构的实践并不一致。

本案中，欧洲人权法院认为，该例外针对的人身伤害应该是"可保险"的伤害，而不是与国家主权本质紧密联系的行为造成的损害。这种限制兼顾了对国家主权的尊重和个人权利的保护，但是在何为"与国家主权本质紧密联系的行为"判断方面存在很大的不确定性。本案中，欧洲人权法院认为，麦克尔希尼指控的英国皇家宪兵队下士对他开枪的行为属于"与国家主权本质紧密联系的行为"。这一点值得商榷。很明显，这名下士虽然具有英国军人这一身份，也执行守卫汽车检查站这一任务，但是在被拖到爱尔兰境内的小村庄后，他朝麦克尔希尼开枪的行为是否是在履行他作为守卫检查站士兵的任务呢？彼时，他身处的场景已经转换，麦克尔希尼主动停车，面墙站立，而该下士又处于惊恐未定之中，与其说他朝麦克尔希尼开枪的行为与国家主权密切相关，不如说那是他惊恐之下的本能，开枪时与麦克尔希尼处于一种平等的地位，以私主体身份行事。所以，仅仅因为行为人的身份就推定他所做的行为是与国家主权本质紧密联系的行为，似乎标准过于宽松，可能会偏离国家豁免人身侵权例外这一规定的初衷。

此外，本案提及的《巴塞尔公约》第11条是国家豁免人身侵权例外的另一种示例，"缔约国不得主张免于另一缔约国法院的管辖，如诉讼涉及因人身伤害或毁损有形财物而请求损害赔偿，而造成伤害或毁损的事实又发生于法院地国的领域内，其伤害或毁损的肇事者在发生此项事实时，亦在该领域内"。该条

① H. Lauterpacht, "The Problem of Jurisdictional Immunity of Foreign States", *British Yearbook of International Law*, 28 (1951), p.235.

款从侵权行为发生地、侵权后果发生地、侵权行为人角度入手对该例外施加了限制：侵权行为必须发生在法院地国，但侵权行为后果或者侵权行为人二者之一在法院地国即可。这种限制在保护个人权利之外，又用法院地国的属地管辖或者属人管辖为国家豁免人身侵权例外的合理性增添了辩护理由，兼顾了两国主权和个人人权，较为合理。但遗憾的是，《巴塞尔公约》批准国并不多，而且正如欧洲人权法院认定的那样，该公约关于国家管辖的规定远未成为一种普遍接受的国际法规则。

（李冰清）

卡罗盖洛波乌罗斯等
诉希腊和德国案[*]

一、案件背景

本案的申请人为257名希腊公民，他们是1944年迪斯托莫（Distomo）纳粹占领部队大屠杀受害者的亲属。

（一）损害赔偿诉讼阶段

1995年11月27日，申请人在希腊利瓦迪亚初审法院对德国提起诉讼，要求德国对他们遭受的金钱和非金钱损失进行赔偿。1997年10月30日，该法院作出决定（第137/1997号决定），裁定申请人胜诉，要求德国进行赔偿。

1998年7月24日，德国向希腊最高法院提出上诉，称根据国家主权原则和习惯国际法，希腊法院对本案没有管辖权。

2000年5月4日，希腊最高法院驳回了德国的上诉，认定希腊法院对本案具有管辖权，第137/1997号决定成为最终决定。最高法院的理由如下：

首先，国家豁免是构成希腊法律体系一部分的习惯国际法

---

*　如无特别注释，本案资料皆来自：Kalogeropoulou and Others v. Greece and Germany (dec), No. 59021/00, *ECHR*, 12 December 2002。

规则。该制度源于国家主权平等的原则，旨在避免国际关系中的干扰。然而，最高上诉法院认为，绝对豁免理论正逐渐受到质疑，限制豁免理论越来越占据主导地位。根据限制豁免理论，仅对国家的主权或公法行为给予豁免，而国家的商业或私法性质的行为不享有豁免。《关于国家豁免的欧洲公约》（简称《巴塞尔公约》）依据的便是该理论。虽然最高法院作出决定时只有 8 个国家（包括德国、奥地利、比利时、塞浦路斯、卢森堡、荷兰、英国和瑞士）批准了该公约，但是欧洲国家整体上接受并适用了限制豁免理论，其中一些国家，例如意大利、法国和希腊，甚至是适用这一原则的先驱。《巴塞尔公约》第11条规定："缔约国不得主张免于另一缔约国法院的管辖，如诉讼涉及因人身伤害或毁损有形财物而请求损害赔偿，而造成伤害或毁损的事实又发生于法院地国的领域内，其伤害或毁损的肇事者在发生此项事实时，亦在该领域内。"结合限制豁免理论和该条规定，即使德国给申请人造成损害的行为是公法行为，也不能主张国家豁免。

其次，虽然国家的军事行为适用国家豁免，但是当造成损害的军事行为（尤其是危害人类罪）不是针对大范围内的平民，而是针对某一地区特定的个人而这些个人并未直接或间接参与到军事行动中时，不应再主张国家豁免。纳粹德国的大屠杀行为滥用国家主权原则，违反了强行法，构成了对豁免权的默示放弃。不过，希腊最高法院院长和其他三名法官持反对意见，认为，国家的军事行为适用国家豁免，违反强行法不构成豁免权的放弃。

（二）判决执行阶段

2000年5月26日，申请人根据《民事诉讼法》提起诉讼，以收回其债务。他们向德国当局送达第137/1997号判决副本并要求其支付相应的损害赔偿款，但是德国拒绝了支付请求。于是，申请人希望对位于希腊的一些德国财产进行征收。根据《希腊民事诉讼法》第923条，司法部长的事先同意是对外国执行裁决的前提条件。申请人向司法部长提出了请求，但是没有得到回复。尽管没有得到司法部长的同意，申请人仍然提起了执行第137/1997号决定的诉讼。

2000年7月17日和8月2日，根据《希腊民事诉讼法》第923条，德国提交了对判决执行的反对意见，并要求中止执行程序。2000年9月19日，雅典初审法院中止了执行程序（第8206/2000号决定）；但是最终驳回了德国的反对意见（第3666/2001和3667/2001号决定）。因为《希腊民事诉讼法》第923条违反了《欧洲人权公约》第6条第1款、《公民权利和政治权利国际公约》（*The International Covenant on Civil and Political Rights*）第2条第3款的规定。

2001年7月12日，德国对第3666/2001和3667/2001号决定提起上诉，并进一步要求中止诉讼。上诉审过程中，雅典初审法院院长暂停了执行程序。申请人认为这与《希腊民事诉讼法》第937条第1款和第938条第4款不符。2001年7月20日，部分申请人提起诉讼，指控雅典初审法院院长司法不公。

2001年9月14日，雅典上诉法院撤销了雅典初审法院的判决，支持了德国提出的反对意见。雅典上诉法院认为，《希腊民事诉讼法》第923条的限制是为了实现公共利益，即避免国家的国际关系受到破坏，与目标相称，而且并未损害获得有效司法保护权利的核心，所以没有违反《欧洲人权公约》第6条第1款、《公民权利和政治权利国际公约》第2和3条，以及《欧洲人权公约第一议定书》（*Protocol No. 1 to the Convention for the Protection of Human Rights and Fundamental Freedoms*，以下简称《第一议定书》）第1条的规定（第6847/2001和6848/2001号判决）。

2001年10月4日，申请人向希腊最高法院提起上诉，案子最终由最高法院全体法官审理。最高法院院长曾经审理过申请人提出的损害赔偿请求。但是，当时申请人没有申请该院长回避，因为他们认为他自己会回避，但事实上并没有。之后，申请人了解到该院长以德国赔偿款案为交易条件换取一年最高法院院长任期。于是，2002年5月30日，他们对该院长提出质疑，但是最高法院认为该质疑未在法定时间段内提出，不予受理。

2002年6月28日，希腊最高法院支持了雅典上诉法院第6847/2001和6848/2001号判决，认为对申请人执行第137/1997号决定的权利施加的限制不违反《欧洲人权公约》第6条第1款和《第一议定书》第1条的规定。

（三）向欧洲人权法院的申诉阶段

申请人向欧洲人权法院提出申诉，主张：

（1）希腊和德国拒绝执行希腊利瓦迪亚初审法院第137/1997号决定的行为，违反了《欧洲人权公约》第6条第1款和《第一议定书》第1条，侵犯了他们获得关于公民权利的有效司法保护的权利以及和平享用财产的权利。（诉求一）

（2）在执行程序中，希腊最高法院院长缺乏公正性；他们诉诸法庭的权利受到了侵犯，因为没有途径请求法庭审查他们对该院长的质疑。这违反了《欧洲人权公约》第6条第1款。（诉求二）

二、可受理性

（一）对希腊的申诉的可受理性

1.《欧洲人权公约》第6条第1款

《欧洲人权公约》第6条第1款规定如下：

> 在决定某人的公民权利和义务或者在决定对某人确定任何刑事罪名时，任何人有理由在合理的时间内受到依法设立的独立而公正的法院的公平且公开的审讯。判决应当公开宣布。但是，基于对民主社会中的道德、公共秩序或者国家安全的利益，以及对民主社会中的少年的利益或者是保护当事人的私生活权利的考虑，或者是法院认为，在特殊情况下，如果公开审讯将损害公平利益的话，可以拒绝记者和公众参与旁听全部或者部分审讯。

欧洲人权法院认为，该条赋予了个人针对其公民权利和义务或刑事定罪而诉诸法院的权利。为第6条规定的目的，判决执行构成该权利的一部分。因为，有法律拘束力的终审判决得不到执行会影响诉诸法院的权利。但是，诉诸法院的权利不是绝对的，受到一定限制；这些限制是通过暗示允许的，因为申诉权就其性质而言，需要国家的监管。在这方面，缔约国享有一定的判断余地，但关于遵守公约要求的最终决定权在法院。法院必须确信，所适用的限制不会以这种方式或在这种程度上限制或减少留给个人的机会，从而损害权利的本质。此外，如果限制不是为了达到合法的目的，如果所采用的手段与所要达到的目的之间没有合理的比例关系，则不符合第6条第1款的规定。[①]

首先，法院认定，希腊法院拒绝申请人的执行诉讼构成对申请人诉诸法院的权利的限制。因为按照希腊法院的决定，申请人本有权从德国获得赔偿，却由于希腊法院拒绝申请人针对德国提起的执行诉讼而求偿受阻。

其次，法院认定，该限制是为了实现合法目的。希腊拒绝申请人执行请求的理由是德国享有国家豁免。国家豁免作为一个国际法概念，衍生于"平等者之间无管辖权"原则。在民事诉讼程序中给予一国国家豁免符合国际法，有利于促进国家间的友好关系，推行国际礼让，目的合法。

最后，法院认定，该限制的目的和手段成比例。按照国际法，即使一国在另一国因危害人类罪而被要求进行民事损害赔偿，该国（被诉国）也享有国家豁免。虽然希腊法院判决德国对申请人进行赔偿，但这并不意味着希腊有义务确保申请人可以在希腊通过执行程序获得判决所确定的赔偿，也不能要求希腊政府在本案中推翻国家豁免原则，违背其关于国家豁免的立场。所以，希腊根据公认的国际法规则——国家豁免——而采取的措施与追求国家间友好关系的目的成比例。

综上，法院认定，希腊司法部长拒绝同意申请人执行德国在希腊的部分财产并不构成对他们诉诸法院的权利的不合法限制，尤其是该拒绝随后还受到了希腊国内法院的审查，甚至是最高法院的确认。

所以，法院决定，根据《欧洲人权公约》第35条第3款和第4款的规定，申请人关于希腊违反《欧洲人权公约》第6条第1款的申诉明显无根据，不予受理。

---

① See Waite and Kennedy v. Germany [GC], No. 26083/94, § 59, *ECHR 1999-1.*

2.《欧洲人权公约第一议定书》第1条

《第一议定书》第1条内容如下：

> 每个自然人或法人都被授予和平地享用其财产的资格。除非为了公共利益并且符合法律以及国际法一般原则所规定的条件，任何人都不应当被剥夺其财产。

> 但是，前款规定不应当以任何方式损害一国的如下权利：按其认为必要的方式去强制执行此类法律以便依据一般利益来控制财产使用，或者保证税收或其他捐税或罚金的支付。

法院认为，该条包括三项独立的规则：（1）和平享用财产原则；（2）剥夺财产的条件；（3）国家有权依据一般利益控制财产的使用。

法院认为，在本案中没有争议的是，根据希腊利瓦迪亚初审法院第137/1997号决定，申请人有权要求德国进行赔偿，这一权利构成该条意义下的"财产"。而申请人目前无法获得相应赔偿的事实，说明他们被剥夺了和平享用财产的权利。关键问题在于该剥夺是否符合该条款的规定：（1）符合法律；（2）符合公共利益；（3）比例原则。

第一，法院认为，该剥夺符合法律。因为《希腊民事诉讼法》第923条明确规定了执行涉外判决时，司法部长的同意是强制性前提条件。这一规定明确具体，也具有可及性，在合法性上没有任何问题。

第二，法院认为，希腊拒绝征收德国位于希腊的某些财产是为了公共利益。征收财产的决定通常涉及对政治、经济和社会问题的考虑。法院认为，立法机构在执行社会和经济政策方面的裁量余地自然很大，法院尊重国家立法机关关于"公共利益"的判断，除非决定明显缺乏合理理由。① 可能影响国家对外关系的政治决定必然属于这一类。希腊为了避免破坏国家间的关系而在民事诉讼法中对执行外国财产施加限制，这是希腊对"公共利益"自由裁量后得出的结果，法院予以认可。

第三，法院认为，希腊法院拒绝对执行程序进行授权没有破坏个人和平享用财产的权利与一般利益需求之间的平衡。实现二者平衡需要确保剥夺财产使用的措施与追求的目标之间成比例。在判断是否成比例方面，法院认识到，国家在选择执行手段和确定执行后果是否符合实现有关法律目标的普遍利益方面拥有较大的裁量余地。因此，不能要求希腊政府违背其意愿推翻国家豁免原则，也不能要求它为了允许申请人执行民事判决而放弃友好的国际关系。此外，申请人未获得司法部长的事前同意——《希腊民事诉讼法》的明确要求——就向希腊法院提起了执行程序，他们没有合理合法的理由期待获得相关赔偿款。而且，尽管希腊法院拒绝了申请人提起的执行程序，他们也还可以通过其他途径获得赔偿款，如在德国申请强制执行。

所以，法院决定，申请人关于希腊违反《第一议定书》第1条的申诉明显无根据，不予受理。

（二）对德国的申诉的可受理性

法院认为，申请人申诉的事实与德国根据《欧洲人权公约》负有的义务无关。

《欧洲人权公约》第1条规定："缔约方应当保证在它们管辖之下的每个人获得本公约第一章所确定的权利和自由。"因此，法院必须确定申请人是否属于该条款意义上的德国的"管辖范

---

① See mutatis mutandis, James and Others v. the United Kingdom, Judgment of 21 February 1986, Series A No. 98, p. 32, § 46.

围"。换言之，必须确定，尽管被指责的诉讼没有发生在德国境内，但是否涉及德国的责任。

法院认为，从国际公法的角度来看，确定个人是否处于一国管辖之下的首要原则是属地原则，法院的判例法显示，只有在下列情况下一国才对其领土之外的个人具有管辖权：当被告国因军事占领而有效控制相关领土及其海外居民，或通过该领土政府同意、邀请或默认的情况下，行使通常由该政府行使的部分或全部公共权力时。[①] 如果一国仅仅在另一国参加诉讼程序，进行辩护，并不构成域外管辖权的行使。[②]

本案中，德国是申请人提起的损害赔偿执行诉讼的被告方，没有对申请人行使任何管辖权。该程序发生在希腊，相关决定和判决也由希腊法院作出，德国不会对它们产生任何直接或间接影响。德国仅仅作为被告方参加了申请人提出的诉讼程序，援引了国家豁免权进行抗辩。此外，考虑到本案的特殊情况，德国政府向申请人决定提起诉讼的希腊法院提出主权豁免的辩护这一事实，并不足以使申请人处于《欧洲人权公约》第1条规定的德国管辖范围内。在该过程中，它是与申请人平等的私主体，而不是对申请人负有相应人权义务的主权者。所以，申请人申诉的事实——希腊司法部长拒绝同意从而使执行程序无法进行，希腊法院后来通过判决对该拒绝进行了确认——与德国作为主权者根据《欧洲人权公约》对它管辖之下的个人负有的确保其获得有关权利和自由的义务无关。

综上，法院决定，申请人主张德国违反了《欧洲人权公约》

[①] Drozd and Janousek v. France and Spain, Judgment of 26 June 1992, Series A No. 240, p. 29, § 91; Banković and Others v. Belgium and 16 Other Contracting States (dec.) [GC], No. 52207/99, § 71, *ECHR 2001-XII*.

[②] McElhinney v. Ireland and the United Kingdom (dec.) [GC], No. 31253/96, 9 February 2000.

第6条第1款和《第一议定书》第1条明显与公约及其议定书不符，不予受理。

（三）关于希腊最高法院院长缺乏公正性的申诉的可受理性

法院认为，应从主客观两方面法判断法官的公正性。主观判断基于特定案件特定法官的个人信念，在有相反证据之前，应该推定法官是公正的。[①] 客观判断是指法官是否提供了足够的担保排除对他公正性的任何合理怀疑，主要审查在法官行为之外，是否有可查明的事实可以引发对他或她的公正性的怀疑。在判断是否有合理理由担心法官可能会不公正时，决定性因素是客观上能否证明该怀疑。[②]

本案中，申请人同时从主客观两个方面质疑希腊最高法院院长的公正性。

首先，申请人认为，该院长为了寻求延长一年任期向希腊政府承诺在诉讼程序中不支持申请人。但是，法院并没有找到与此相关的证据，这仅仅是一种推测。

其次，申请人认为，该院长同时审理损害赔偿诉讼和索要赔偿款的执行诉讼，会妨碍其公正判断。法院认为，虽然这一事实可能引起申请人的怀疑，但该怀疑并不能在客观上被证明。一方面，虽然该院长审理了损害赔偿诉讼，了解了案件相关细节，提前分析了已经获得的信息，但是这不会阻碍他作出公正判断。因为判决是否公正取决于作出时是否经过了仔细分析，是否以经过质证的证据为基础。另一方面，本案中的损害赔偿诉讼和执行诉讼虽然有关联，但是彼此独立，而且执行程序的

---

① Padovani v. Italy, Judgment of 26 February 1993, Series A No. 257-B, p. 20, § 26.

② Delage and Magistrello v. France (dec.), No. 40028/98, *ECHR 2002-II*.

最后判决由希腊最高法院全体会议作出，而非由最高法院院长一人作出。因此，该院长同时参加这两个程序并不会影响执行判决的公正性。

综上，法院决定，申请人关于希腊最高法院院长缺乏公正性的申诉明显无根据，不予受理。

（四）关于对希腊最高法院院长的质疑被拒绝的申诉的可受理性

法院首先明确了，它的任务不是取代国内法院的位置。主要由国内法院负责国内立法的解释问题，这尤其适用于法院对程序性规则的解释，例如，关于提交文件或提出上诉的时限。法院的任务是确定国内法院的相关解释是否与《欧洲人权公约》一致。

本案中，申请人提出的对希腊最高法院院院长的质疑超过了法定期限，因此被希腊法院宣布为不可受理。法院认定，没有证据表明希腊法院的决定是武断的，而且也没有证据表明各方无法预见到相关的国内立法将被适用。所以，是申请人的过失导致了他们的申请被宣布为不可受理，他们无权主张自己诉诸法院的权利受到了侵犯。

综上，根据《欧洲人权公约》第35条第3款和第4款，法院决定拒绝申请人关于其诉诸法院的权利的申诉。

三、案件评析

本案与阿德萨尼诉英国案（Al-Adsani v. the United Kingdom）案类似，申请人在国内法院起诉的行为均涉及被认为违反了国际强行法规范的行为。值得注意的是，本案中，申请人在希腊提起损害赔偿诉讼时，希腊最高法院拒绝德国国家豁免的理由之一是，德国违反国际强行法构成对国家豁免的默示放弃。美国是最早将放弃国家豁免作为国家豁免例外的国家，它制定的《外国主权豁免法案》规定了明示和默示两种放弃方式。《联合国国家及其财产管辖豁免公约》也规定了这两种放弃方式。对于默示放弃的认定问题，"国际法要求这一放弃的意愿必须清晰可辨"。[①] 例如，《联合国国家及其财产管辖豁免公约》规定的国家本身提起诉讼、介入诉讼或采取与案件实体有关的任何其他步骤。与这些默示放弃相比，违反强行法的行为与主张国家豁免的行为在时空上可能存在较大差距，国家违反强行法的时候很大可能不会预设自己将会因此被起诉，也就更不会具有清晰可辨的放弃那些诉讼中的国家豁免的意图。而且，如果一国因违反强行法的行为被诉，它往往会提出国家豁免请求，这也说明了不能仅仅由违反国际强行法得出默示放弃国家豁免的结论。

然而，本案中，法院并未明确回应违反强行法是否构成国家豁免的默示放弃。而是按照之前在相关案例中的观点，认为按照目前的国际法，民事程序中，违反强行法的国家依然享有国家豁免。不过，从最终的结论来看，法院支持了违反强行法时国家豁免依然有效的观点，间接否定了违反强行法构成国家豁免的默示放弃这一主张。

除了上述提及的默示放弃说，还有较为常见的其他两种处理国家豁免与国际强行法关系的学说："规范等级说"和"共谋说"。根据规范等级说，国家豁免属于一般国际法规范，强行法的效力和适用优先于国家豁免。根据共谋说，给予违反国际强行法的国家以国家豁免就是承认该国家违反国际强行法的行为，对于该行为两国之间存在共谋意思，法院地国必须对该行为承

---

① 曾文革，王曦:《国家豁免规则与人权保护例外论争的新发展——国际法院"国家管辖豁免"案解析》，《云南大学学报（法学版）》2014年第3期，第147页。

担国家责任。

然而，这三种学说很少得到国际司法机构的实践支持。在著名的国际法院"德国诉意大利案"中，国际法院认为，国家豁免属于程序性规范、强行法属于实体性规范，二者不存在冲突，给予违反国际强行法的国家以国家豁免不等于承认该国家违反国际强行法的行为。

所以，正如法院在"阿德萨尼诉英国案"中所阐述的那样，大多数情况下，违反国际强行法的行为依然会被给予国家豁免。①

（李冰清）

---

① Al-Adsani v. the United Kingdom [GC], No. 35763/97, *ECHR 2001-XI*, p. 20, § 62.

第四编
与国家豁免相关的其他豁免问题

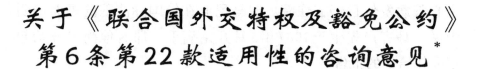

关于《联合国外交特权及豁免公约》第6条第22款适用性的咨询意见*

一、案件背景

1984年3月13日，联合国经济及社会理事会下设的人权委员会在罗马尼亚政府的提名下，任命罗马尼亚公民杜米特鲁·马齐卢先生（Dumitru Mazilu）为防止歧视及保护少数小组委员会（简称"小组委员会"）成员，任期三年，至1986年12月3日届满。

1985年8月29日，小组委员会通过决议要求马齐卢先生"编写一份关于人权与青年的报告，分析为确保青年落实和享有人权，特别是生命权、教育权和劳动权，所作的努力和采取的措施"，并请秘书长为他完成任务提供必要的协助。该报告将在定于1986年召开的小组委员会第39届会议的"在国家、地区和国际各个层面促进、保护和恢复人权"的议程项目下提交。

然而，小组委员会第39届会议未能如期召开，改期于1987年举行。于是，经社理事会第1987/102号决定，小组委员会成员的任期延长一年。1987年8月10日，小组委员会第39届会议

---

* 如无特别注释，本案资料皆来自：Applicability of Article VI, Section 22, of the *Convention on the Privileges and Immunities of the United Nations*, Advisory Opinion, *I.C.J. Reports 1989*, p. 177。

在日内瓦开幕时，小组委员会尚未收到马齐卢先生的报告，他本人也未出席。1987年8月12日，联合国日内瓦办事处收到罗马尼亚常驻联合国日内瓦办事处的来信，告知联合国马齐卢先生心脏病发作且仍在住院。罗马尼亚在给国际法院的书面声明中说，马齐卢先生于1987年5月开始病重，那时他尚未开始起草委托给他的报告。

鉴于此，小组委员会于1987年9月4日通过了第1987/112号决定，将对议程中项目（十四）的审议推迟至1988年的第40届会议，并决定在该议程下讨论关于人权与青年的报告。尽管马齐卢先生作为小组委员会成员的任期应于1987年12月31日届满，但小组委员会第40届会议临时议程仍以列明其姓名的方式，提到他将在"防止歧视和保护儿童"的议程项目下提交一份报告，并将题为"人权与青年"的报告列入了"小组委员会成员根据现有立法编写的研究报告之清单"。

在小组委员会第39届会议之后，联合国日内瓦办事处的人权事务中心进行了各种尝试，希望与马齐卢先生取得联系，并试图为他的报告编写工作提供协助，包括安排他访问日内瓦，定期寄给他各国政府、政府间组织和非政府组织提交的有关资料。然而，马齐卢先生在他寄往日内瓦的两封信中说，他没有收到人权事务中心的来文。

1988年1月19日，人权事务中心副秘书长要求联合国布加勒斯特（Bucharest）新闻中心代理主任提供协助，以为马齐卢先生前往日内瓦的机票提供便利，在这次日内瓦之旅中，代理主任将协助马齐卢先生编写报告的工作。人权事务中心副秘书长也要求向马齐卢先生发出正式邀请，邀请他到人权事务中心进行磋商。

罗马尼亚在提交法院的书面声明中指出，应马齐卢先生的要求，他自1987年12月1日起已被列为不适合任职的退休人员。

在马齐卢先生于1988年1月15日给人权事务中心副秘书长的信中，他提到他曾两次住院，并且已经于1987年12月1日被迫从各种政府职位退休。他说，尽管他愿意来日内瓦进行磋商，但罗马尼亚当局拒绝了他的出境请求。

在寄送日期为1988年4月5日、4月19日、5月8日和5月17日的一系列信件中，马齐卢先生进一步描述了他的情况。在这些信件的第一封信中，他声称自己拒绝了罗马尼亚外交部特别委员会于1988年2月22日向他提出的要求，即主动放弃将其报告提交给小组委员会。他一直抱怨说，他和他的家人承受了很大的压力。

1987年12月31日，小组委员会所有成员，包括马齐卢先生，任期届满。1988年2月29日，经各自政府提名，委员会任命了小组委员会的新成员，罗马尼亚上任的是伊翁·迪亚科努（Ion Diaconu）先生。

1988年6月27日，罗马尼亚常驻联合国日内瓦办事处向人权事务中心副秘书长致函，提到了迪亚科努先生主动提议想要准备那份人权与青年的报告的事宜。1988年7月1日，人权事务中心副秘书长指出，小组委员会第1985/12号决议已经授权马齐卢先生编写此报告，只有小组委员会或其上级机构才有权更改此选派。

同时，人权事务中心副秘书长在其1988年5月6日的信中，要求罗马尼亚常驻联合国日内瓦办事处向马齐卢先生转交各国政府、政府间组织和非政府组织专门提交的有关资料。人权事务中心副秘书长还在其1988年6月15日的信中告知罗马尼亚常驻代表，他决定授权人权事务中心的一名工作人员前往布加勒斯特协助马齐卢先生就其报告开展工作，以此作为一项额外措施，但前提是要使马齐卢先生能够向小组委员会提交报告，并参加随后的辩论。在1988年8月8日至9月2日举行的小组委员会第40届会议上，马齐卢先生再次缺席。

在1988年8月15日举行的第10次会议上，小组委员会通过了第1988/102号决定，此决定要求秘书长"与罗马尼亚政府联系，并提请政府注意到小组委员会的迫切需要：与特别报告员杜米特鲁·马齐卢先生见面，当局帮助小组委员会成员和秘书处访问马齐卢先生并协助他完成研究工作"。

此后，人权事务中心副秘书长报告说，罗马尼亚常驻联合国纽约办事处在交涉中指出，联合国秘书处的任何干预和对布加勒斯特任何形式的调查都将被视为对罗马尼亚内政的干涉。马齐卢先生的事件是公民与其本国政府之间的一项内部事务，因此，访问马齐卢先生不被允许。

在1988年8月30日举行的第32次会议上，小组委员会审议了一项决议草案，其中考虑寻求国际法院就《联合国外交特权及豁免公约》（*The Convention on the Privileges and Immunities of the United Nations*，简称《公约》）对马齐卢先生事件的适用性发表咨询意见。小组委员会收到了联合国法律事务厅关于该问题的意见以及法律事务厅就罗马尼亚对《公约》第30条（争端解决条款）保留的意见。

1988年10月26日，秘书长向罗马尼亚常驻联合国纽约办事处代表发出普通照会，他据实请求罗马尼亚政府给予马齐卢先生必要的便利，使他能够完成分配给他的任务。由于没有收到对该普通照会的答复，人权事务中心副秘书长于1988年12月19日致函罗马尼亚常驻联合国日内瓦办事处。他在信中要求罗马尼亚政府协助安排马齐卢先生访问日内瓦，以便他能够与人权事务中心讨论该中心在他编写报告时可能给予他的协助。

1989年1月6日，罗马尼亚常驻代表向联合国法律事务厅递交了备忘录，其中阐明了罗马尼亚政府对马齐卢先生的立场。就本案事实而言，罗马尼亚认为马齐卢先生并未就委托给他的报告作任何准备或产出了任何成果，反而，因其严重的心脏病反复住院。

罗马尼亚在备忘录中表示："在这种情况下不会出现《公约》的适用问题，即报告员的活动只是临时的，《公约》并未将其等同于负联合国使命之专家。……即使某些报告员被赋予了专家地位，……他们仅在执行任务的国家和过境国在执行任务期间享有与联合国活动相关的职能特权和豁免。"对于罗马尼亚来说，显然"专家在其永久居住国并不享有特权或豁免，仅在执行任务的国家在执行任务期间享有特权和豁免。类似地，《公约》规定的特权和豁免仅在专家开始了与执行其任务有关的旅程之后才开始适用"。此外，罗马尼亚认为："在其国籍国和派遣国以外的国家，专家仅在其为执行任务而进行的口头或书面实际活动中享有特权和豁免。"罗马尼亚明确表示，它反对以任何形式要求法院提供咨询意见。

小组委员会于1988年9月1日通过第1988/37号决议、于1989年3月6日通过第1989/37号决议后，经社理事会得出结论，联合国与罗马尼亚政府在《公约》对杜米特鲁·马齐卢先生作为防止歧视和保护少数小组委员会特别报告员的适用性方面存在分歧；并且，经社理事会请求，根据《联合国宪章》第96条第2款并根据大会1946年12月11日通过的第89（1）号决议，优先要求国际法院就以下法律问题提供咨询意见：《公约》对杜米特鲁·马齐卢先生作为防止歧视和保护少数小组委员会特别报告员的适用性问题。1989年5月24日，经社理事会通过的第1989/75号决议载有要求国际法院提供咨询意见的问题。

1989年12月15日，法院发表了咨询意见，首先，法院驳回了罗马尼亚关于法院没有管辖权的论点；其次，法院没有发现有任何令人信服的其他理由可能导致法院认为其不适合提出咨询意见。随后，法院对《公约》第6条第22款进行了详细分析。

法院表示，马齐卢先生仍然具有特别报告员的地位，因此，他应被视为《公约》第6条第22款意义上的特派专家，因而该条适用于他的案件。

二、法院的咨询管辖权

（一）《联合国宪章》第96条第2款的适用

本咨询意见请求是经社理事会根据《联合国宪章》第96条第2款所提出的要求。该款规定，除大会和安全理事会外，联合国各机构可随时得到授权要求法院就其活动范围内产生的法律问题提供咨询意见。由于人权委员会是经社理事会的一个附属机构，而任命马齐卢先生为特别报告员的小组委员会又是该委员会的一个附属机构。因此，向法院提出的咨询意见要求符合《联合国宪章》第96条第2款的条件。

（二）罗马尼亚对《联合国外交特权及豁免公约》第30条的保留

《公约》第30条规定："本公约之解释及施行发生争执（differences）时，应移送国际法院，但经当事者约定另用他法解决时不在此限。若争执（difference）之一造为联合国而他造为会员国之一时，应依据宪章第九十六条及法院规约第六十五条之规定而提请法院裁定咨议意见。法院裁定之咨议意见，应由争端当事人接受为有效裁判。"

罗马尼亚于1956年7月5日加入《公约》，其加入书载有以下保留："罗马尼亚人民共和国不受本公约第30条规定的'国际法院对因解释或适用本公约而产生的争端具有强制管辖权'约束。"关于国际法院对这种分歧的管辖权，罗马尼亚认为，若要将争端（dispute）提交法院裁决，在每一个争端中，都必须征得争端各方的同意。对于本案，罗马尼亚再次指出，它不同意要求法院就本案发表咨询意见，并认为法院没有管辖权。

法院认为，法院根据《联合国宪章》第96条和《国际法院规约》第65条就法律问题提供咨询意见的目的在于使联合国实体能够寻求法院的指导，以便依法开展活动。这些意见仅供参考，并不具有约束力。由于这些意见旨在指导联合国，各国的同意并不是赋予法院咨询管辖权的先决条件。

正如法院在1950年所说，争端当事国的同意是法院的诉讼管辖权的基础。但就咨询程序而言，情况有所不同，即使"征求意见"涉及国家之间待决的实质性法律问题，但法院的答复仅具有咨询性，没有约束力。任何国家，无论是否是联合国会员国，都不能阻止联合国提出其认为是可取的咨询意见，以便对其自身应该采取的行动方向有所启发。

法院的意见不是发给各国，而是发给有权提出要求的机构。法院本身是联合国的机构，它的答复代表它参与相关机构的活动，原则上不应予以拒绝。① 如果所提出的悬而未决的法律问题不是存在于两个国家之间，而是联合国与一个会员国之间，这种推理同样有效。

虽然罗马尼亚称它对《公约》第30条提出了保留，但该条款与《联合国宪章》第96条却是在不同的层面和不同的背景下运作的。《公约》第30条的目的是提供争端解决机制，它的适用包括两个要件：首先，应将争端移交给法院，除非当事方一致决定采用另一种解决方式；其次，提请法院的目的应为解决争端。总而言之，均非《联合国宪章》第96条之义。

如果当事一方根据第30条要求法院提供咨询意见，法院当

---

① See Interpretation of Peace Treaties with Bulgaria, Hungary and Romania, First Phase, Advisory Opinion, *I.C.J. Reports 1950*, p. 71.

然必须考虑当事方对该条作出的任何保留，就罗马尼亚的特定情况而言，法院将不得不考虑其保留的效力是否会妨碍咨询意见请求程序的运作，还是只是剥夺意见的终决性。但是在本案中，要求法院作出咨询意见的决议未提及第30条，而是根据《联合国宪章》第96条第2款提出的，因此法院无需确定罗马尼亚对该条款的保留的效力。

罗马尼亚辩称，尽管经社理事会于1989年5月24日通过的第1989/75号决议中没有把《公约》第30条作为其征求咨询意见的依据，但它提出的问题涉及《公约》的一项实质性规定在"被认定为属于《公约》缔约国与联合国之间的争端的具体案件"中的适用。它争辩说，"如果《公约》缔约国或联合国可以要求以公约第30节规定以外的依据将有关《公约》适用或解释的争端提交法院审理，《公约》的一致性就会遭到破坏，因为这会将实质性条款与有关争端解决的条款分开，相当于修改各国在同意受《公约》约束时所承担义务的内容和范围。"

然而，如上文所述，本咨询程序的性质和目的是请求就《公约》的一部分内容的适用性提供咨询意见，而不是将争端提交法院裁定。此外，请求本身和咨询意见都没有修改各国，特别是罗马尼亚，在同意受《公约》约束时所承担义务的内容和范围。

因此，法院认为，罗马尼亚对《公约》第30条所作的保留不影响法院受理本请求的管辖权。

（三）咨询管辖权的其他问题

法院指出，尽管罗马尼亚不同意本咨询程序对法院的管辖权没有影响，但这确是在审查法院发表咨询意见是否妥当时应考虑的问题。法院的判例很清楚地表明，当联合国机关或专门机构根据《联合国宪章》第96条要求法院提供咨询意见或就法律问题提供指导或启发性咨询意见时，法院应受理该请求并发表意见，除非有相反的"迫不得已的理由（compelling reason）"。

在西撒哈拉案（The *Western Sahara* case）中，法院提到了一种可能的情况，在该情况下，可能存在这种"迫不得已的理由"。西撒哈拉案中，法院认定，其发表意见的权限不取决于有关国家的同意，但是，如果在特定案件的情况下，出于对司法适当性（propriety）的考虑，法院有义务拒绝发表咨询意见，而缺乏国家同意可能构成放弃发表所要求的咨询意见的理由。简言之，有关国家的同意仍然是有意义的，这与法院的职权无关，而与司法适当性有关。因此，在某些情况下，如果未得到有关国家的同意，可能会导致提供咨询意见与法院的司法适当性不符。比如，当情况表明，作出答复将规避"国家没有义务未经其同意而将其争端提交司法解决"的原则，《国际法院规约》第65条第1款赋予法院的酌处权将提供给它足够的法律手段，以确保尊重管辖权的基本原则——国家同意。①

鉴于罗马尼亚强调其对《公约》第30条的保留，并且不同意当前的咨询意见请求，法院必须考虑在这种情况下"给予答复是否会规避'国家没有义务未经其同意而将其争端提交司法解决'的原则"。法院认为，在本案中给予咨询意见不会有这样的影响。当然，经社理事会在其征求法院意见的决议中确实得出结论："联合国和罗马尼亚政府在《公约》对杜米特鲁·马齐卢先生的适用性问题上出现了分歧。"但是，不应将向法院提出咨询问题与联合国和罗马尼亚之间关于在马齐卢先生相关的情况下适用《公约》的争议解决相混淆，如上文所述，经社理事会在通过该决议时仅提到"存在分歧"，它并没有试图通过它向

---

① See Western Sahara, Advisory Opinion, *I.C.J. Reports 1975*, p. 25, paras. 32-33.

法院提出的问题来彻底解决这一分歧，其目的似乎至多是澄清马齐卢先生在《公约》中的地位。

因此，在本案中，法院认为，没有发现任何支持拒绝提供咨询意见的决定性理由。

三、《联合国外交特权及豁免公约》
第6条第22款的适用

为了确定《公约》第6条第22款对小组委员会特别报告员杜米特鲁·马齐卢先生的适用性，法院必须首先确定该条款的含义。

大会根据《联合国宪章》第105条于1946年2月13日批准了《公约》，包括罗马尼亚在内的124个国家是该公约的缔约国。

《公约》第6条第22款规定如下：

为联合国执行使命的专家（属于第5条范围的职员除外）在其执行使命期间，包括为执行其使命的旅程期间，应给予为独立执行其职务所必需的特权和豁免，尤应给予下列特权和豁免：

（甲）其人身不受逮捕或拘禁，其私人行李不受扣押；

（乙）其在执行使命期间发表的口头或书面的言论和他们所实施的行为豁免一切法律程序。此项法律程序的豁免虽在关系人不再受雇为联合国执行使命时仍应继续享有；

（丙）其一切文书及文件均属不可侵犯；

（丁）为与联合国通讯使用电码及经由信使或用密封邮袋收发文书或信件的权利；

（戊）关于货币或外汇限制享有给予负有临时公务使命的外国政府代表的同样便利；

（己）其私人行李，享有给予外交使节的同样的豁免和便利。

第23款为：

特权和豁免并非为专家个人本身的私人利益而给予，而是为联合国的利益而给予。秘书长于认为任何专家的豁免有碍司法的进行而抛弃豁免并不损害联合国的利益时，有权利和责任放弃该项豁免。

第26款补充道：

对于虽非联合国通行证的持有人而具有为联合国事务而旅行的证明书的专家和其他人员亦应给予第25款所载明的类似便利。

法院将审查第22款中规定的"属人理由（*ratione personae*）""时间理由（*ratione temporis*）"和"属地理由（*ratione loci*）"的适用，即，法院将首先依次考察"特派专家（experts on missions）""特派期间（period of the missions）"在第22款中的含义，最后考虑专家在其与本国或居住国关系中的地位。

（一）特派专家

《公约》没有对"特派专家"下定义。从第22款可以清楚地看出，它所做的就是澄清两点，第一，本组织的官员不属于本条款所指的专家类别，即使是因他们在某一特定领域的技术专长而指派的；第二，第22款只包括为联合国执行使命的专家。

第22款的目的是显而易见的，即，使联合国能够将任务委托给不具有本组织官员身份的人，并保证他们"享有独立行使其职能所必需的特权和豁免"。这样任命或选举的专家可能会或可能不会得到报酬，可能会或可能没有签署合同，可能会被赋予一项需要长时间或短时间工作的任务。问题的实质不在于他们的行政地位，而在于他们任务的性质。

实际上，根据秘书长提供的资料，联合国日益有机会将任务委托给不具有联合国官员地位的人。这些人被委托进行调解、编写报告、准备研究、进行调查或发现和确定事实。他们参加了某些维和部队、技术援助工作和许多其他活动。

此外，本组织内还设立了许多委员会或类似机构，其成员不是以国家代表的身份，而是以个人身份服务，例如，国际法委员会、行政和预算问题咨询委员会、国际公务员制度委员会、为执行《公民权利和政治权利国际公约》而设立的人权事务委员会，以及其他类似委员会，如消除种族歧视委员会或消除对妇女一切形式歧视委员会。

在上述所有情况下，联合国的实践表明，那些被任命的人，特别是委员会和委员会的成员，已经被视为第22款所指的特派专家。

（二）特派期间

根据第22款，专家"在执行任务期间，包括为执行任务之旅途期间"享有特权和豁免。因此产生的问题是，第22款所指专家是否只包括为联合国执行使命而需要出差的专家，还是没有出差或出差时间之外为联合国执行使命的专家也在其中。

为了回答这个问题，有必要通过《公约》使用的两种语言，即英文文本和法文文本进行澄清。最初，为了与拉丁语的起源保持一致，"mission" 这个词指的是委托给某人的任务，前提是此人被派往某处执行任务，而这意味着旅行。"使者""传教士"和"信使"这几个词的词源相同，其内涵也相同。然而，法语单词 "mission" 和英语单词 "mission" 早已有了更广泛的含义，如今它们均可指委托给一个人的任务，无论这些任务是否涉及旅行。

法院认为，第22款在提及执行联合国任务的专家时，通常使用"任务（mission）"一词。尽管有些专家必须出差才能执行任务，但有些专家不必出差就可以执行任务。无论哪种情况，第22款的目的都是为了确保这些专家的独立性，使他们享有必要的特权和豁免，以维护本组织的利益。某些情况下，这些特权和豁免旨在为专家的旅行和他们在国外逗留的期间提供便利，例如，在扣押或搜查行李的情况下。但是，在其他情况下，它们具有更广泛的性质，尤其是在涉及联合国的来文或文件及其不可侵犯性时。因此，第22款适用于每位特派专家，无论他是否需要出差。

（三）专家在其与本国或居住国关系中的地位

另一个需要讨论的问题是，特派专家是否可以在其国籍国或居住国享有这些特权和豁免。

在这方面，法院注意到，《公约》第15款规定，与会员国代表有关的第4条第11、12和13款规定的"特权和豁免……不得在代表与其国籍国或现任或曾任代表的国家当局间适用"。

然而，《公约》第5条与本组织官员相关，第6条与为联合国执行使命之专家相关，与第4条没有任何可比性。第5条和第6条所授予的特权和豁免，是为了确保国际官员和专家的独立性，以符合本组织的利益。这种独立性必须得到包括国籍国和居住国在内的所有国家的尊重。

但是，在涉及"其国民或惯常居住在其领土上的人"时，《公约》的某些缔约国（加拿大、老挝、尼泊尔、泰国、土耳其和美国）确实已经对第5条的某些规定或第6条本身（墨西哥和美国）进行了保留。

综上所述，法院认为，《公约》第22款适用于接受本组织委托执行任务的人（联合国官员除外）。无论是否需要出差，在执行此类任务的整个过程中，他们都享有独立行使其职能所必需的特权和豁免，除非国籍国或居住国对第22款作出了保留。

四、小组委员会特别报告员的法律地位

联合国机关及各专门机构认为，为了履行联合国日益多样化的职能，必须雇用特别报告员这类人，因此，对整个联合国系统来说，认定特别报告员的法律地位都是一个重要问题。

小组委员会成员的身份既不是会员国代表的身份，也不是联合国官员的身份，而且他们在预设的小组委员会职权范围内独立履行联合国职能，因此必须被视为第22款所指的特派专家。

按照许多联合国机构所遵循的惯例，小组委员会不时任命报告员或特别报告员，负责研究具体问题，而这些报告员或特别报告员通常从小组委员会成员中选出。在过去十年中，特别报告员只有三次左右是从小组委员会成员以外任命的。多数情况下，从小组委员会成员中任命的特别报告员在小组委员会成员任期届满后才完成报告。

由于他们的身份既不是会员国代表，也不是联合国官员，而且他们独立为联合国进行这类研究，因此，即使他们不是或不再是小组委员会的成员，也应当将他们视为第22款下的特派专家。总而言之，根据第22款，他们享有行使其职能所需的特权和豁免，特别是有助于编写、起草和向小组委员会提交报告

相关的特权和豁免。

五、咨询意见的结论

法院认为其不应对马齐卢先生的健康状况或对马齐卢先生为小组委员会所做或将要做的工作的结果发表意见。需要指出的是，首先，联合国负责决定在这种情况下是否希望保留马齐卢先生的特别报告员地位；其次，小组委员会已就此作出决定。在这种情况下，马齐卢先生继续具有特别报告员的地位，因此必须被视为《公约》第6条第22款所指的特派专家。

所以，法院认为，《公约》第6条第22款适用于马齐卢先生的情况。

六、案件评析

国际组织作为法律人格者，具有有别于其成员国的独立法律人格，能够在其职权范围内独立进行有效的活动，参与国际和国内法律关系。为达成组织的宗旨、执行有关职务，国际组织及其官员、专家等享有一定程度的特权与豁免。国际组织的特权与豁免来源于组织基本文件的设定和成员国的赋予，具体内容一般都规定于成员国签订的特权与豁免协议。

虽然同为国际法的主体，但国际组织的特权与豁免与国家豁免十分不同。前者更为复杂，涉及国际组织本身、国际组织职员、常驻使团人员、临时性代表团人员、执行职务的专家等诸多方面。由于国际组织经常聘用临时性的专家为其开展某些工作，执行职务的专家的特权与豁免问题成为实践中经常发生的情况。

本案的核心问题是为国际组织执行职务的专家在其派遣国

或本国是否享有特权与豁免。显然，围绕这个问题是存在比较大的争议的。事实上，这个问题的出现是国际组织的特性造成的。与国家不同，国际组织没有任何确定的领土，也没有任何固定的人口，所以必须借由其成员国的物力、人力方能达成组织的使命。当国际组织借由成员国的人员来开展工作时，又需要保证一定的独立性，所以不得不使这些人员在其本国也享有特权与豁免。而这似乎又与国家基于国家主权而对本国公民的管辖权产生了一定的冲突。

在本案中，国际法院确认了国际组织的特派专家在其国籍国享有特权和豁免。法院认为，国际官员或专家的独立性不同于成员国代表，前者的独立性必须得到国籍国或居住国的尊重，而后者在其国籍国不享有特权和豁免。不过，在实践中，一些国家对国际官员或专家对其国籍国或居住国的独立性进行了保留，法院认可上述保留。由此可见，除非国家作出特定保留，否则国际官员或专家在其国籍国或居住国也享有履行职务的特权与豁免。

（金文轩）

一、案件背景

2000年4月11日，比利时布鲁塞尔初审法院的一名调查法官对时任刚果外交部长的阿卜杜拉耶·耶罗迪亚·恩多姆巴西（Abdulaye Yerodia Ndombasi）签发了一份"缺席的国际逮捕令"（an international arrest warrant *in absentiu*），指控其实施或者共谋严重违反1949年日内瓦四公约及其附加议定书的罪行（grave breaches of the Geneva Conventions of 1949 and of the Additional Protocols）和危害人类罪。

比利时签发该逮捕令的依据，为比利时在1993年6月16日颁布、在1999年2月修正的一项国内法律（《关于惩处违反1949年8月12日日内瓦公约和1977年6月8日附加的第一第二议定书的法律》，以下简称《惩处严重违反国际人道主义法的法律》，*The Law of 16 June 1993 Concerning the Punishment of Grave Breaches of the International Geneva Conventions of 12 August 1949 and of Protocols I And II of 8 June 1977 Additional Thereto*），其主要内容为惩罚严重违反《日内瓦公约》及其《附加议定书》中与国际人道法有关的犯罪行为。该法第7条规定，"比利时法院

＊ 如无特别注释，本案资料皆来自：Avrest Warrant of 1 I April 2000 (Democrutic Republic of the Congo v. Belgium), Judgment, *I.C.J. Reports 2002*, p. 3。

对本法规定的罪行有管辖权，无论这些罪行发生在何处"。尽管逮捕令所控行为发生在比利时境外，且行为发生时被逮捕的对象耶罗迪亚并非比利时国籍也不在比利时领土内，受害人也没有一人是比利时国籍，比利时仍旧基于居住在比利时的12名个人的申诉发出了逮捕令（其中5人为比利时籍）。6月7日，逮捕令发往刚果，刚果当局在7月12日收到了逮捕令，同时，比利时还将逮捕令转交国际刑事警察组织，并通过后者在国际社会分发。逮捕令指控耶罗迪亚在1998年8月数次发表煽动种族仇恨的言论。

2000年10月17日，刚果向国际法院书记官处对比利时调查法官签发"国际逮捕令"的行为提起诉讼，请求法院宣告该逮捕令无效。在申请书中，刚果提出了两项理由：一是比利时根据其国内法规定的普遍性管辖违反了"一国不能在其他国家的领土内进行管辖"的国际法原则以及"《联合国宪章》第2条第（1）款规定的成员国主权平等的原则"；二是比利时国内法不承认在任外交部长外交豁免权的规定违反了"主权国家外交部长享有外交豁免"的国际法规则。

刚果还请求法院指示临时措施。但在关于这一问题的听证会上，法院获悉在2000年11月，耶罗迪亚已经不再担任外交部长职务，而是担任教育部长职务。基于此变化，比利时认为案件已经没有实际意义，请求法院不再审理本案件。法院最终驳回了刚果关于指示临时措施的请求，也驳回了比利时提出的意见。而且，从2001年4月中旬开始，随着刚果新政府的组建，耶罗迪亚不再担任教育部长一职。直到本案判决，他不再担任任何部长职务。

二、管辖权与可受理性

刚果认为国际法院对此案件有管辖权，因为"比利时已经接受了国际法院的管辖"，且刚果提交的申请书表明：刚果也在本案所需范围内接受国际法院的管辖。对此，比利时提出五项反对意见。

（一）针对管辖权和可受理性的第一项反对意见

比利时的第一项反对意见如下："鉴于耶罗迪亚已不再是刚果外交部长，也不再在刚果政府中担任任何职务，双方之间不再存在法律争端，因此法院缺乏对本案的管辖权。"比利时并不否认，在刚果递交申请书时，双方之间存在这种法律争端，而且法院进行了适当的审理。然而，比利时主张，问题不是当时是否存在法律争端，而是目前是否存在法律争端，并援引了法院过去的判决，"只有在作出裁决时，涉及各方法律利益冲突的实际争议仍旧存在，法院才能作出判决"[①]，"法院被要求解决国家间现有的争端，因此，在法院作出裁决时，提交法院的争端必须继续存在"[②]。比利时认为，耶罗迪亚担任外交部长职务这一事实是刚果提出的诉讼的核心，鉴于耶罗迪亚于2000年11月起不再担任外交部长，且自2001年4月15日以来，他在刚果政府中不再担任任何职务，情况的变化导致该案件已不再有涉及双方之间实际争议的具体案件，因此法院缺乏管辖权。

针对比利时的该项反对意见，刚果提出了反对意见。认为

---

① Case Concerning the Northern Cameroons (Cameroon v. the United Kindom), Preliminary Objections, Judgment, *I.C.J. Reports 1963*, pp. 33-34.

② Nucleur Tests cases (Australia v. France), Judgment, *I.C.J Reports 1974*, pp. 270-271, para. 55.

双方之间确实存在法律争端，因为比利时发出逮捕令侵犯了其外交部长的豁免权，该逮捕令从一开始就属于非法，尽管有关个人的地位随后发生了变化，但这一法律缺陷仍然存在。

对此，法院认为，根据既有判例，国际法院的管辖权应当在程序被提起时得到确定。因此，如果法院在案件提交之日拥有管辖权，则无论随后发生什么事件，法院都继续享有管辖权。尽管情况的变化可能会使申请变得无意义，法院可以决定不再就实体问题进行判决，但这不会使法院失去管辖权。

根据《国际法院规约》第36条，缔约国可以声明接受国际法院的管辖，在当事双方均接受法院管辖时，法院的管辖权是强制性的。比利时在1958年6月17日提交声明接受国际法院管辖，刚果则于1989年2月8日提交了声明，两份声明中均不存在适用于本案的保留。因此在本案中，双方均受任择性强制管辖声明的约束。此外，双方对于2000年4月11日签发的逮捕令的合法性以及法律后果存在法律争议，这种争端明显是法院判例意义上的法律争端，从而，法院认为，国际法院对本案享有管辖权，并由此驳回了比利时的第一项反对意见。

（二）针对管辖权和可受理性的第二项反对意见

比利时的第二项反对意见如下："由于耶罗迪亚已经不再担任刚果外交部长以及其他政府公职，本案缺乏审理对象（object），因此法院应拒绝就本案的实体问题作出判决。"

比利时认为，在本案中，刚果没有主张任何物质损害，也不曾要求损害赔偿，根据法院在此前判例中确立的原则，如果继续进行诉讼程序不会产生实际效果时，法院可以不再继续审理该案。就本案目前的情形来看，法院将只能对相关问题进行解释，或加强一方或另一方的立场。刚果反对比利时的上述观点，认为情况尚未达到比利时所称的"案件失去对象"，因为法院还不曾解决其请求——宣布逮捕令无效、补偿遭受的道义损失，侵犯其权利的原因尚未消失。

法院认为，其已经在多种情形下声明，案情的变化可能会使案件失去对象，从而使得法院无需对实体问题作出判决。然而，本案并未达到此种程度，耶罗迪亚不再担任外交部长这一事实并未从实际上结束双方之间的争端。刚果仍然主张比利时非法发出对耶罗迪亚的逮捕令，要求宣告其无效并获得赔偿，比利时则认为其行为不违反国际法，可见，法律争端仍然存在，继续审理本案的实体问题是有实际意义的。从而，法院驳回了比利时的第二项反对意见。

（三）针对管辖权和可受理性的第三项反对意见

比利时的第三项反对意见如下："与刚果提出诉讼的申请书中所述的情况相比，本案在审理时的情况已有较大变化，因此法院对案件缺乏管辖权，或者该申请已经不具有可受理性。"比利时认为，在申请书所依据的事实发生了根本变化的情况下，申请国继续进行诉讼将与法律的安定性以及司法制度的健全相冲突，因为在这种情况下，被申请方只有在最后时刻方能确定案件涉及的具体事实。这如同申请国在诉讼过程中提出新的权利主张，这对被申请国不利。因此，如果刚果希望维持其主张，则应当重新启动诉讼程序，或者至少申请修改其最初的申请。刚果反对称，申请书中所提到的情况并未发生根本性的改变，且其并未提出新的实质或者形式上的主张。

法院认为，依据既往判例确立的规则，原则上不应"允许对提交法院的申请提出的争端进行修正，使之变成性质不同的另一争端"①。然而在本案中，申请书所依据的事实所产生的变化并未严重到导致争端发生转变，案件的主要问题仍旧是比利时针对当时是外交部长的耶罗迪亚签发逮捕令是否违反国际法，况且刚果的最终诉讼请求直接来源于申请书中的主要事项。因此，法院驳回了比利时的第三项反对意见。

（四）针对管辖权和可受理性的第四项反对意见

比利时的第四项反对意见如下："由于耶罗迪亚不再担任任何刚果政府职务，刚果的诉讼在性质上是一种外交保护行为，但耶罗迪亚并未用尽当地救济，因此，法院对本案无管辖权，案件不具有可受理性。"

比利时承认，当案件首次在国际法院提起时，刚果对此问题有直接的法律利益，并且以国家的名义对诉称的比利时侵犯刚果外交部长豁免权的行为提起了诉讼。然而，2001年4月15日之后，耶罗迪亚不再担任刚果政府职务，其身份转变为普通公民，刚果提出的诉求实质上演变为外交保护行为，外交保护行为的必要前提是用尽当地救济。但是，在本案中，耶罗迪亚并未依据比利时法律在比利时国内寻求救济，没有用尽当地救济，因此不符合外交保护的要求，刚果不能在国际诉讼中支持其国民。刚果则认为，其起诉行为并非外交保护行为，而是以国家的名义对侵犯其外交部长豁免权的行为提起诉讼。

对此，法院认为，刚果并未试图向法院主张耶罗迪亚的个人权利，因此争端的性质没有发生变化，案件的主要问题仍旧是比利时签发的逮捕令是否违反国际法以及是否侵犯了刚果的权利。刚果并非以保护国民为目的采取行动，因而，比利时不

---

① Société Commerciale de Belgique, Judgment, 1939, *P.C.I.J.*, Series A/B, No. 78, p. 173.

能依赖有关用尽当地救济的规则。

此外，由于用尽当地救济这一原则涉及申请的可受理性，法院对此进行了简要的判断。根据既定判例，确定申请可否受理的关键日期是提出申请的日期。对此，比利时认可在提交申请书之日，刚果对此案有直接的法律利益且以国家的名义提出索赔。由此，法院驳回了比利时的第四项反对意见。

（五）附带意见

作为辅助观点，比利时还提出，如果法院认为其有管辖权且申请具有可受理性，则应受制于不超出诉讼请求规则（*non ultra petita rule*）的限制，即法院的管辖权应当限于刚果的最后呈件所提出的事项。在申请书中，刚果提出了两个观点，其一是比利时法官缺乏管辖权，其二则是基于外交部长享有的管辖豁免，但是在最终呈件中，刚果并未再次提及所谓的在一方缺席的情况下比利时错误地赋予自己的普遍管辖权。因此，法院不应就此问题作出判决。刚果方面则表示，它提出这些诉求的目的是请求法院认定其为国际不法行为的受害者，而本案是否涉及过度行使普遍管辖权只是一个次要的考虑。

对此法院回顾了一项既定原则，"法院不仅有责任答复当事方最后提交的材料中所述的问题，而且有责任不裁决这些材料中未包括的问题"[①]。然而，不对申请书中未提出的问题作出裁决，并不意味着法院不能在它的说理过程中处理某些法律问题。

在本案中，法院不得在其判决的执行部分裁决比利时法官按照声称的普遍管辖权作出的逮捕令是否违反国际法规则地原则。但在必要的情况下，法院可能不得不处理该问题的某些方面。

[①] Asylum (Colombia v. Peru), Judgment, *I.C.J. Reports* 1950, p.402.

在分析之后，法院认为它对本案有管辖权，刚果的申请具有可受理性。

三、实体问题

在对本案的管辖权和可受理性作出判断之后，法院进一步分析了实体问题。法院认为，尽管刚果在后来放弃了它的第一项诉讼理由——比利时缺乏普遍管辖权，但是第一项诉讼理由的判定是第二项——比利时签发逮捕令违反了国家管辖豁免——的前提。因为只有当一个国家对某一事项拥有管辖权时才会涉及行使该管辖权是否涉及豁免问题。基于此，法院对是本案的实体问题依如下顺序作了分析。

（一）外交部长享有的刑事管辖豁免权

刚果认为，主权国家外交部长在其任期内享有"完全的、绝对的"刑事程序豁免权，此种豁免没有例外。因此，只要外交部长继续任职，就豁免于外国的刑事诉讼，外国国内法院对其作出的任何刑事责任判决，或为对其进行审判而进行的任何调查行为，都将违反管辖豁免原则。刚果主张，这种豁免权是习惯国际法，目的在于保障外交部长能够不受阻碍地履行职能。因此，这种豁免权涵盖了外交部长在任期间的所有行为，也包括其上任之前的行为，而不考虑其行为是否被分类为公务行为。刚果还指出，它不否认纽伦堡法庭和东京法庭制定的国际刑法原则，即被告在行为发生时的官方身份不能构成"免除其刑事责任或减刑的理由"，但是享有豁免权不意味着有罪不罚，在一个法院享有豁免权并不影响另外一个适格的法院对其行为进行惩罚。

比利时认为，虽然现任外交部长一般在外国法院享有管辖豁免，但这种豁免仅适用于在其执行公务过程中实施的行为，不能延伸至私人行为或履行公务以外的其他行为。在本案中，耶罗迪亚对其被指控的行为并不享有豁免权，更无证据显示其行为是在执行公务，比利时签发的逮捕令仅针对其个人。

法院首先指出，在国际法中已明确，国家元首、政府首脑和外交部长等国家高级官员，在其他国家享有民事和刑事管辖豁免。就本案而言，法院只考虑时任外交部长的刑事管辖豁免权和不可侵犯性。

已经有很多的条约规制这一问题，其中包括刚果与比利时均加入的1961年《维也纳外交关系公约》（以下简称《公约》）。《公约》第42条明确指出，外交特权与豁免的存在是为了确保外交使团有效履行代表国家的职能，只有派遣国能够放弃这种豁免。刚果与比利时还援引了双方并非缔约国的1969年《联合国特别使团公约》，该公约第21条规定："政府首脑、外交部长和其他高级人员参加派遣国的特别任务时，除本公约所给予的以外，还应在接受国或第三国享受国际法所给予的特权和豁免。"这些公约均就豁免的某些问题提供了指导，但并没有明确外交部长享有的豁免权，于是法院须依据习惯国际法对此进行解释。

给予外交部长豁免权不是为了他们的个人利益，而是为了确保他们能有效地代表各自国家履行外交职能。因此，为了确定这些豁免的范围，法院必须首先审议外交部长行使职能的性质。由于外交部长负责本国政府的外交活动，并在国际谈判和政府间会议中担任代表，自由地在各国旅行是必要的前提。国际社会有一种推定，认为外交部长可以全权代表国家行事而不须出示全权证书。此外，由于大使和其他外交官员受其指示履行职责，因而外交部长的行为通常会对所代表的国家具有约束力，因而必须与政府及其在世界各地的外交使团保持经常联系。因此，法院认为，外交部长在任职期间享有完全的刑事管辖豁免和不可侵犯权，以保护其不受另一国权力行为的影响，从而顺利履行职责。且在此方面，不能区分外交部长以"官方身份"实施的行为与以"私人身份"事实的行为，也不需要区分在其上任前实施的行为与在职期间实施的行为，只有这样才能保证其职能的顺利实现。

（二）刑事管辖豁免与战争罪和危害人类罪

比利时认为，无论如何，赋予现任外交部长的豁免都不应成为他们犯战争罪或危害人类罪而不受惩罚的保护，并援引了部分国际刑事法庭与国内法院的判决。刚果对此表示了反对，认为目前的国际法并未提供任何绝对豁免原则的例外，即使在任外交部长被指控犯有国际法规定的罪行。

对此，法院在审查了国家实践与各类条约、文书后认为，无法推断出习惯国际法中存在着对外交部长刑事管辖豁免与不可侵犯性的例外，即使其被控犯有战争罪或者危害人类罪，比利时援引的判决并未涉及被控犯有战争罪或者危害人类罪的现任外交部长在国内法院的豁免问题。

法院还指出，必须仔细区分规范国内法院管辖权的规则和规制管辖豁免的规则：有管辖权并不意味着没有豁免，而没有豁免也不意味着有管辖权。因此，尽管许多涉及预防和惩罚严重罪行的国际公约规定，国家有起诉或引渡的义务，从而要求它们扩大刑事管辖权，但这种管辖权的扩张不应影响包括管辖豁免在内的习惯国际法。

当然，法院还强调，现任外交部长享有的管辖豁免并不意味着他们对其可能犯下的任何罪行不受惩罚，在这一问题上应当区分刑事管辖豁免与个人刑事责任这两个不同的概念。前者是一种程序事项，而后者是实体规则。管辖豁免会在一定时期内禁止对部分罪行进行起诉，但其不能免除享受豁免的人的所有刑事责任。因此，在以下情形下，现任或前任外交部长根据国际法享有的豁免并不妨碍对其进行刑事起诉。

第一，这些人在本国不享有国际法规定的豁免，因此可由这些国家的法院根据相关的立法规则进行审判。

第二，如果其所代表的国家决定放弃外国管辖豁免，则其停止享有豁免。

第三，当一个人不再担任外交部长之后，将不再享有豁免。只要一个国家的法院根据国际法具有管辖权，便可以对该人在其任职之前或之后所为的行为以及在其任职期间以私人身份所做的行为进行审判。

第四，只要有管辖权，特定的国际刑事法庭可以对现任或者前任外交部长进行刑事审判。这一类的法院包括了国际刑事法院，前南刑庭，卢旺达刑庭等。

（三）比利时签发逮捕令对国际法的违反

刚果认为，比利时于2000年4月11日签发的逮捕令本身是一种强制措施，侵犯了刚果的主权权利。比利时将其在国际上分发，更是进一步违反了上述规则。比利时辩称，该逮捕令既没有侵犯刚果的主权，也没有为刚果设定任何义务，而在境外分发的逮捕令也并未给其他国家的当局设定逮捕耶罗迪亚的义务，因而不具有法律效力，即使有国家执行了该逮捕令，负有责任的也不应是比利时，而是执行逮捕令的国家。

结合上述关于现任外交部长享有的刑事管辖豁免规则的性质与范围，就本案而言，法院认为，签发有争议的逮捕令是比利时司法当局所为，目的是以战争罪与危害人类罪在比利时领土上逮捕一名现任外交部长。该逮捕令"指示和命令所有法警和公共当局的代理人执行这一逮捕令"，并且声称"被告目前虽然担任外交部长职位，但是不享有管辖和执行豁免"，这些言辞均表明该逮捕令是可执行的。法院认为，考虑到逮捕令的性質和目的，其本身就構成對耶羅迪亞作為剛果現任外交部長享有的豁免權的侵犯，因而，比利時違反了對剛果的義務，尤其侵犯了耶羅迪亞根據國際法享有的刑事管轄豁免和不可侵犯性。對於比利時提出的，"國際上分發的逮捕令僅僅是為後續在國外逮捕耶羅迪亞並將其引渡到比利時奠定法律基礎"，法院不予認可，認為無論其是否明顯影響了耶羅迪亞的外事活動或者剛果的國際交往行為，分發逮捕令這一行為本身就已經侵犯了耶羅迪亞享有的刑事管轄豁免與不可侵犯性，從而違反了比利時對剛果的義務。

（四）比利時對剛果的損害賠償

剛果請求法院宣布比利時簽發並分發逮捕令的行為違法，撤銷該逮捕令並通知收到逮捕令的外國當局放棄合作執行該非法逮捕令等請求；並且要求比利時對剛果因此而遭受的損害進行適當形式的補償與抵償。法院認為，由於該逮捕令的簽發與分發是違反國際義務的，因此比利時應當承擔國家責任，以上宣告本身就構成了對剛果所受損害的一種抵償。而依據霍茹夫工廠案確立的規則，侵害國應盡可能消除不法行為所造成的損害，並恢復到不法行為發生之前的狀態。① 由於現在逮捕令尚且存在，只有將其撤銷方能達到上述效果，但不需要再設定更多的賠償。

綜上，最後法院的判決結果如下：

1. 以15票對1票，駁回比利時關於管轄權、可受理性的反對意見，認為法院對剛果於2000年10月17日提起的申請有管轄權，案件有實際意義，案件具有可受理性；

---

① Case Concerning the Factory at Chorzów (Germany v. Poland), Judgment, 1927 *P.C.I.J.*, Series A/, No. 17 p. 47.

298

2. 以13票对3票，认为比利时于2000年4月11日签发针对耶罗迪亚的逮捕令行为，以及后续在国际上分发逮捕令的行为违反了比利时对刚果的国际义务，侵犯了刚果现任外交部长的刑事管辖豁免与不可侵犯性；

3. 以10票对6票，裁定比利时应当撤销其此前签发的逮捕令，并通知所有逮捕令到达的国家。

四、案件评析

基于"平等者之间无管辖权"理论与国家主权平等原则所提出的外交豁免原则是国际法最为重要的原则之一，《公约》第29条、第31条对此有明确的规定："外交代表人身不得侵犯。外交代表不受任何方式之逮捕或拘禁。接受国对外交代表应特示尊重，并应采取一切适当步骤以防止其人身、自由或尊严受有任何侵犯。""外交代表对接受国之刑事管辖享有豁免。"可惜的是，《公约》并未就国家元首、政府首脑、外交部长等具有特殊地位的国家高级官员的豁免作出明确的规定。在本案中，一国外交部长的豁免问题得到了明确解决，国际法院指出，外交部长职能的特殊性使得其在任职期间应当享有完全的刑事管辖豁免和不可侵犯权，以保护其不受另一国权力行为的影响，从而顺利履行职责；且不需要区分其以"官方身份"实施的行为与以"私人身份"实施的行为，也不需要区分在其上任前实施的行为与在职期间实施的行为。

在本案中，国际法院指出，享有管辖豁免与不可侵犯性不意味着对其可能犯下的任何罪行不受惩罚，并列举了五项对这一类人进行处罚的情形。其中，除了"在本国受审""代表国放弃豁免""特定的国际刑事法庭进行审判"外，还有一项是"依据国际法享有管辖权的国内法院管辖"。这就引出了本案的另一个问题——普遍管辖权。

一国不能在其域外行使管辖权，这曾是国际法的基本原则。猖獗的海盗行为与接续发生的违反国际人道法的行为发展了"普遍管辖权"。但一国究竟在何种情形下可以行使普遍管辖权，普遍管辖权是绝对的还是有限制的，这些问题并未得到完美解决。

在本案的诉讼程序中，刚果改变了其诉讼请求，不再请求法院宣布比利时在1993年颁布、1999年修正的与惩罚严重违反国际人道法有关的法律中赋予比利时法院普遍管辖权的行为违反了"主权平等"，"一国不应在另一国境内实施其权力"两项原则，也不再请求法院宣布比利时调查法官签发逮捕令的行为违反了"主权国家现任外交部长的外交豁免"这一国际法规则，而仅请求法院处理该逮捕令的效力问题。这一变化导致普遍管辖权从可能的违反国际法行为转变为了比利时的反对意见理由之一，也导致法院没有在最终判决中讨论普遍管辖权问题。这在逻辑上有其合理性，但不得不说也是一种遗憾。比利时、西班牙等国均通过国内立法的形式，赋予本国法院普遍管辖权，这是否能归类于法院提出的"依据国际法享有管辖权"无从得知。国际法院前院长纪尧姆（Guillaume）法官在刚果诉比利时逮捕令案的独立意见中指出："成文国际法尚不知道本案中适用的被告缺席的普遍管辖权……国际法并不接受普遍管辖权，更不接受被告缺席的普遍管辖权。"这或许是本案对这一问题最为确定的解答，却并不能为国际法提供强有力的论据。

普遍管辖权与外交豁免权的冲突时有发生，从根本上看，这是国家主权概念在联系越发紧密的国际社会中遭受冲击的表现，如何平衡国家主权与国际社会的秩序，尚有待各国在实践和探索中给出答案。

（杨睿智）

豁免和刑事诉讼案*

一、案件背景

2008年12月2日，透明国际法国（Transparency International France）向巴黎检察官提出申诉，指控某些非洲国家元首及其家庭成员在其原籍国挪用公款，并在法国参与投资活动。法国法院宣布受理这一申诉，并于2010年就"挪用、共谋挪用和侵吞公款、洗钱和共谋洗钱、滥用及共谋滥用公司资产、背信及共谋背信和对上述罪行隐瞒"的行为开展调查，调查特别关注为在法国购置动产和不动产而进行的融资行为。赤道几内亚总统的儿子特奥多罗·恩圭马·奥比昂·曼戈（Teodoro Nguema Obiang Mangue）进入了检方的视线。特奥多罗时任赤道几内亚农业和林业部长，后来于2012年5月21日成为赤道几内亚第二副总统，主管国防和国家安全。

随着调查的深入，特奥多罗在巴黎的一系列价值不菲的私人物品和一栋大楼成为调查重点。2011年9月28日，调查人员对大楼进行了搜查，查获了特奥多罗停在楼内的豪华轿车。五天后，调查人员又在邻近的停车场查获了更多特奥多罗的豪华车辆。10月4日，赤道几内亚驻法国大使馆向法国外交和欧洲

---

* 如无特别注释，本案资料皆来自：Immunities and Criminal Proceedings (Equatorial Guinea v. France), Judgment, *I.C.J. Reports 2020*, p. 300。

事务部（简称"法国外交部"）发出普通照会，称本案中的大楼多年来一直用于外交事务。法国外交部礼宾司在10月11日的一份普通照会中向赤道几内亚大使馆表示："大楼不属于赤道几内亚的使馆馆舍。它属于私人所有，因此受普通法管辖。"礼宾司也致信巴黎的调查法官，称该建筑不属于使馆馆舍，且应受普通法管辖。赤道几内亚大使馆在10月17日的普通照会中通知法国外交部，称该建筑为"赤道几内亚常驻联合国教科文组织代表的官邸"。10月31日法国外交部否认了这一说法。2012年2月14日至23日，检察官对该大楼进行了进一步搜查，查获并运走了更多物品。在2月14日和15日的普通照会中，赤道几内亚再次提出抗议。

根据巴黎法院一名调查法官的调查，这座大楼全部或部分是从前述犯罪中所获收益购置的，其所有人正是特奥多罗。根据法国刑事诉讼法，该调查法官查封了此楼，以便在确定被告人有罪后将其没收。上诉法院维持了调查法庭作出的查封决定，特奥多罗提出了申诉。

赤道几内亚驻法国大使馆在2012年7月27日的普通照会中通知法国外交部礼宾司："自2012年7月27日星期五起，大使馆办公室设在巴黎福煦大街42号，该大楼今后将用于履行外交职能。"此大楼即本案中涉及的大楼。法国外交部礼宾司则在8月6日的一份普通照会中提请大使馆注意，该大楼已被刑事扣押而无法作为使馆所在地。2016年5月23日，调查宣布完成，检察官要求以洗钱罪审判特奥多罗。2016年9月5日，巴黎法庭的调查法官下令将特奥多罗移送至刑事法庭受审。

2016年6月13日，赤道几内亚向国际法院提交请求书，对法国提起诉讼，诉讼争端涉及"特奥多罗的刑事管辖豁免，以及赤道几内亚驻法国大使馆所用建筑的法律地位"。2016年12月7日，根据国际法院的命令，在国际司法程序结束之前，不得将该楼没收。2017年10月27日法国刑事法庭作出判决，裁定特奥多罗在1997年至2011年10月期间在法国犯下洗钱罪。虽然法国法院判决将大楼没收，但由于国际法院的命令，该判决暂时未被执行。判决作出后，特奥多罗向上诉法院提起上诉。巴黎上诉法院于2020年2月10日作出判决。法院维持了原判决。特奥多罗对这一判决提出了进一步上诉（*pourvoi en cassation*）。

二、诉讼程序

2016年6月13日，赤道几内亚向国际法院提交请求书，就涉及"赤道几内亚主管国防和国家安全的第二副总统特奥多罗的刑事管辖豁免，以及赤道几内亚驻法国大使馆所在大楼作为使馆馆舍和国家财产的法律地位"的争端对法国提起诉讼。赤道几内亚援引两国均为缔约方的两项文书作为法院管辖权的依据：（1）1961年4月18日《〈维也纳外交关系公约〉关于强制解决争端之任择议定书》；（2）2000年11月15日《联合国打击跨国有组织犯罪公约》。

2016年9月29日，赤道几内亚向书记官处提交了关于指示采取临时措施的请求。法院于10月17—19日就这一请求举行听审。12月7日，法院就赤道几内亚提交的关于指示采取临时措施的请求发布命令。法院特别指出："在该案作出最后裁判之前，法国应该采取一切措施，确保位于巴黎福煦大街42号、据称是赤道几内亚使馆馆舍的大楼享有相当于《维也纳外交关系公约》第22条规定必须给予的待遇，以确保其不可侵犯性。"

2017年3月31日，法国对法院管辖权和请求书的可受理性提出初步反对意见。按照《国际法院规约》第79条第5款，审理案情实质的程序随即暂停。2018年2月19—23日就初步反对意见举行了公开听审。6月6日，法庭就法国提出的初步反对意见作出判决。法院的结论是，根据《联合国打击跨国有组织犯罪公约》，法院没有管辖权，但"根据《〈维也纳外交关系公约〉关于强制解决争端之任择议定书》，法院有审理……请求书中涉及位于巴黎福煦大街42号、作为使馆馆舍的建筑之地位问题的管辖权"。

赤道几内亚请求法院判决法国：（1）违反了尊重各国主权平等和不干涉别国内政原则的义务；（2）针对特奥多罗的刑事诉讼违反国际法，该诉讼侵犯了其作为第二副总统的豁免权，应当终止；（3）位于巴黎福煦大街42号的大楼为赤道几内亚的财产并属于赤道几内亚驻巴黎的使馆馆舍，查封该楼违反了《维也纳外交关系公约》《联合国宪章》和一般国际法规定的义务；（4）法国对上述国际不法行为应当承担国家责任，对赤道几内亚作出充分赔偿。法国则请求国际法院驳回赤道几内亚的一切诉求。

2020年2月17日至21日，法院进行了关于案件实体内容的公开听审。

三、实体问题分析

（一）某处建筑取得使馆馆舍地位的条件

本案中第一个关键点就是涉案的大楼是否属于"使馆馆舍"。《维也纳公约》第1条第9款规定："使馆馆舍是指供使馆使用及供使馆馆长寓邸之用之建筑物或建筑物之各部分，以及其所附属之土地，至所有权谁属，则在所不问。"

赤道几内亚认为，只要派遣国将该建筑用于外交目的并通知接受国即能"充分认为"该建筑为使馆馆舍，而不需要接受国对其表示同意。虽然有一些国家规定，指定使馆馆舍需要经过本国同意，《维也纳公约》也没有禁止这一做法，但是，这些国家都通过国内立法或者明确确立的惯例向派遣国清楚、明确地表示了其立场。接受国试图对派遣国指定外交馆舍实施的任何"控制措施"必须事先通知所有外交使团，目标必须适当且与《维也纳公约》的目的和宗旨相一致，必须以合理和非歧视的方式作出。在没有这种立法或明确惯例的情况下，派遣国对特派团馆舍的指定是"决定性的"，接受国只能与派遣国进行协商解决。赤道几内亚称，法国没有任何立法或既定惯例要求派遣国将指定建筑作为其使馆馆舍之前需要征得法国同意。在这种情况下，赤道几内亚有权信赖它与法国之间的"长期的双边互惠"做法，即无需征得接受国同意即可指定使馆馆舍。据此，本案中的建筑物足以获得"外交地位"。

除了是否需要接受国的同意，赤道几内亚还主张，如果一国购买或租用的建筑物被该国指定作使馆馆舍之用，并经过必要的规划和翻修工程，使其能够容纳外交使团，即符合"用于外交目的"的要求，而不需要外交使团完全搬入该建筑内。

最后，赤道几内亚认为，即使接受国享有外交使团馆舍选择的自由裁量权，该自由裁量权也应以合理、非歧视性以及善意的方式行使。正如《维也纳公约》第47条规定的那样："接受国适用本公约规定时，对各国不得有差别待遇。"

针对赤道几内亚的上述观点，法国则主张，《维也纳公约》的对馆舍的保护制度是否适用于某一建筑物，取决于"两个累积条件（cumulative conditions）"：第一，接受国不明确反对给予相关建筑物"外交地位"；第二，相关建筑物是"实际指定（actually assigned"）的使馆。协商一致是《维也纳公约》规定的本质和精神。《维也纳公约》第2条规定，"国家间外交关系和常设外交使馆的建立须经双方同意"。虽然接受国在适用《维也纳公约》时就接受了对其领土主权的重大限制，但派遣国必须善意地行使赋予它的权利。由于在派遣国和接受国之间存在着建立"信任关系"的必要性，因此，将建筑物指定为使馆馆舍并不是由派遣国全权决定的。

此外，法国认为，建筑物只有在被当作使馆"有效使用（effectively used）"时才获得使馆馆舍地位。《维也纳公约》将使馆馆舍界定为"供使馆使用"的建筑物和土地。这一定义的明确含义是，有关建筑物由派遣国选定是不够的，还必须被实际指定用以发挥《维也纳公约》第3条第1款所界定的使馆之职能。法国认为这一点已被国家实践以及国际和国内司法实践所确认。

最后，法国声称，本案中赤道几内亚并没有提供证据证明在相似的场景下法国对其他派遣国采取了不同的行为。

关于取得使馆馆舍地位的条件，法院认为，《维也纳公约》第1条对"使馆馆舍"的定义并没有说明如何将建筑物指定为使馆馆舍。因此法院将考察有关条款的上下文以及本公约的目的和宗旨。

（1）条款的上下文。《维也纳公约》第2条规定："国家间外交关系和常设外交使馆的建立须经双方同意。"这明显不能解释为派遣国可以不顾接受国的明示反对而单方指定某一建筑为使馆馆舍。另外，《维也纳公约》中有关外交人员和使馆工作人员的任命和豁免说明了公约试图平衡派遣国和接受国的利益。第4条规定，派遣国选择使馆馆长须经接受国同意，接受国即使拒绝也无需提供任何理由。第7条规定，任命使馆工作人员一般不需要接受国事先批准。第39条规定，享有特权和豁免的个人自抵达接受国领土之日起享有特权和豁免，如果他们已经在接受国领土上，则自其任命的通知到达接受国之日起享有特权和豁免。然而，根据第9条，接受国有权宣布外交人员为不受欢迎的人，这项规定抵消了上述宽泛的豁免权。相较之下，《维也纳公约》没有为使馆馆舍设立与不受欢迎的人相似的平衡机制。如果派遣国可以不顾接受国的反对单方指定其使馆馆舍，那么接受国实际上将面临这样的选择：要么违背其意愿对有关建筑提供保护，要么断绝与派遣国的外交关系。即使在后一种情况下，《维也纳公约》第45条也要求接受国继续尊重和保护使馆馆舍及使馆财产和档案，从而延长了派遣国单方面选择的影响。法院认为，这种情况将使接受国处于不平衡的地位，并将远远超出实现外交使团有效履行职能这一目标所需的豁免范围。

（2）《维也纳条约》的目的和宗旨。公约序言部分明确规定了公约的宗旨是"为发展国家间友好关系作贡献"。这需要通过给予派遣国及其代表特权和豁免来实现。序言部分指出："此等特权与豁免之目的不在于给与个人以利益而在于确保代表国家之使馆能有效执行职务。"由此反映出，外交特权和豁免对接受国施加了较重的义务，但这些义务的存在是为了促进国家间的友好关系。因此，派遣国单方面强迫接受国同意其对馆舍位置的选择显然不符合发展国家间友好关系的目标。这也将使接受国很容易受到滥用外交特权和豁免的影响。正如国际法院在"美国驻德黑兰外交和领事人员案（The *United States Diplomatic and Consular Staff in Tehran* case）"中阐述的那样："外交法规则是一个自成体系的制度，一方面规定接受国为外交使团的便利、特权和豁免而承担的义务；另一方面，由于外交人员可能滥用特权，因此赋予了接受国如何对抗这种滥用的权利。"[1]

法院还援引了德国[2]、南非[3]、巴西[4]等国家的外交实践。上述国家均要求在本国土地、财产被指定为使领馆之用时必须经

---

[1]　United States Diplomatic and Consular Staff in Tehran (the United States of America v. Iran), Judgment, *I.C.J. Reports 1980*, p. 40, para. 86.

[2]　See *Germany's Protocol Handbook of the Federal Foreign Office*.

[3]　See *Diplomatic Immunities and Privileges Act*, South Africa International Relations and Corporation, 2001, Section 12.

[4]　See *Manual of Rules and Procedures on Privileges and Immunities*, Brazil's Ministry of External Relations, 2010, art 13.1.

过本国外交部的同意。

此外，针对赤道几内亚提出的接受国对派遣国指定外交馆舍实施任何"控制措施"的条件，法院认为，《维也纳公约》不存在这样的条件。相反，如果接受国可以反对派遣国对馆舍的选择，那么接受国可以选择提出反对的方式。可以通过立法或官方准则预先规定批准方式，也可以选择个案判断并作出答复。然而，法院亦强调，接受国反对派遣国指定其外交使团馆舍的权力并非无限。法院一再指出，如果一国根据条约拥有对某一事项的自由裁量权，那么它必须合理善意地行使这种权力。[①] 鉴于上述要求以及《维也纳公约》促进及发展国家间友好关系的目的和宗旨，法院认为，接受国的反对必须是及时的，而不是任意的。此外，根据《维也纳公约》第47条，接受国的反对也不得具有歧视性。

最后，法院得出结论，如果接受国反对派遣国指定某些房产为其使馆馆舍的一部分，且该反对意见及时提出，不是任意的，不具有歧视性，那么该房产就不具有使馆馆舍的地位，从而不受公约第22条的保护。该判断标准要结合个案具体分析。

（二）巴黎福煦大街42号建筑的法律地位

基于上述结论，法院结合事实判断了法国是否对将巴黎福煦大街42号的大楼作为赤道几内亚驻巴黎使馆的馆舍提出了反对，以及是否非任意地、非歧视地及时表达了反对意见。

1. 法国及时提出了反对意见

2011年10月11日，法国外交部礼宾司就曾向赤道几内亚大

---

① See Rights of Nationals of the United States of America in Morocco (France v. the United States of America), Judgment, *I.C.J. Reports 1952*, p. 212; Certain Questions of Mutual Assistance in Criminal Matters (Djibouti v. France), Judgment, *I.C.J. Reports 2008*, p. 229, para. 145.

使馆发出一份普通照会，称"位于巴黎福煦大街42号的建筑不构成赤道几内亚使馆馆舍的一部分"。此后，在2011年10月31日、2012年2月20日、2012年3月28日、2012年5月2日、2012年8月6日的普通照会中，法国均表达了一致的观点，即，"法国对将巴黎福煦大街42号的建筑视为赤道几内亚使馆馆舍的一部分表达了一贯的反对意见"。

法院注意到，法国在赤道几内亚于2011年10月4日首次宣布该建筑为使馆馆舍之后，立即作出了反对意见。并于随后一贯反对赤道几内亚关于该大楼是使馆馆舍的所有说法（之后法国每次提出反对意见基本与赤道几内亚的照会时间相隔一周左右），坚持反对将该大楼指定为赤道几内亚的使馆馆舍。

所以，法院认定，本案中法国及时提出了反对意见。

2. 法国的反对意见不是任意性的或歧视性的

赤道几内亚声称，有四个主要的因素表明法国的行为具有任意性和歧视性：

第一，法国最初拒绝承认该建筑作为赤道几内亚使馆馆舍是基于"明显的事实和法律错误"。法国在照会中指出，该建筑物"为私人所有，因此受普通法管辖"。赤道几内亚对该照会的解释是："由于该建筑为私人所有，因此拒绝承认将该建筑作为使馆馆舍。"赤道几内亚认为，该结论基于一个事实错误，因为赤道几内亚于2011年9月15日取得了建筑物的所有权。此外，该结论还基于一个法律错误，《维也纳公约》第1条项下的"使馆馆舍"是供使馆使用之建筑，而不论所有权如何。

第二，法国没有遵守本国的不动产核查程序。法国外交部礼宾司说："如果核查后认定建筑物被'实际上分配'给外交使团，则承认其使馆馆舍地位。"但是，从赤道几内亚于2011年10月4日发布通知到法国2011年10月11日拒绝，法国从未对此事进行"核实"。而且，2011年9月28日和2011年10月3日的搜查不能视为核查，因为法国当局并没有进入大楼内部。

第三，法国本应与赤道几内亚协商解决，但它却并未如此。

第四，法国关于建筑物取得使馆馆舍地位的条件和应当遵循的程序的立场前后不一。法国2011年10月11日向巴黎调查法官发出的信函表明，为外交目的有效使用房屋应在通知法国当局之前，通知法国当局则在"核查"过程之前。但是，法国2012年3月28日的照会则称，在取得房屋之前就应当先向法国当局发出通知，然后实际使用该房屋，接着是法国当局进行核查，最后才承认其使馆馆舍地位。而且，法国在2005年7月6日的照会中还曾表示，"一国打算将某一建筑专门用作使馆馆舍即可以使其获得馆舍地位"。赤道几内亚认为，法国前后矛盾的立场表明法国的行为都是针对赤道几内亚的。

法国一一驳斥了上述观点：

第一，"私人所属"不应被理解为是指该大楼的所有权状况，而是指在当时根据法国的评估，没有将大楼用作外交使馆的目的，因此，不能得到公约的特别保护。法国认为，法国法律中的"公共领域（domaine public）"一词描述的是分配给公共用途或用以提供公共服务的房地产，因此受特殊法律制度（special legal régime）的管辖；而"（私有领域domaine privé）"则是指其他不具备公共用途的财产，受一般法律（ordinary law）管辖。此外，巴黎福煦大街42号的大楼并非赤道几内亚自己所有，而是五家瑞士公司所有，赤道几内亚试图根据法国法律收购这些公司的股份，但未获成功。

第二，法国称，对该建筑物法律地位的评估并不依赖于通过实物或强制调查手段进行的核实，而是通过证明派遣国的外交使馆从旧址搬迁的新址的核实文件（例如出售先前房屋或终止租赁先前房屋的证明文件）。法国称，赤道几内亚知晓这一流程，过去将大使馆安置在不同地址时也遵循了该流程，但它却没有就大使馆迁往巴黎福煦大街42号一事向法国当局提供这类文件。

第三，针对赤道几内亚对法国没有与其协商解决问题的指控，法国辩称，是赤道几内亚单方面指定了使馆馆舍，没有事先与作为接受国的法国协商。赤道几内亚驻法国大使于2011年9月28日致函法国外交部，信中未提及赤道几内亚希望在巴黎福煦大街42号设立外交使馆；而且根据他的要求，2011年9月30日法国外交部接待了他。法国称，在此期间曾多次讨论该建筑的情况，双方还于2012年2月16日在法国外交部举行了会晤。

第四，法国认为它从未改变过关于本案中建筑物地位的立场。2011年10月11日，法国表示拒绝承认该建筑物的使馆馆舍地位，并在随后于2012年3月28日和2012年8月6日的外交照会中坚持这一立场。法国认为赤道几内亚依据的信函等不应当作为依据。此外，法国还辩称，赤道几内亚没有证据证明法国在与本案类似的情况下采取了不同做法。基于本案的特殊情况，无法进行任何比较，因此无法认定法国存在歧视。

关于法国的反对意见是否具有任意性或歧视性，法院认为，首先，在2011年10月11日的照会中，赤道几内亚并没有提及该建筑物的所有权；相反，提到了它"多年来一直在使用该建筑物"，而且"用它履行使馆职能"。因此，法国对该照会的回应应当是针对"用于外交目的"这一说法提出异议，也即该建筑物属于"公共领域"。此外，法国关于该建筑属于私人领域的结论并非没有正当理由，因为赤道几内亚没有提出任何该建筑正在或准备用作使馆馆舍的证据。赤道几内亚2012年7月27日的普通照会提到，赤道几内亚"今后将使用该建筑以用于外交目的"。这证明该建筑在此日期之前并没有用于外交目的。赤道几内亚也没有说明大使馆搬迁的过程或时间。在这种情况下，法院的结论是，法国有合理理由反对赤道几内亚将该大楼指定为赤道几内亚的使馆馆舍，法国的反对不是任意性的。

另外，法院指出，根据《维也纳公约》，法国作为接受国并没有提出反对后与派遣国赤道几内亚进行协商的义务。

而且，法院并不认为法国的立场是前后不一的，法国对赤道几内亚的行为提出了一贯的反对意见，且认为某一建筑物获得使馆馆舍地位必须满足前述的两个条件。赤道几内亚列举的例子不足以推翻法院对一贯反对的认定。法院认为，根据国际法院的命令而为该建筑提供保护不构成《维也纳公约》下的特殊保护。法院还指出，没有证据证明法国会在相似的情况下不提出反对意见从而构成对赤道几内亚的歧视。

最后，法院指出，法国的行为并没有剥夺赤道几内亚在法国的使馆：赤道几内亚已经在巴黎库尔塞勒大道29号拥有使馆，法国仍然正式承认其为赤道几内亚的使馆馆舍。因此，法国反对大使馆迁往巴黎福煦大街42号，并不妨碍赤道几内亚在法国的使馆的地位，也不妨碍它继续拥有其他已有使馆。这一点也说明法国的行为不构成歧视。

综上，法院认定，法国就赤道几内亚将该建筑指定为使馆馆舍一事提出了反对，该反对是及时的，不是任意的，不构成歧视。所以，法院得出结论，位于巴黎福煦大街42号的建筑从未获得使馆馆舍地位。

基于上述分析，法院作出如下判决：

以9票对7票，认定巴黎福煦大街42号的建筑从未获得赤道几内亚驻法国使馆馆舍的地位；

以12票对4票，宣布法国没有违反《维也纳公约》中规定的义务；

以12票对4票，驳回了赤道几内亚的全部诉求。

四、案件评析

本案是国际法院处理有关外交特权与豁免问题的典型案件。其核心争点在于如何判断一处建筑是否已经取得了使馆馆舍的法律地位，一国单方认定某处建筑为使馆馆舍的行为能否有效。《维也纳外交关系公约》中没有明确标准。本案中，国际法院认为，如果接受国明确反对派遣国指定特定建筑为使馆馆舍，且该反对意见及时提出，不是任意的或歧视性的，则该建筑不具有使馆馆舍的地位，也就不受公约保护。在分析这一标准时，法院提到《维也纳公约》中试图平衡接受国和派遣国之间的利益关系，当一国接受了外交人员享有的特权与豁免时，必然会导致本国的国家主权受到减损，公约就此提供了"衡平"机制，例如，接受国可以宣布外交人员为不受欢迎的人等，以防止派遣国滥用其特权与豁免。因此在本案中，当派遣国（赤道几内亚）明显占据优势地位，双方利益明显失去平衡时，法院认为应当对此予以纠正，这一分析思路值得借鉴。

然而，本案的论证说理也有一些值得商榷的地方。在薛捍勤法官提出的反对意见中，她认为："外交特权与豁免的给予是互惠互利的，本案中虽然不能认为赤道几内亚能够单方决定其使馆馆舍，但是也不能完全取决于接受国的反对。"① 如果接受国提出了符合本案要求的反对意见，那么接受国就似乎又成为享有决定权的一方了。因此薛法官认为，缔约国必须从外交关系伊始就进行合作，依据主权平等原则，派遣国有权选择其使馆在接受国首都的地点，接受国也有接受或反对这种选择的自

---

① Vice-president Xue, Dissenting Opinion, Immunities and Criminal Proceedings, p. 4, paras. 16-17, https://www.icj-cij.org/public/files/case-related/163/163-20201211-JUD-01-02-EN.pdf, accessed October 23, 2021.

由裁量权。根据《维也纳公约》21条，尽管接受国有权提出反对，但仍有义务协助派遣国取得其外交房地。此外，本案中法院认为刑事程序不是争端本身，将其与外交豁免割裂开来，导致法院基于"刑事程序正当——涉案建筑在刑事诉讼的管辖之下——涉案建筑不能认为是使馆馆舍"这样的逻辑进行推理，薛法官认为这种推理"完全是一边倒的",[①] 没有顾及赤道几内亚已经明确提出的将该建筑作为使馆馆舍的要求。

（王瑞阳）

---

① Vice-president Xue, Dissenting Opinion, Immunities and Criminal Proceedings, p. 6, para. 25.